James Ferguson

Die Astronomie nach Newtons Grundsätzen

Erklärt fachlich für die, so nicht Mathematik studieren. Dritte Auflage

James Ferguson

Die Astronomie nach Newtons Grundsätzen
Erklärt fachlich für die, so nicht Mathematik studieren. Dritte Auflage

ISBN/EAN: 9783743691995

Hergestellt in Europa, USA, Kanada, Australien, Japan

Cover: Foto ©ninafisch / pixelio.de

Weitere Bücher finden Sie auf **www.hansebooks.com**

Die
Astronomie
nach
Newtons Grundsätzen
erklärt;

faßlich für die, so nicht Mathematik studiren.

Nebst einem Anhange
vom Gebrauch der Erd- und Himmelskugel.

Nach dem Englischen des J. Ferguson hin und
wieder umgearbeitet und mit Zusätzen versehen

von
N. A. J. Kirchhof.

Dritte vermehrte Auflage.

Mit XI.

Berlin und Stettin,
bey Friedrich Nicolai, 1793.

Vorrede

zur ersten Ausgabe.

Die gegenwärtige kleine Abhandlung von der Astronomie ist zum Theil eine Uebersetzung des Fergusonschen Werks über eben diese Materie.

Ich schrieb sie, ihrer besondern Faßlichkeit und Deutlichkeit wegen, anfangs zum Vergnügen und zur Erholung von anderweitigen Geschäften; nachher bestimmte ich sie meinem

Sohne,

Sohne, der der Handlung wegen nach Cadiz
reisete; weil ich glaubte, es sey einem jungen
angehenden Kaufmanne nützlich, die Grundsätze
der Astronomie zu wissen: da ohne dieselbe keine
Schiffahrt, und wiederum ohne diese keine aus=
gebreitete Handlung bestehen kann.

Doch dieses war eine Veranlassung, daß
ich nun mit mehrerer Wahl und Aufmerksam=
keit zu arbeiten anfieng. Ich nahm also das=
jenige, was ich bereits geschrieben, von neuem
vor; übersetzte nicht mehr wörtlich, sondern zog
aus Fergusons Werken alles das heraus,
was zu dieser Materie gehöret, und was ich
für junge Leute am brauchbarsten und nützlich=
sten hielte; machte hin und wieder Zusätze;
zeichnete die nöthigsten Figuren; und schrieb es
über=

überhaupt in der Form eines kleinen Traktats über die Aſtronomie.

Wie es bis dahin fertig war; ſo dünkte mich, je öfterer ich es las, daß dasjenige, was darinn geſagt worden, doch für einen jeden vernünftigen Menſchen von ſolcher Wichtigkeit ſey, daß es ihm nicht deutlich und oft genug geſagt werden könnte, und daß es, wenn es öffentlich bekannt gemacht würde, vielleicht für ein und andere junge Leute eine Anleitung ſeyn möchte, ihre Kenntniſſe in einer Wiſſenſchaft zu erweitern, die mit ſo großem Rechte die Ehre des menſchlichen Verſtandes genennet zu werden verdient, und die ſo vorzüglich zur Erkenntniß der Größe und Weisheit des Schöpfers führet.

Vorrede

Ob ich nun gleich nie die Absicht gehabt, fürs Publikum zu schreiben; ich mir auch sehr wohl zu bescheiden weiß, daß dieses nicht in mein Fach gehöret; so muß ich dennoch gestehen, daß der Gedanke, nützlich zu seyn, und die Ueberzeugung, daß ich von allen Nebenabsichten und Eigennuß frey wäre, alle andere Betrachtungen bey mir überwog, und mich zu dem Entschluß brachte, mein Manuscript Hrn. Nicolai in Berlin zuzusenden. Und da kann ich nicht leugnen, war es mir sehr angenehm, als dieser einsichtsvolle Mann mir antwortete, daß er es mit Vergnügen zum Druck befördern wolle. Sollte ich nun das Glück haben, daß meine Arbeit Beyfall erhielte; und sollte diese kleine Schrift wirklich einigen Nußen stiften; so würde

das

das Bewußtſeyn, daß ich eben Theil meiner
Zeit zum Beſten anderer Menſchen auf die Art
verwandt, die angenehmſte Belohnung für mich
ſeyn. Denn obgleich die Größe und Weisheit
des Schöpfers ſich durch die ganze Natur ver=
breitet; ſo offenbaret ſie ſich doch vorzüglich in
der herrlichen Einrichtung des Weltgebäudes,
und beſonders in der bewundernswürdigen Har=
monie, in welcher die zu unſerm Sonnenſyſtem
gehörigen großen Körper ihre ungeheure Bahn
nach ewigen und unveränderlichen Geſetzen durch=
laufen.

Geſetze, deren Entdeckung das Andenken
der beyden großen Männer, eines Keplers
und eines Newtons, mit Recht verewigen.

Das

Vorrede zur ersten Ausgabe.

Das wäre also der Zweck, nach welchem diese Schrift muß beurtheilt werden. Für Gelehrte, die die Astronomie gründlich studiren, ist sie nicht geschrieben; aus der Ursache habe ich alles weggelassen, was ohne Mathematik nicht zu erklären ist. Ich wünschte blos nützlich zu seyn; weiter muß man nichts von mir fordern; zumal da ich Kaufmann bin, und keinen Anspruch auf Gelehrsamkeit mache, noch machen kann. Hamburg, den ersten März 1783.

N. A. J. Kirchhof.

Vor=

Vorrede
zur dritten Ausgabe.

Mein würdiger Freund, Herr Nicolai, veranstaltete die zwote Ausgabe dieses kleinen Traktats über die Astronomie gerade zu der Zeit, als ich zum Mitgliede unsers Senats war erwählet worden.

Die Pflichten dieses meines neuen Amts, und die nach unserer Verfassung damit verbundenen mannichfaltigen Geschäfte, verhinderten mich damals, die derselben zugefügten Supplemente noch einmal durchzusehen, und sie am gehörigen Orte einzuschalten.

Jetzt

Vorrede

Jetzt aber, da eine dritte Auflage nothwendig geworden, habe ich die mir übrigen Stunden dazu angewandt, sie so vollständig zu machen, als meine Kenntnisse erlauben.

Zu dem Ende habe ich die Supplemente, welche zu der zweyten Ausgabe angehänget waren, nicht nur allenthalben an gehörigem Orte eingerückt, sondern auch noch einige hinzugefügt. Als unter andern die neuen Beobachtungen des berühmten Herschels über die Figur und Umdrehung des Mars. Die Beschreibung und den Gebrauch des Hadleyschen Spiegel-Sextanten. Die Arbeiten der Engländer zur Berichtigung der Longitudo u. a. m.

Weiter kann ich zur Verbesserung dieses Buchs nichts beytragen, indem ich den Theil meiner Zeit, den ich sonst den Wissenschaften widmete, jetzt auf Geschäfte verwenden muß, die das Wohl meiner Mitbürger insbesondere be-

betreffen, und die ich aus Pflicht und Erkennt-
lichkeit allen andern, selbst meinen angenehmsten
Beschäftigungen vorziehe.

Es freuet mich indeß, daß ich die Absicht
erreicht habe, in welcher ich dieses kleine Buch
schrieb. Ich wünschte mehrere Kenntnisse in
einer dem menschlichen Geschlechte so wichtigen
Wissenschaft zu verbreiten, und insbesondere
junge Leute aufmerksamer drauf zu machen.

Eben so angenehm ist es mir, daß meine
Sammlung von Instrumenten in allen Theilen
der Physik, die ich von dem berühmten Nairne,
zum Theil auch von Adams, nach den neuesten
Entdeckungen mit vielen Kosten in London ver-
fertigen lassen, nunmehr völlig komplet ist.

Zwar kann ich sie nicht mehr so oft zum
Nutzen und Vergnügen meiner Freunde, und
vorzüglich junger Leute anwenden, als ich sonst

zu

zu thun pflegte: allein sie wird ihnen doch von Zeit zu Zeit immer gewidmet seyn und bleiben. Denn meine eigenen Kenntnisse zu erweitern, und sie alsdann andern mitzutheilen, war die Absicht, wozu ich sie sammlete: und das Vergnügen, Gutes in der Welt gestiftet und als ein nützliches Mitglied der menschlichen Gesellschaft gelebt zu haben, die einzige Belohnung, die ich je erwartete.

Hamburg, den ersten November 1792.

N. A. J. Kirchhof.

Inhalt

Inhalt
der Kapitel.

Fünf-

Zehn-

Zehntes Kapitel.

Eilftes Kapitel.

Zwölftes Kapitel.

Dreyzehntes Kapitel.

Vierzehntes Kapitel.

Funfzehntes Kapitel.

An

Anhang

Vom Gebrauch der Erd= und Himmels=
Kugel.

J. Fer=

J. Fergusons

Astronomi

nach

Newtons Grundsätzen

erklärt.

Das erste Kapitel.

Von der Astronomie überhaupt.

Von allen Wissenschaften, die der menschliche Verstand erforschet und durchgedacht hat, ist die Astronomie unstreitig die erhabenste, die reizendste und die nützlichste.

Denn vermöge unserer Kenntnisse, die wir durch diese Wissenschaft erlanget haben, ist nicht nur die Figur und Größe der Erde entdeckt und bestimmet; die Lage und die Gränzen der Länder und Königsreiche auf derselben festgesetzt; Handlung und Schiffarth bis zu den entferntesten Oertern ausgebreitet, und die mancherley Produkte der verschiedenen Gegenden, zur Gesundheit, zur Bequemlichkeit und zum Ueberflusse ihrer Bewohner herbey geführt: sondern auch, durch die Größe der Gegenstände, mit welchen sie uns bekannt gemacht hat, sind unsere Fähigkeiten veredelt; unser Geist über die niedrigen Vorurtheile des Pöbels erhoben; und unser Verstand von dem Daseyn eines mächtigen, gütigen und vollkommenen Wesens gerührt und überzeuget worden.

Durch einen Zweig dieser Wissenschaft haben wir ferner gelernet, nach welchen Regeln oder Gesetzen der Allmächtige die wundervolle Harmonie, Ordnung und Verbindung durch das ganze Planeten-

syſtem

ſyſtem verbreitet und erhält; und wir haben wichtige Urſachen den für uns ſo angenehmen Schluß daraus zu machen: daß Geiſter, die ſo tiefer Einſichten fähig ſind, nicht nur ihren Urſprung von dieſem anbetungswürdigen Weſen herleiten müſſen; ſondern daß ſie auch dadurch zu einer vollkommenern Erkenntniß ſeiner Natur und einer genauern Beobachtung des Zwecks ihres Daſeyn gereizt werden ſollen.

Durch die Aſtronomie entdecken wir: daß unſere Erde eine ſo große Entfernung von der Sonne habe, daß ſie von dorther geſehen, nicht größer als ein Punkt ſey, obgleich ihr Umkreis 5400 Meilen: und daß dieſe Entfernung, wenn man ſie mit dem Abſtande der Erde von den Firſternen vergleichet, dennoch ſo klein ſey, daß, wenn die Bahn der Erde, in welcher ſie um die Sonne läuft, eine körperliche Fläche wäre, ſie doch, von einem der nächſten Firſterne geſehen, nicht größer erſcheinen würde als ein Punkt, obgleich ihr Diameter 36 Millionen Meilen ausmacht. Denn die Erde iſt, indem ſie ihren Kreis durchläuft, einem Firſterne zu einer Zeit im Jahre 36 Millionen Meilen näher, als zu einer andern Zeit, und dennoch bleibt die ſcheinbare Größe, der Stand und die Entfernung dieſes Sterns von einem andern immer einerley. Ja ſelbſt ein Fernglas, das über 200mal vergrößert, vergrößert einen Firſtern ganz unmerklich. Und dies beweiſet, daß er wenigſtens 400000mal weiter von uns, als wir von der Sonne, entfernet ſey.

Man

Man wird ſich nicht einbilden, daß alle Sterne an einer hohlen Fläche aufgeſtellet wären; ſo daß ſie alle gleich weit von uns abſtünden. Nein ſie ſtehen vielmehr in dieſem gränzenloſen Raume, in unermeß-lichen Entfernungen einer von dem andern ab. Und der Unterſchied des Abſtandes zweener benachbarter Sterne kann eben ſo groß ſeyn, als zwiſchen unſrer Sonne und dem Sterne, der ihr der nächſte iſt. Es würde daher ein Beobachter, der einem Fixſterne nahe iſt, ſolchen für eine wirkliche Sonne halten, und die übrigen als ſo manche ſcheinende Punkte an-ſehen, die, in gleicher Weite von ihm, ans Firma-ment geſtellt worden.

Durch Hülfe der Ferngläſer entdeckt man Tau-ſende von Sternen, die das bloße Auge nicht er-reicht. Und je beſſer unſre Gläſer ſind, je mehrere werden wir gewahr; ſo daß wir weder ihrer Weite, noch ihrer Anzahl, Gränzen ſetzen können. Viel-leicht giebt es einige, deren Entfernung ſo unermeß-lich groß iſt, daß ihr Licht ſeit ihrer Erſchaffung die Erde noch nicht erreicht: obgleich die Geſchwindig-keit des Lichts eine Millionmal größer iſt, als die Geſchwindigkeit einer Kanonenkugel. Und dieſer Gedanke iſt nichts weniger als übertrieben, ſo bald wir bedenken, daß das Weltgebäude durch eine un-endliche Macht geſchaffen ſey, die im unendlichen Raume unendliche Wohlthaten verbreitet; folglich unſere Einbildungskraft das Ende derſelben zu er-reichen nimmer vermögend iſt.

A 3　　　　　　Die

Die Sonne scheinet uns, in Vergleichung mit den Firsternen, sehr groß und helle zu seyn, weil wir ihr, gegen die unermeßliche Weite der Sterne, sehr nahe sind. Denn ein Beobachter, der einem Firsterne eben so nahe wäre, als wir der Sonne, würde denselben von gleicher Größe und Helle erblicken, als wir die Sonne: und wenn er so weit von der Sonne wäre, als wir von den Sternen sind; so würde sie ihm eben so klein scheinen, als uns die Sterne, ohne einen einzigen von den sie begleitenden Planeten zu sehen. Ja er würde, wenn er sie bezeichnen sollte, sie zu einem von den Firsternen rechnen.

Weil die Sterne in so unermeßlichen Weiten von der Sonne abstehen, so können sie natürlicher Weise kein so helles Licht von ihr erhalten, als sie zu haben scheinen, noch Klarheit genug uns sichtbar zu werden. Denn bis die Stralen der Sonne so entfernte Gegenstände erreichen, müßten sie dergestalt auseinander geworfen und zerstreuet seyn, daß sie nimmer auf unsere Augen zurückfallen könnten, um mittelst des Wiederscheins von uns gesehen zu werden. Die Sterne scheinen daher, gleich der Sonne, mit eigenthümlichem und ungeborgtem Glanze. Und da ein jeder von ihnen, eben wie die Sonne, in einem besondern Theile des Raums begränzt ist, so ist es klar, daß die Sterne von gleicher Natur mit der Sonne sind.

Es ist ganz und gar nicht wahrscheinlich, daß der Allmächtige, der alles mit solcher unbegreiflichen Weisheit

heit

heit geordnet und nichts umsonst gethan hat, so viele
herrliche Sonnen, die zu mancherley wichtigen Endzwecken dienlich sind, sollte vergebens erschaffen und
in solchen Weiten von einander gestellet haben, ohne
ihnen Geschöpfe zuzufügen, die durch ihren Einfluß
beglücket würden. Wer sich einbildet, daß sie blos
da wären, den Bewohnern unserer Erde ein flim-
merndes Licht zu geben, muß eine sehr seichte Kennt-
niß der Astronomie und einen sehr niedrigen Begriff
von der Weisheit des Schöpfers haben. Denn wäre
es der Wille des Höchsten gewesen, unserer Erde
mehr Licht zu geben; so hätte es seiner Allmacht
weit weniger gekostet, ihr einen zweyten Mond zu-
zugesellen.

Anstatt also e i n e r Sonne und e i n e r Erde,
wie der in der Astronomie Unerfahrne gemeiniglich
glaubt, entdeckt uns diese Wissenschaft eine solche
unbegreifliche Anzahl von Sonnen, Systemen und
Welten, die in unbegränzter Weite vertheilt sind,
daß wenn unsere Sonne mit allen ihr zugehörigen
Planeten, Monden und Kometen vernichtet würde;
so würde ein Auge, das die ganze Schöpfung zu
überschauen vermögte, sie so wenig vermissen, als
ein Sandkorn am Ufer des Meers. Denn der Raum,
den sie einnimmt, ist in Vergleichung des Ganzen
so klein, daß er kaum eine leere Stelle machte: obgleich Saturn, in einem Umkreise von 1000 Millionen
Meilen um die Sonne läuft: und einige unserer
Kometen bis 2000 Millionen Meilen über die Bahn

des

des Saturns hinausgehey. Und in dieser ungeheuren
Weite müssen sie dennoch der Sonne näher seyn, als
einem Firsterne, weil sie der anziehenden Kraft des
Sterns entgehen, und durch die Attraktion der Sonne
periodisch zu ihr wieder zurückkehren.

Wir können daher aus demjenigen, was wir von
unserm Systeme wissen, vernünftigerweise schließen:
daß alle übrigen mit gleicher Weisheit geordnet, be‑
stimmt und zum bequemen Aufenthalte vernünftiger
Wesen sind eingerichtet worden. Lasset uns also das
System, zu welchem wir gehören, das einzige das
unser forschender Verstand erreichen kann: mit Auf‑
merksamkeit betrachten, und dadurch uns in den
Stand setzen, die Natur und den Endzweck der übri‑
gen Systeme in der Schöpfung desto besser zu beur‑
theilen. Denn obgleich eine unendliche Verschieden‑
heit in den Theilen der Schöpfung, die wir zu unter‑
suchen Gelegenheit haben, anzutreffen ist; so bemer‑
ken wir doch eine allgemeine Uebereinstimmung im
Ganzen, und werden überzeugt, daß alles zu einem
Plane, zu einer Absicht und zu einem Zwecke zu‑
sammen sey verbunden worden.

Und so muß es einem aufmerksamen Beobachter
höchst wahrscheinlich zu seyn dünken, daß die Plane‑
ten unsers Systems nebst ihren Begleitern, die wir
Trabanten oder Monde nennen, ohngefähr von glei‑
cher Natur mit unserer Erde und zu eben denselben
Absichten erschaffen sind. Denn sie sind feste undurch‑
sichtige Körper, und folglich im Stande, Thiere

und

und Gewächse zu tragen. Einige von ihnen sind
größer, einige kleiner und einige mit unserer Erde
in beynahe gleicher Größe. Sie laufen eben wie
unsere Erde um die Sonne, und zwar nach dem Verhältnisse ihrer Entfernung in kürzerer oder längerer
Zeit; und sie haben, nachdem es ihrer Beschaffen-
heit zuträglich ist, regelmäßige Abwechslung von
Frühling, Sommer, Herbst und Winter. Sie haben
wärmere und kältere Gegenden, auf eben die Art,
als es die verschiedenen Produkte unserer Erde erfordern: und bey denen, wo es uns zu entdecken möglich war, bemerken wir, gleich unserer Erde, eine regelmäßige Umdrehung um ihre Axen, zur abwech-
selnden Wiederkehr von Tag und Nacht, ohne welches weder Arbeit, noch Ruhe und Wachsthum bestehen, und ohne welches alle Theile ihrer Oberfläche
von den Stralen der Sonne nicht gleichmäßig beschienen und erwärmet werden könnten.

Diejenigen von den Planeten, die am weitesten
von der Sonne sind, und daher das Licht derselben
am wenigsten genießen, haben, um diesen Mangel
zu ersetzen, verschiedene Monde, die sie beständig
begleiten, und eben so unaufhörlich um sie herum
laufen, wie unser Mond um die Erde. Der ent-
fernteste Planet hat noch überdem einen breiten Ring,
der ihn umgiebt, und gleich einem leuchtenden Bogen
am Himmel das Licht der Sonne häufig auf ihn zurückwirft; so daß, wenn gleich das Sonnenlicht den
weitesten Planeten blässer scheint als uns, solches

A 5 Abends

Abends und Morgens durch einen oder mehrere ihrer
Monde ersetzt wird, und sie des Nachts weit mehr
Licht haben als wir.

Auf der Oberfläche unseres Monds bemerken wir,
weil er der Erde näher ist als einer der übrigen
himmlischen Körper, eine noch genauere Aehnlichkeit
mit derselben. Denn durch Hülfe der Ferngläser ent=
decken wir, daß er voll hoher Berge, breiter Thäler
und tiefer Höhlen ist. Diese Aehnlichkeiten lassen
uns keinen Zweifel übrig, daß alle Planeten und
Monden im ganzen Systeme zu bequemen Wohn=
plätzen für Geschöpfe bestimmt sind, die eine Fähig=
keit haben, ihren wohlthätigen Schöpfer zu erken=
nen und anzubeten.

Da die Fixsterne, gleich unserer Sonne, unermeß=
lich große leuchtende Körper und in unbeweglicher
Weite von einander und von uns stehen; so muß
man vernünftigerweise schließen, daß sie zu ähnlichen
Endzwecken, wie die Sonne, erschaffen sind; daß je=
der einer gewissen Anzahl Planeten Licht, Wärme
und Wachsthum ertheile, und sie in seinem Wirkungs=
kreise nach unveränderlichen Gesetzen erhalte.

Welch einen erhabenen, welch einen unaussprech=
lich großen Begriff, wofern der menschliche Verstand
solchen jemals zu erreichen vermögend ist, giebt uns
dieses von den Werken unsers Schöpfers! Tausend=
mal tausend Sonnen ins unendliche vermehret, rund
um uns in unermeßlichen Weiten eine von der an=
dern geordnet; begleitet von zehen tausendmal zehen
tausend

tausend Welten, alle in der schnellsten Bewegung, durchlaufen stille, regelmäßig und harmonisch, die ihnen nach unveränderlichen Gesetzen bezeichnete Bahn! und alle diese Welten bevölkert mit Myriaden vernünftiger Wesen, geschaffen zu unendlichem Wachsthum an Vollkommenheit und Glückseligkeit! Ist so viel Größe, Macht, Weisheit und Güte in der materiellen Schöpfung ausgebreitet, wie groß, wie weise, wie gut muß der seyn, der das Ganze gemacht hat, regiert und erhält!

Das zweyte Kapitel.

Eine kurze Beschreibung des Sonnensystems.

Die Sonne nebst den Planeten und Kometen, die sich um sie, als ihren gemeinschaftlichen Mittelpunkt bewegen, machen das Sonnensystem aus. Diejenigen Planeten, die der Sonne näher sind, durchlaufen ihre Bahn nicht nur in kürzerer Zeit als diejenigen, die weiter von ihr entfernt sind; sondern sie bewegen sich auch schneller in dem ihnen angewiesenen Kreise. Ihre Bewegung geschiehet von Westen nach Osten, und ihre Bahn ist beynahe zirkelförmig. Ihre Namen, Entfernung, Größe und periodische Umwälzung sind folgende:

Die Sonne, eine ungeheuer große, leuchtende und erwärmende Kugel, stehet beynahe im Mittelpunkte oder vielmehr im untern Brennpunkte der

Plane=

Planeten und Kometenkreise, und drehet sich in 25 Tagen 6 Stunden um ihre Axe, welches man an den auf ihrer Oberfläche befindlichen Flecken wahrnimmt. Man rechnet ihren Durchmesser auf 164000 Meilen *); und sie wird durch die mancherley anziehenden Kräfte der um ihr laufenden Planeten, mit einer kleinen Bewegung um das gemeinschaftliche Centrum Gravitatis des ganzen Systems herumgedrehet. Ihr scheinbarer halber Durchmesser wird bey den gewöhnlichen Beobachtungen zur See auf 16 Minuten gerechnet; und aus den beyden Durchgängen der Venus von An. 1761 und 69 hat man ihre horizontale Paralaxe 8½ Sekunden gefunden.

Alle Planeten, von der Sonne aus gesehen, bewegen sich denselben Weg, und zwar nach der Ordnung der Zeichen: des Widders, des Stiers, der Zwillinge, des Krebses ꝛc. des abgetheilten Zirkels der Platte I. Figur 1, welcher die große Ekliptik des Himmels vorstellt. Nehme ich aber einen Planeten zum Standpunkte an; so scheinen die übrigen oft rückwärts, oft vorwärts zu gehen, oft stille zu stehen: aber nicht in Kreisen noch Ellipsen, sondern in geschlungenen Bogen, die nimmer in sich selbst zurückkehren. Die Kometen kommen von allen Seiten des Himmels und bewegen sich in mancherley Richtungen.

Da

*) Alle Meilen sind nach Deutschen gerechnet, deren 15 einen Grad des Aequators ausmachen.

Da wir gesagt haben, daß die Sonne sich um ihre Are drehe; und da wir noch oft Gelegenheit haben werden, eben dasselbe von der Bewegung der Erde und der übrigen Planeten sagen zu müssen; so wird es nöthig seyn, ein für allemal zum Besten der Anfänger, zu bemerken: daß unter der Are eines Planeten, eine durch seinen Mittelpunkt in Gedanken gezogene Linie verstanden werde, um welche er sich, als um eine Are, herumdrehet. Die äußersten Enden dieser Linie, die auf der Oberfläche des Planeten einander gegenüber stehen, nennet man seine Pole. Der Punkt, der gegen den nördlichen Theil des Himmels zeigt, heißt der Nordpol, und der andre gegen Süden, der Südpol. Eine Kugel, die auf einer ebenen Fläche aus der Hand geworfen wird, sich um sich selber drehet, und zugleich ihren Weg fortläuft, bezeichnet die Linien, welche durch die Umdrehung der himmlischen Körper um ihre Aren verstanden werden.

Nun wollen wir ferner annehmen: die Bahn der Erde sey eine dünne, feste, ebene Fläche, welche die Sonne mitten im Centro durchschnitte, und rund herum bis zum gestirnten Himmel ausgedehnt wäre, wo sie den großen Zirkel, der die Ekliptik genannt wird, beschriebe: dieser Zirkel wäre in 12 gleiche Theile getheilt, die wir Zeichen nennen; jedes Zeichen wieder in 30 Theile oder Grade; jeder Grad in 60 Theile oder Minuten; und jede Minute in 60 Theile oder Sekunden, (so daß eine Sekunde der 60te Theil

einer

einer Minute; eine Minute der 60te Theil eines
Grades, und ein Grad der 360te Theil eines Zirkels
oder der 30te Theil eines Zeichens ist). Nun durch-
schnitten die Flächen aller übrigen Planetenbahnen
die Sonne gleichfalls in der Mitte; allein sie bilde-
ten, wenn sie bis zum Himmel ausgezogen wären,
solche Kreise, die von den Kreisen der übrigen und
auch von der Ekliptik unterschieden wären, davon
aber dennoch die eine Hälfte an der Norder- und die
andere an der Süderseite derselben wäre; so würde
folglich die Bahn eines jeden Planeten die Ekliptik
in zween einander entgegen stehenden Punkten durchschneiden, welche Knoten genannt werden. Diese
Knoten treffen alle die Ekliptik in solchen Stellen die
von den andern unterschieden sind. Wenn daher der
Gang der Planeten sichtbare Spuren am Himmel
zurückließe; so würden diese gewissermaßen der Spur
der Wagenräder auf einer großen Landstraße ähnlich
sehen, und sich bald hier bald dort durchkreuzen, aber
niemals ineinander laufen. Den Knoten, oder den
Punkt, wo ein Planet die Bahn der Erde durchschneidet und Nordwärts der Ekliptik hinausgehet,
nennet man den aufsteigenden Knoten des Planeten;
und der entgegenstehende, wo er sie Südwärts durchschneidet, wird der absteigende Knoten des Planeten
genannt. Der aufsteigende Knoten des Saturns ist
jetzt im 21sten Grad 13 Minuten des Krebses; des
Jupiters im 7ten Grad 29 Minuten desselben Zeichens: des Mars im 17ten Grad 17 Minuten des
Stiers;

Stiers; der Venus im 13ten Grad 50 Minuten der Zwillinge; und des Merkurius im 4ten Grad 43 Minuten des Stiers. Die Bahn der Erde wird hier zum Maaßstabe angenommen, wonach die Kreise der übrigen Planeten bestimmet sind. Wenn wir von der Bahn der Planeten reden, so verstehen wir darunter denjenigen Weg, auf welchem sie in einem freyen Raume ohne Widerstand unverrückt fortlaufen und durch die anziehende Kraft der Sonne und die ihnen vom Schöpfer anfänglich ertheilte Flugkraft beständig darauf erhalten werden. Diese beyden Kräfte sind so genau gegen einander abgemessen, daß sie niemals ihren Lauf verändern und keiner Schranken bedürfen, die ihnen Gränzen setzen.

Merkurius ist der Sonne am nächsten, und läuft um dieselbe in 87 Tagen 23 Stunden, welches die Länge eines seiner Jahre ausmacht. Weil er selten sichtbar, und keine Flecken auf seiner Oberfläche wahrzunehmen sind; so ist die Zeit seiner Umdrehung um seine Are, oder die Länge seiner Tage und Nächte bisher noch unbekannt. Man rechnet seine Entfernung von der Sonne auf 7 Millionen Meilen und seinen Diameter 560 Meilen. Er läuft jede Stunde mit der unbegreiflichen Geschwindigkeit von 20400 Meilen um die Sonne. Das Licht und die Wärme der Sonne sind bey ihm 7mal stärker als bey uns, und die Sonne scheint ihm auch 7mal größer zu seyn, als uns. Indessen haben wir keine Ursache daraus zu schließen, daß er unbewohnt sey, weil es dem

Schöpfer

Schöpfer eben so leicht war, die körperliche Beschaf=
fenheit seiner Bewohner zu der wahrscheinlich größern
Hitze ihres Aufenthalts einzurichten, als er die uns=
rige zu der gemäßigten Wärme unserer Erde ge=
bauet hat.   Und es ist sehr wahrscheinlich, daß die
Bewohner des Merkurius eben so von uns denken,
wie wir von den Bewohnern des Jupiters und Sa=
turns: nämlich, daß es bey uns unerträglich kalt sey,
und wir bey der großen Entfernung von der Sonne
nur sehr wenig Licht von derselben haben müßten.

Wenn man diesen Planeten durch ein gutes Fern=
glas betrachtet; so zeigt er sich uns in der verschiede=
nen Gestalt des Monds: ausgenommen, daß er nie=
mals voll ist, weil seine erleuchtete Seite uns nur
alsdann zugekehrt stehet, wenn er der Sonne so nahe
ist, daß er sich in ihren Stralen verliert.   Es ist
daher klar, daß er nicht mit eigenem Lichte scheine,
sondern von der Sonne erleuchtet werde: indem
seine helle Seite stets der Sonne zugekehrt ist, und
er uns sonst zu aller Zeit rund erscheinen müßte.
Eben so klar aber ist es auch, daß er in einem Kreise
läuft, der innerhalb der Bahn der Erde ist, weil er
niemals in Opposition mit der Sonne, noch mehr
als 56mal ihre Breite genommen, vom Mittelpunkte
derselben gesehen wird.   Seine Bahn neigt sich 7
Grad zur Eliptik, und die Knoten, von welchem er
nordwärts über dieselbe hinauf steigt, ist im 15ten
Grade des Stiers; und südwärts hinunter im 15ten
Grade des Skorpions.   Die Erde ist am 6ten No=
vember

vember und am 4ten May bey einem von diesen
Punkten. Wenn daher Merkurius in seiner untern
Konjunktion zu einem seiner Knoten um diese Zeit
kommt; so sehen wir ihn als einen schwarzen runden
Flecken vor der Sonne vorüber gehen. In allen
übrigen Stellen seiner Bahn aber ist seine Konjunktion unsichtbar; weil er entweder oberhalb oder unterhalb der Sonne weggeht.

Er geht vor der Sonne über, nach der Breite
von London.

1782 den 12ten Nov. um 3 Uhr 44 Min. Nachm.
1786 den 4ten May , 6 Uhr 57 Min. Vorm.
1789 den 6ten Nov. , 3 Uhr 55 Min. Nachm.
1799 den 7ten May , 2 Uhr 34 Min. Nachm.

Die übrigen dazwischen fallenden Durchgänge
sind bey uns nicht sichtbar.

Venus ist der nächste Planet in der Ordnung
und der zweyte von der Sonne. Man rechnet ihre
Entfernung von der Sonne auf 13 Millionen Meilen. Und da sie jede Stunde 14800 Meilen auf
ihrer Bahn fortgeht; so durchläuft sie dieselbe in
224 Tagen 18 Stunden. Obgleich dieses die völlige
Länge eines ihrer Jahre ausmacht, so hat sie doch,
nach Bianchinis Observation, im Jahre nur $9\frac{1}{4}$ Tage;
folglich sind Tag und Nacht bey ihr eben so lang als
$24\frac{1}{5}$ unserer Tage und Nächte. Ihr Diameter ist
1700 Meilen; und durch die tägliche Umdrehung
um ihre Are werden die Bewohner ihres Aequators

Ferguf. Astron. v. Kirchh. B jede

jede Stunde 9 Meilen fortgeführt, ohne die oben gemeldeten 14800.

Ihre Bahn schließt die Bahn des Merkurius in sich: denn bey ihrer größten scheinbaren Entfernung von der Sonne ist sie 96mal ihrer Breite vom Mittelpunkte derselben; welches beynahe noch einmal so viel als der Abstand des Merkurius ist.

Die Bahn der Venus wird von der Bahn der Erde eingeschlossen, sonst würde sie eben so oft in Opposition als Konjunktion mit der Sonne von uns gesehen werden. Man sieht sie aber niemals 90 Grade, oder den vierten Theil eines Zirkels von der Sonne entfernt.

Wenn Venus westlich von der Sonne erscheint; so geht sie den folgenden Morgen vor derselben auf, und heißt der Morgenstern: wenn sie aber östlich von ihr erscheint; so scheinet sie nach dem Untergange der Sonne, und heißt der Abendstern. Eins oder das andere währet jedesmal 290 Tage. Vielleicht möchte es Anfangs unbegreiflich scheinen, daß Venus länger an der Ost- oder Westseite der Sonne bleibt, als die Periode ihres ganzen Umlaufs beträgt. Allein diese Schwierigkeit wird bald aufgelöset seyn, wenn wir bedenken, daß die Erde zu gleicher Zeit eben denselben Weg um die Sonne geht; obgleich nicht so geschind als Venus; und daß daher ihre relative Bewegung in jeder Periode um so viel langsamer gegen die Erde seyn muß als ihre absolute Bewegung auf ihrer Bahn, um so viel die Erde

währen

während der Zeit in der Ekliptik fortrückt: welches
220 Grade iſt. Durch ein Vergrößerungsglas erſcheint ſie uns in der verſchiednen Geſtalt des Mondes.

Die Are der Venus neigt ſich 75 Grad zur Are
ihrer Bahn: welches $51\frac{1}{2}$ Grad mehr iſt, als die
Are unſerer Erde ſich zur Ekliptik neigt. Und folglich verändern ſich ihre Jahrszeiten weit mehr als
die unſrigen. Der Nordpol ihrer Are neigt ſich
gegen den 20ſten Grad des Waſſermanns; der un-
ſrige gegen den Anfang des Krebſes. Folglich haben
die nordlichen Theile der Venus in denjenigen Zeichen Sommer, in welchen unſere Erde Winter hat:
und umgekehrt.

Die Zeit zwiſchen Sonnen-Auf- und Untergang
iſt bey den Polen der Venus eben ſo lang, als $112\frac{1}{2}$
unſrer Tage und Nächte von 24 Stunden.

Die größte Deklination der Sonne beträgt an
jeder Seite ihres Aequators 75 Grad: daher ſind
ihre Tropici nur 15 Grad von ihren Polen, und ihre
Polarzirkel eben ſo weit von ihrem Aequator. Folglich liegen die Tropici der Venus zwiſchen ihren Polarzirkeln und ihren Polen: welches auf unſerer Erde
umgekehrt iſt.

Da ihr jährlicher Lauf nur $9\frac{1}{4}$ ihrer Tage enthält; ſo ſcheint die Sonne ihren Bewohnern in etwas mehr als $\frac{3}{4}$ Theil von einem ihrer natürlichen
Tage durch ein ganzes Zeichen, oder den 12ten Theil
ihres Kreiſes zu gehen: welches beynahe eben ſo viel
als $18\frac{1}{2}$ unſerer Tage und Nächte ausmacht.

Weil

Weil jeder ihrer Tage einen so großen Theil ihres Jahrs ausmacht: so verändert die Sonne ihre Deklination in einem Tage so sehr, daß, wenn sie senkrecht über einen gewissen Ort des Tropici geht, den folgenden schon 26 Grad von demselben entfernt: und wenn sie über einen Ort des Aequators geht, am andern Tage schon 36⅓ Grad weiter ist: so daß die Sonne ihre Deklination jeden Tag ohngefähr 14 Grad auf der Venus mehr verändert, als auf unserer Erde in 3 Monaten. Es scheinet dieses vom Schöpfer weislich also geordnet zu seyn, damit die Wirkung der Sonnenstralen, welche auf der Venus zweymal so stark ist als auf unsrer Erde, gemildert werde: so daß diese Stralen jezt nicht zween Tage nach einander senkrecht auf einen Platz fallen können, und die erhitzten Gegenden Zeit haben, sich abzukühlen.

Wofern die Bewohner der nördlichen Gegenden der Venus ihren Süden, oder ihre Mittagslinie durch den Punkt des Himmels ziehen, wo die Sonne zu ihrer größten Höhe oder Norderdeklination kommt, und diejenigen Gegenden, welche 90 Grade an jeder Seite von dem Punkte entfernt sind, wo die Meridianlinie den Horizont durchschneidet. Ost und West nennen; so haben sie folgende merkwürdige Erscheinungen:

Die Sonne wird 22½ Grad nördlich von Osten aufgehen: und indem sie 112¼ Grad, nach der Fläche des Horizonts gemessen, fortrückt; so wird sie den

Meri

Meridian in der Höhe von 12½ Grad durchkreuzen.
Wenn ſie alsdann ihren gänzlichen Umlauf, ohne uns
terzugehen vollendet hat; ſo wird ſie denſelben aber=
mals in der Höhe von 48½ Grad durchſchneiden.
Beym nächſten Umlaufe durchkreuzt ſie den Meridian,
wenn ſie zu ihrer größten Höhe und Deklination
kommt, in 75 Grad: wo ſie ſodann nur 15 Grade
vom Zenith oder dem vertikalen Punkte des Himmels
iſt. Von da geht ſie in einer ſchraubenförmigen Linie
wieder herunter, kreuzt den Meridian zuerſt in der
Höhe von 48½ Grad: hierauf in der Höhe von 12½
Grad; rückt von da 112½ Grad weiter, und geht,
22½ Grad Norden zum Weſten unter: ſo daß ſie,
nachdem ſie 4⅝ ihres Umlaufs über dem Horizonte
geweſen, untergeht, um eben dieſelben Erſcheinun=
gen am Südpole hervorzubringen.

Bey jedem ihrer Pole verweilt die Sonne im
Sommer ein halbes Jahr, ohne unterzugehen; und
eben ſo lange im Winter, ohne aufzugehen. Folg=
lich haben die Bewohner der Pole, gleich den Polen
unſerer Erde, nur einen Tag und eine Nacht im
Jahre. Nur iſt der Unterſchied zwiſchen der Hitze
im Sommer und der Kälte im Winter, oder zwi=
ſchen Mittag und Mitternacht, auf der Venus weit
größer als auf der Erde: weil die Sonne daſelbſt
ein halbes Jahr unverändert überm Horizonte ver=
bleibt, und den größten Theil dieſer Zeit nahe beym
Scheitelpunkte ſtehet; dagegen aber die andere Hälfte
des Jahrs ſtets unterm Horizonte und größtentheils

B 3

70 Grade davon stehet: wogegen die Sonne bey den Polen unserer Erde, ob sie gleich ebenfalls ein halbes Jahr daselbst überm Horizonte verweilt, doch niemals mehr als 23¼ Grad herauf steigt oder hinunter sinkt. Wenn die Sonne in der Mittellinie oder in dem Kreise ist, der die nordliche Hälfte des Himmels von der südlichen theilet; so wird die halbe Scheibe derselben über dem Horizonte des Nordpols der Venus, und die andere halbe über dem Horizonte des Südpols gesehen, so daß ihr Centrum in dem Horizonte beyder Pole ist: und indem sie alsdann nach und nach unter den Horizont des einen hinunter sinkt, steigt sie im gleichen Verhältnisse über den andern hinauf. Daher hat jeder Pol jährlich einen Frühling, einen Herbst, einen Sommer, so lang als beyde, und einen Winter, so lang als alle drey zusammen.

Bey den Polarzirkeln der Venus sind die Jahrszeiten fast dieselben wie beym Aequator, weil der Unterschied zwischen beyden nur 15 Grad ausmacht; ausgenommen, daß die Winter nicht völlig so lang, noch die Sommer so kurz sind, sondern die 4 Jahrszeiten jährlich zweymal herum kommen.

Bey den Tropicis verweilt die Sonne 15 unserer Wochen ohne unter zu gehen, und eben so lange im Winter ohne auf zu gehen. Denn weil sie mehr als 15 Grade vom Aequator ist, so geht sie den Bewohnern des einen Tropici niemals auf, noch den andern unter: wogegen sie unsern Erdtropicis täglich auf- und untergeht.

Die

Die Jahrszeiten ſind bey den Tropicis der Venus beynahe dieſelben, wie bey den Polen; blos daß die Sommer ein wenig länger, und die Winter ein wenig kürzer ſind.

Bey ihrem Aequator ſind die Tage und Nächte ſtets von gleicher Länge; und dennoch ſind die beyden Bogen, welche die Sonne am Tage und bey der Nacht beſchreibt, ſehr verſchieden: vornehmlich wenn die Sonne ohngefähr in ihrer größten Deklination iſt: weil ihre mittägliche Höhe alsdann oft zweymal ſo groß als ihre mitternächtliche Tiefe ſeyn kann, und zur andern Zeit umgekehrt. Wenn die Sonne in ihrer größten Deklination iſt: es ſey Norden oder Süden; ſo fallen die Stralen derſelben beym Aequator der Venus eben ſo ſchief als am kürzeſten Tage bey uns. Daher haben die Bewohner ihres Aequators in jedem Jahre zween Sommer, zween Winter, zween Herbſte und zween Frühlinge. Weil aber die Sonne bey den Tropicis einige Zeit verweilt, und über den Aequator ſo ſchnell hingeht; ſo wird jeder Winter beynahe zweymal ſo lang ſeyn, als jeder Sommer: denn die vier Jahrszeiten kommen in der Zeit, die nur aus $9\frac{1}{4}$ Tagen beſteht, zweymal herum.

Diejenigen Gegenden auf der Venus, welche zwiſchen den Polen und Tropicis, und zwiſchen den Tropicis und Polarzirkeln, ingleichen zwiſchen den Polarzirkeln und Aequator liegen, nehmen an den Phenomenen dieſer Kreiſe mehr oder weniger Antheil,

B 4

theil, nachdem sie mehr oder weniger davon ent=
fernt sind.

Die schnelle Veränderung der Sonnendeklina=
tion ist die Ursache, daß, wenn sie an einem Tage
gerade in Osten aufgeht, sie nicht, wie bey uns,
gerade in Westen untergeht.   Denn wenu der Ort,
wo sie gerade in Osten aufgeht, im Aequator liegt;
so geht sie an dem Tage beynahe West=Nord=West,
oder 18½ Grad Norden nach Westen unter.   Liegt
er aber auf 45 Grad Norderbreite; so geht sie an
dem Tage, wenn sie in Osten aufgeht, Nordwest
bey West, oder 33 Grad Norden nach Westen unter.
Liegt er endlich auf 62 Grad Norderbreite, und sie
geht in Osten auf, so geht sie gar nicht unter, son=
dern berührt so eben den Horizont auf 10 Grad
Westen nach Norden: steigt wieder in die Höhe,
und bleibt 3¼ ihres Umlaufs überm Horizonte, ohne
unterzugehen.   Daher ist an keinem Orte Vormittag
und Nachmittag gleich lang, ohne beym Aequator
oder bey den Polen.

Der Ort, wo die Sonne den Aequator der
Venus paßirt, hat das folgende Jahr an eben dem=
selben Tage und in eben derselben Stunde schon 9
Grade Deklination; als so viel sie weiter nach Westen
über geht.   Folglich ist die Zeit der Tag= und Nacht=
gleiche jedes Jahr um einen Vierteltag: oder ohn=
gefähr 6 unserer Tage, später.   Ob nun gleich die
Spirallinie, worinne sich die Sonne bewegt, an und
für sich jedes Jahr dieselbe ist; so ist sie dennoch im

Ganzen

Gänzen genommen, nicht dieſelbe: weil die Sonne nicht wiederum ſenkrecht über eben dieſelben Oerter geht, als bis vier Jahre verfloſſen ſind.

Dieſe große jährliche Veränderung der Tags und Nachtgleichen und Sonnenwenden, würde in ihrer Zeitrechnung eine beträchtliche Irrung hervorbringen, wenn ſie nicht alle vier Jahre einen Tag einſchalteten. Thun ſie dieſes, ſo können ſie ihre Zeit wieder gleich machen.

Die Bahn der Venus neigt ſich $3\frac{1}{2}$ Grad zur Bahn der Erde, und kreuzet ſie im 14ten Grade der Zwillinge und des Schützen. Wenn daher die Erde, zu der Zeit der Venus in ihrer untern Konjunktion, bey dieſen Punkten iſt; ſo ſehen wir ſie als einen runden Flecken in der Sonne: und wir haben dadurch Gelegenheit, die Entfernung der Planeten von der Sonne genauer zu berechnen, als durch jede andre bisher bekannte Methode. Es geſchiehet aber ſehr ſelten, und, ſo viel wir wiſſen, war Horrox der erſte und der einzige Mann auf dem Erdboden, der den Durchgang der Venus im Jahre 1639 auf den 24ſten November berechnete, und ihn zu Hool, in der Gegend von Mancheſter, des Nachmittags von 3 Uhr 15 Minuten bis 3 Uhr 50 Minuten beobachtete, denn ſein Freund Crabtree, dem er davon Nachricht gab, ſahe ihn zu Mancheſter um 3 Uhr 35 Minuten nur eine ganz kurze Zeit. Der zweyte Durchgang war den 6ten Junius 1761, und der dritte den 3ten Junius 1769.

B 5   Der

Der vierte wird im Jahre 1874 einfallen. Diese
Durchgänge ausgenommen, zeigt sie uns jedes achte
Jahr regelmäßig dieselben Erscheinungen. Ihre
Konjunktion, ihr Abstand, die Zeit des Auf- und
Untergangs fallen alle fast auf eben dieselben Tage,
wie das vorigemal. Vielleicht hat Venus einen Trabanten oder Mond, ob wir ihn gleich bisher noch
nicht entdeckt haben. Dieses ist auch nicht zu bewundern, wenn wir bedenken, wie unvortheilhaft
unsere Lage ist, ihn zu sehen: denn er kann seine
erleuchtete Seite uns nur alsdann zukehren, wenn
Venus jenseit der Sonne steht. Und da sie selbst zu
der Zeit nicht größer ist, als ein gewöhnlicher Stern,
so mag ihr Mond vielleicht so klein seyn, daß wir
ihn in der Entfernung nicht sehen können. Steht
sie zwischen uns und der Sonne, so hat ihr voller
Mond uns seine dunkle Seite zugekehrt: und dann
können wir ihn eben so wenig sehen, als den unsrigen beym Neumonde. Ist sie endlich in ihrem größten Abstande von der Sonne, so müßte ihr Mond
im ersten oder letzten Viertel gesehen werden: vielleicht ist er aber auch alsdann zu weit von uns.
Die einzige Möglichkeit wäre gewesen, ihn bey dem
Durchgange im Jahre 61 oder 69 zu entdecken,
weil die Venus damals 6 Stunden vor der Sonne
verweilte: allein man hat bey der genauesten Aufmerksamkeit keine Trabanten wahrgenommen.

Die Erde ist im Sonnensystem der nächste Planet nach der Venus. Sie ist 18 Millionen Meilen
von

von der Sonne, und umläuft ſie von einem längſten
oder kürzeſten Tage, bis wieder zu demſelben, in 365
Tagen 5 Stunden 49 Minuten.   Von der Sonne
geſehen aber, von einem Firſterne bis wieder zu demſelben in 365 Tagen 6 Stunden und 9 Minuten.
Das erſte nennt man die Länge eines Tropical, und
das zweyte eines Sidercaljahrs.   Sie läuft jede
Stunde 12500 Meilen, oder 120mal geſchwinder
als eine Kanonenkugel.   Ihr Durchmeſſer iſt 1720
Meilen; und ſie drehet ſich in 24 Stunden von
Weſten nach Oſten, um ihre Are.   Durch dieſe Umdrehung verurſachet ſie nicht nur eine ſcheinbare Bewegung aller himmliſchen Körper von Oſten nach
Weſten; ſondern es werden auch die Bewohner ihres
Aequators jede Stunde 225 Meilen, und die Bewohner der Breite von Hamburg 120 Meilen fortgeführt, ohne die obigen 12500 Meilen, welche
allen Oertern gemein ſind.

Die Are der Erde macht mit der Are ihrer Bahn
einen Winkel von 23½ Grad; und dieſe ſchiefe Richtung behält ſie durchs ganze Jahr, indem ſie immer
gegen den Stern ſtehet, den wir den Nordſtern
nennen.   Hieraus entſtehet die periodiſche Abwechſelung vom Frühling, Sommer, Herbſt und Winter,
wovon in der Folge ein mehreres.

Die Erde iſt rund wie eine Kugel.   Man ſiehet
ſolches

1) an ihrem Schatten in den Mondfinſterniſſen,
  wo er zu aller Zeit in einer Zirkellinie begränzt iſt,

2) an

2) an den Maſten der Schiffe, welche allemal eher
zum Vorſchein kommen, als der Körper des
Schiffs; indem dieſer durch die Runde der
Waſſerfläche noch verdeckt bleibt:

3) weil verſchiedene Seefahrer ſie rund umſegelt
ſind.

Die Berge benehmen der Rundung der Erde in
Vergleichung nicht mehr als der Staub auf unſern
künſtlichen Erdkugeln thut. Daß die Erde rund ſey
wie eine Kugel, läßt ſich durch ein ſehr einfaches
Experiment beweiſen: man hänge eine Kugel an ei=
nen Faden, und eine runde Scheibe an einen an=
dern Fadern. Hierauf halte man zuerſt den Faden,
woran die Kugel hängt, an einen Ort, wo ſie von
der Sonne beſchienen werden kann, und ſtelle ein
gerade ſtehendes Brett dahinter. Wenn man nun
den Faden drehet, ſo wird die Kugel rund laufen,
und allemal einen runden Schatten auf das Brett
werfen, gleich als wenn ſie gar nicht gedrehet würde.
Alsdann nehme man die Scheibe; halte ſie auf eben
die Art; und laſſe ſie an dem Faden rund laufen;
ſo wird man ſehen, daß, wenn die breite Seite der
Sonne zugekehrt iſt, der Schatten rund ſen: wenn
ſie weiter herumgeht, wird er länglicht, und wenn
die Ecke gegen die Sonne ſteht, als ein gerader
Strich erſcheinen. Hieraus folgt: daß, wenn der
Schatten der Erde auf den Mond fällt, wir dann
ſagen: der Mond iſt verfinſtert. Nun können dieſe
Verfinſterungen ſich zu verſchiedener Zeit zutragen,

da

da die Erde bald dieſe, bald jene Stellung hat.
Und da demohngeachtet der Erdſchatten beſtändig
rund iſt und bleibt; ſo iſt ausgemacht, daß die Erde
eine kugelrunde Figur haben müſſe. Denn wäre ſie
von einer andern Figur; ſo würde ſie bald rund,
bald länglicht, bald als ein gerader Strich erſcheinen.
Da ſie aber beſtändig rund bleibt, ſo muß ſie noth=
wendig kugelförmig ſeyn.

Das Verhältniß zwiſchen See und Land auf der
ganzen Erdkugel hat Doktor Lang angegeben, wie
349 zu 124.

Der Mond iſt kein Hauptplanet, ſondern ein
Trabant oder Begleiter der Erde. Er geht um die
Erde von Neumond zu Neumond in 29 Tagen 12
Stunden 44 Minuten; und jedes Jahr zugleich mit
der Erde um die Sonne. Sein Diameter iſt 470
Meilen, und ſein Abſtand vom Mittelpunkte der Erde
52000 Meilen.

Er durchläuft ſeine Bahn in 27 Tagen 7 Stun=
den 43 Minuten; jede Stunde ohngefähr 500 Mei=
len. Er dreht ſich ganz genau in eben derſelben Zeit
um ſeine Axe, in welcher er um die Erde läuft:
daher kehrt er uns immer eine und eben dieſelbe
Seite zu, und ſeine Tage und Nächte ſind ſo lang
als unſere Mondsmonate.

Daß er ſich um ſeine Axe drehe, kann man durch
folgendes Experiment beweiſen: man nehme eine
kleine Kugel, laſſe ein Loch darein bohren, und ſtecke
einen dünnen Stock hinein. Alsdann halte man

den

den Stock zwischen den Daumen und Vorderfinger
fest, und führe die Kugel um ein kleines rundes
Gefäß (allenfalls die Unterschüssel einer Theetasse)
herum; so wird man sehen, daß alle Seiten der
Kugel den Rand des Gefäßes berühren. Hierauf
mache man auf einer Stelle der Kugel ein Zeichen,
und versuche, ob man sie so herum führen könne,
daß das Zeichen stets den Rand des Gefäßes berühre;
so wird man finden, daß dieses nicht angehe, es sey
denn, daß man den Stock oder die Axe der Kugel zwischen den Fingern rund gehen lasse. Dieses beweiset,
daß, wenn der Mond uns immer dieselbe Seite zukehren
soll, er sich nothwendig um seine Axe drehen müsse.

Der Mond ist, gleich unserer Erde, eine dichte
undurchsichtige Kugel, und sein Schein ist nichts als
das zurückgeworfene Licht der Sonne: daher muß
auch die eine Hälfte seiner Kugel immer dunkel seyn;
während daß die andere, so der Sonne zugekehrt,
erleuchtet ist. Er ist also uns unsichtbar, wenn er
zwischen der Erde und der Sonne steht, weil er alsdann uns seine dunkele und der Sonne seine helle
Seite zukehrt. So bald er weiter fortrückt, sehen
wir von seiner erleuchteten Seite etwas weniges.
Und dieses nimmt nach dem Maaße, als er vorwärts
gehet, beständig zu, bis er der Sonne gegen über
und unsere Erde zwischen ihm und der Sonne steht.
Alsdann ist seine ganze erleuchtete Seite der Erde
zugekehrt; und er erscheint in einem völlig runden
erleuchteten Zirkel, welches wir den Vollmond nennen.

Vom

Vom Vollmonde an scheint er nach und nach wieder abzunehmen: indem er alsdann die andere Hälfte seines Kreises durchläuft, bis er zur nächsten Konjunktion mit der Sonne kommt, und wie vorher, uns abermals unsichtbar wird.

Um sich hiervon einen sinnlichen Begriff zu machen, setze man ein brennendes Licht auf einen etwas hohen Tisch, und stelle sich dem Lichte in einiger Entfernung gegen über: hierauf lasse man einen andern die Kugel des vorigen Experiments nehmen, solche an dem Stocke in die Höhe halten, daß sie von dem Lichte beschienen werde, und mit derselben in einem Kreise herumgehen, so wird man sehen, daß, wenn man im Mittelpunkte dieses Kreises steht, und sich herumdreht, die Kugel zu betrachten; selbige bald gar nicht, bald etwas weniges, bald halb und bald ganz erleuchtet seyn wird, je nachdem sie in diesem oder jenem Stande von dem Lichte beschienen werden kann.

Diese stete Abwechselung der Gestalt des Monds beweiset, daß er nicht mit einem ihm eigenthümlichen Lichte scheine; sondern von einem andern erleuchtet werde, weil wir ihn sonst beständig in völlig rundem Lichte sehen müßten, wie die Sonne.

Der Mond hat fast gar keine Abwechselungen der Jahrszeiten, weil seine Axe der Ekliptik beynahe perpendikulär ist. Was aber das Sonderbarste ist, ist dieses, daß seine eine Hälfte niemals dunkel wird: denn die Erde giebt ihr in Abwesenheit der Sonne ein

sehr

sehr helles Licht; während daß die andere Hälfte wech= selsweise 14 Tage erleuchtet und 14 Tage dunkel ist.

Unsere Erde ist dem Monde ein Mond, und nimmt wie er wechselsweise ab und zu: nur ist sie ihm 13mal größer, und giebt ihm 13mal mehr Licht als er uns. Wenn er uns Neumond ist, ist die Erde ihm in vollem Lichte: sehen wir sein erstes Viertel, ist die Erde ihm im Letzten, und umgekehrt. Allein von der einen Hälfte des Monds kann die Erde gar nicht gesehen werden: von der Mitte der andern Hälfte wird sie allemal über dem Kopfe gesehen, indem sie sich 30mal geschwinder dreht als der Mond. Von dem Kreise, wo uns der Mond sichtbar ist, wird ihm nur die ihm zunächst stehende Hälfte der Erde sichtbar. Die andre Hälfte liegt allen Oertern dieses Kreises unterm Horizont verborgen. Den Mondsbewohnern scheint die Erde der größte Körper in der ganzen Schöpfung zu seyn, weil sie ihnen 13mal größer ist, als der Mond uns.

Der Mond hat keine Atmosphäre von sichtbarer Dichtigkeit um sich, wie die unsrige ist. Denn wenn er sie hätte, so würden wir seinen Rand nie= mals so scharf abgerundet erblicken, sondern es würde eine Art von Nebel oder Dunst um ihn seyn, wodurch die Sterne blasser schienen, wenn wir sie dahinter sehen. Es ist aber durch oftmalige Beobachtungen bestätigt, daß Sterne, die vom Monde bedeckt werden, ihren völligen Glanz behalten, bis sie seinen Rand berüh= ren, und alsdann im Augenblicke verschwinden.

Vers

Verſchiedenè Aſtronomen haben dieſes ſehr oft bemerkt: vornemlich Caßini an dem Sterne v, in der Bruſt der Jungfrau, welcher mit bloßen Augen einfach und rund zu ſeyn ſcheint, wie jeder andere. Wenn man ihn aber durch ein ſehr gutes Fernglas betrachtet, ſo ſiehet man, daß es zween Sterne ſind, die ſo nahe bey einander ſtehen, daß ihre Entfernung nicht größer zu ſeyn ſcheint, als einer ihrer ſcheinbaren Durchmeſſer.   Er bemerkte, daß der Mond am 21ſten April 1720 vor ihnen übergehen würde, ſahe aber, daß ſie ſich, als der Rand des Monds ganz nahe kam, nicht im mindeſten weder an Farbe, noch an Stellung veränderten.   Um 12 Uhr 25 Minuten 14 Sekunden wurde der weſtliche von dieſen beyden Sternen vom Monde bedeckt, und 30 Sekunden nachher auch der öſtliche.   Jeder von ihnen aber verſchwand im Augenblicke, ohne einige vorhergegangene Verminderung der Größe oder Klarheit. Dieſes hätte nicht geſchehen können, wenn der Mond eine Atmosphäre gehabt; weil der eine Stern alsdann ſchief vor dem andern eingefallen ſeyn, und durch die Refraktion oder Stralenbrechung, entweder ſeine Farben, oder ſeinen Stand gegen den andern Stern, der noch nicht in den Dunſtkreis eingetreten, verändert haben würde.   Allein alle ſolche Veränderungen wurden nicht bemerkt, obgleich die Obſervation, vornemlich in der Abſicht, mit der größten Genauigkeit angeſtellet wurde, und ſehr bequem war, dieſe Entdeckung zu machen.   Das

Ferguſ. Aſtron. v. Kirchh.   C   ſchwa-

schwache Licht, welches man bey totalen Finsternissen
rund um den Mond bemerkt hat, scheint mehr von
der Atmosphäre der Sonne als des Monds herzu-
rühren: vielleicht auch von seiner kugelförmigen Figur; weil man gefunden, daß dessen Mittelpunkt
mit dem Mittelpunkte der Sonne zusammentrift.
Denn, wenn es vom Monde käme, so müßte der
Mittelpunkt desselben mit dem Monde fortgerückt
seyn.

Wofern es Meere im Monde giebt, so können
sie weder Wolken, noch Sturm und Regen haben
wie die unsrigen, weil er keine Atmosphäre hat,
die Dünste, woraus jene entstehen, zu tragen. Es
weiß auch jedermann, daß der Mond, wenn er des
Nachts über unserm Horizont ist, sichtbar sey, wofern ihn nicht die Wolken unserer Atmosphäre verdecken, und daß alle seine Theile jederzeit mit gleich
heiterem, hellem und ruhigem Blicke scheinen.
Allein die dunkeln Stellen des Monds, von denen
man ehemals glaubte, daß es Seen wären, hat man
nun für große tiefe Thäler und Oerter erkannt,
welche das Licht der Sonne nicht so stark als die andern zurückwerfen, und man hat ferner befunden,
daß diese Oerter viele Höhlen und Gruben haben,
deren Schatten in sie selbst fällt, und die an der Son-
nenseite allemal dunkel sind: welches beweiset, daß
sie hohl seyn müssen. Die meisten dieser Gruben
haben kleine Knöpfe, gleich Hügeln, die inwendig
drinnen stehen, und ebenfalls einen Schatten werfen.

fen. Daher ſcheinen dieſe Stellen dunkler zu ſeyn, als andere, die wenigere, oder nicht ſo beträchtliche Gruben haben. Alle dieſe Erſcheinungen beweiſen, daß es keine Meere im Monde giebt: denn wenn einige da wären, ſo müßten ihre Oberflächen eben ſo glatt und eben ſeyn, wie auf unſerer Erde.

Dieſe Ungleichheit oder Rauhigkeit der Oberfläche des Monds iſt für uns von großem Nutzen, indem er dadurch das Sonnenlicht von allen Seiten zurückwirft. Denn, wäre der Mond gleich einem Spiegel glatt und polirt, oder wäre er mit Waſſer bedeckt: ſo könnte er das Licht der Sonne nicht rund umher verbreiten, ſondern er würde uns ſein Licht nur als einen Punkt, in verſchiedenen Stellungen, zeigen. Und dieſer Punkt würde ſo helle ſeyn, daß unſere Augen ihn nicht zu ertragen vermöchten.

Da der Mond keinen Dunſtkreis hat, ſo muß der Himmel einem Mondsbewohner, wenn er ſeinen Rücken der Sonne zukehrt, eben ſo dunkel ausſehen, als uns bey der Nacht: und die Sterne müſſen ihm alsdann eben ſo helle, als uns des Nachts erſcheinen. Denn, daß der Himmel uns am Tage ſo helle zu ſeyn ſcheinet, rührt einzig von der Atmoſphäre her.

Aus der Stellung des Monds und ſeiner Lage gegen die Erde iſt zu ſchließen, das ſeine Jahre mit den unſrigen von gleicher Länge ſind. Nur ſind ſie in der Zahl der Tage verſchieden. Denn wir haben $365\frac{1}{4}$ und die Mondsbewohner nur $12\frac{7}{8}$ Tage:

C 2

daher

daher ist jeder Tag und Nacht bey ihnen so lang als 29½ der unsrigen.

Mars ist der nächste Planet in der Ordnung, und der erste außerhalb der Bahn der Erde. Man rechnet seinen Abstand von der Sonne auf 27 Millionen Meilen. Und da er jede Stunde 10000 Meilen läuft; so vollendet er seine Bahn um die Sonne in 686 Tagen 23 Stunden, welches die Länge eines seiner Jahre und 667⅔ seiner Tage ausmacht, indem Tag und Nacht bey ihm 40 Minuten länger sind, als bey uns. Sein Diameter ist 952 Meilen, und durch die tägliche Umdrehung um seine Axe werden die Bewohner seines Aequators jede Stunde 120 Meilen fortgeführt. Er hat nur halb so viel Licht und Wärme von der Sonne wie wir, und sie scheint ihm nur halb so groß zu seyn, als uns.

Da dieser Planet nur den fünften Theil so groß als unsere Erde ist; so muß sein Mond, wofern er einen hat, sehr klein seyn: daher man ihn auch mit unsern besten Ferngläsern noch nicht hat entdecken können. Er ist von einer feuerrothen Farbe, und scheinet mit einem sehr dicken Dunstkreise umgeben zu seyn, welches man, wenn er einen Firstern decket, bemerken kann. Er erscheint zwar oft höckericht, aber niemals gehörnt. Beydes beweiset, daß seine Bahn die Bahn der Erde einschließt, und daß er nicht mit eigenem Lichte scheinet.

Unsere

Unsere Erde und unser Mond müssen den Bewoh,
nern des Mars zween Monde, ein großer und ein
kleiner, zu seyn scheinen, die oft ihre Stelle verän,
dern, und zuweilen gehörnt, zuweilen aber halb oder
dreyviertel erleuchtet aussehen, niemals aber voll und
mehr als ¼ Grad von einander entfernt sind, ob sie
gleich 52000 Meilen von einander abstehen.

Unsere Erde scheint den Bewohnern des Mars
so groß zu seyn, wie uns die Venus: und sie sehen
sie niemals über 48 Grad von der Sonne entfernt.
Oft scheinen sie ihnen, eben wie Merkur und Venus,
vor der Sonne überzugehen, ob sie gleich, wenn sie
solche Augen haben wie wir, den Merkur ohne Fern,
glas nicht sehen können, und die Venus eben so sel,
ten, wie wir den Merkur. Jupiter und Saturn
sind ihnen so sichtbar wie uns.

Daß dieser Planet sich, gleich unserer Erde,
um seine Are drehe, hat man bisher mit vieler
Wahrscheinlichkeit gemuthmaßet; allein unsere Fern,
gläser waren nicht stark genug, solches mit Zuver,
läßigkeit behaupten zu können. Bis endlich der be,
rühmte Herschel dieses, durch seine im Jahre 1783
angestellten Beobachtungen, mit ungezweifelter Ge,
wißheit außer allen Streit gesetzet hat.

Das Resultat derselben, so wie er sie der königli,
chen Societät der Wissenschaften zu London über,
geben, besteht in folgendem.

Die Are des Mars ist in 17° 47' der Fische. Die
Schiefe der Ekliptik auf die Kugel des Mars ist 28° 42'.

C 3   Der

Der Punkt des Widders in der Ekliptik des Mars trift mit der unsrigen in 19° 28' des Schützen zusammen.

Die Figur des Mars ist eine Sphäroide, deren Aequatoreal-Durchmesser sich zum Polar-Durchmesser verhält wie 1355 zu 1272; oder beynahe wie 16 zu 15.

Der Aequatoreal-Durchmesser des Mars, zu der mittlern Entfernung der Erde von der Sonne reduzirt, beträgt 9" 8'". Und weil dieser Planet zwar eine dicke, aber doch gemäßigte Atmosphäre hat, so ist wahrscheinlich, daß seine Bewohner in einem Zustande leben, der dem unsrigen in mancher Absicht ähnlich ist.

Jupiter, der größte von allen Planeten, stehet noch entfernter in unserm System, und ist über 92 Millionen Meilen von der Sonne. Er läuft jede Stunde 5400 Meilen, und vollendet seine Bahn in 11 Jahren 314 Tagen 12 Stunden. Sein körperlicher Inhalt ist über 1000mal größer wie unsre Erde, da sein Diameter 17400 Meilen beträgt, welches mehr als 10mal den Diameter der Erde ausmacht. Er drehet sich in 9 Stunden 56 Minuten um seine Are; so daß sein Jahr 10470 Tage enthält, und die tägliche Bewegung seiner Aequatorealtheile schneller ist, als die Geschwindigkeit, mit welcher er seine Bahn durchläuft: ein besonderer Umstand, so weit wir ihn kennen. Durch diese erstaunlich schnelle Umdrehung werden die Bewohner

wohner seines Aequators jede Stunde 5600 Meilen
fortgeführt; folglich 200 Meilen mehr als die Bewohner des Erdäquators in 24 Stunden.

Der Jupiter ist mit dünnen Substanzen umgeben, die wir Streifen nennen, und die sich so oft
und in so mancherley Figur verändern, daß man sie,
allgemein genommen, für Wolken hält. Denn einige von ihnen sind anfänglich unterbrochen und ge-
trennt gewesen, und zuletzt oft gar verschwunden.

Oft hat man sie auch von verschiedener Breite gesehen, und nachher sind sie alle gleich breit geworden.
Oft hat man in den Streifen große Flecken gesehen:
und wenn alsdann der Streif verschwand, verlor sich
der daran stoßende Flecken zugleich mit. Die abge-
brochenen Enden einiger Streifen haben sich, wie
man gemeiniglich beobachtet hat, mit den Flecken
zugleich fortgewälzt; nur mit dem Unterschiede,
daß die, so nahe beym Aequator sind, solches in
kürzerer Zeit thaten, als die bey den Polen: vermuthlich, weil die Sonnenhitze beym Aequator
größer ist; da die Streifen und der Gang der Flecken
parallel mit ihm läuft. Verschiedene große Flecken,
die anfänglich rund erscheinen, werden nach und nach
länglich, und theilen sich zuletzt in 2 oder 3 runde
Flecken. Die periodische Zeit der Flecken ist, nach
D. Smiths Optik, beym Aequator 9 Stunden
50 Minuten, nahe bey den Polen aber 9 Stunden
56 Minuten.

Die

Die Are des Jupiters ist seiner Bahn beynahe
perpendikulär, so, daß er fast keine Abwechselung
der Jahrszeiten hat. Dieses ist ein großer Vortheil
für ihn, und scheint von dem Urheber der Natur
weislich also geordnet zu seyn. Denn wenn die Are
dieses Planeten eine Neigung von vielen Graden
hätte; so würden gerade so viele Grade rund um
seine Pole, wechselsweise beynahe 6 Jahre in der
Dunkelheit leben. Und da jeder Grad eines großen
Zirkels im Jupiter wenigstens 150 deutsche Meilen
ausmacht, so kann man urtheilen, welche große
Strecken Landes dadurch unbewohnbar seyn müßten.

Die Sonne scheint den Bewohnern des Jupiters
nur den 28sten Theil so groß als uns; und folglich
haben sie auch nur in diesem geringen Verhältnisse
Licht und Wärme. Das letztere ist ihnen durch die
schnelle Wiederkehr derselben, und das erstere durch
4 Monden, wovon einige größer und einige kleiner
als unsere Erde sind, wiederum ersetzt. Und da dieselben stets um ihn herumlaufen, so ist fast keine
einzige Stelle auf diesem großen Planeten, die nicht
während der ganzen Nacht von einem oder mehrern
seiner Monde erleuchtet wäre: ausgenommen bey
den Polen, wo der weiteste seiner Monde nur gesehen werden kann, und wo ihr Licht nicht vermisset
wird; weil die Sonne daselbst beständig in oder nahe
am Horizont herumgeht, und wahrscheinlich durch
die Refraktion der Atmosphäre bey den Polen stets
sichtbar bleibt.

Die

Die Kreiſe dieſer Monde ſind auf der erſten **Tab.** Kupfertafel in dem Entwurf des Sonnenſyſtems vor: **I.** geſtellet, durch die Zirkel 1, 2, 3, 4; ſie ſind aber **fig.** in der Proportion 50mal zu groß gezeichnet. **I.**

Der erſte ſeiner Monden, der dem Jupiter am nächſten iſt, läuft um ihn in einem Tage 18 Stun: den 36 Minuten, und ſtehet 49000 Meilen von ſeinem Mittelpunkte. Der zweyte in drey Tagen 13 Stunden 15 Minuten; und ſtehet 78000 Mei: len von ihm. Der dritte in 7 Tagen 3 Stunden 59 Minuten, und ſtehet 124000 Meilen von ihm. Und der vierte in 16 Tagen 18 Stunden 30 Minu: ten, und ſtehet 215000 Meilen vom Centro des Jupiters.

Die Winkel, unter welchen die Kreiſe der Jupi: terstrabanten in der mittlern Entfernung von der Erde, geſehen werden, ſind folgende: Der erſte, 3′ 55″; der zweyte, 6′ 14″; der dritte, 9′ 58″, und der vierte, 17′ 30″. Ihre Entfernungen aber vom Jupiter, nach ihren halben Durchmeſſern gerechnet, der erſte, $5\frac{2}{5}$, der zweyte, 9, der dritte, $14\frac{23}{60}$, und der vierte, $25\frac{18}{60}$.

Wenn dieſer Planet von ſeinem nächſten Monde geſehen wird, ſo erſcheint er ihm 1000mal größer, als uns unſer Mond. Er nimmt auch wechſelweiſe ab und zu, und zwar jedesmal in $42\frac{1}{2}$ Stunden. Die drey nächſten Monden des Jupiters fallen in ſeinen Schatten, und werden in jedem Umlaufe verfinſtert. Die Bahn des vierten aber neiget ſich ſo ſehr,

C 5 **daß**

daß er in seiner Opposition den Jupiter vorbey gehet, ohne jedesmal in dessen Schatten zu fallen: doch geschiehet es von 6 Jahren immer 2 Jahre. Durch diese Verfinsterungen haben die Astronomen entdeckt, daß das Licht der Sonne $8\frac{1}{4}$ Minuten Zeit gebrauche, zu uns zu kommen, und daß man dadurch die Längen der Oerter auf dem Erdboden besser bestimmen könne, als durch jede andere bisher bekannte Methode. Der Unterschied zwischen dem Aequatoreal- und Polardurchmesser des Jupiters ist 1350 Meilen. Denn der erstere verhält sich zu dem letztern wie 13 zu 12; so daß seine Pole seinem Centro 700 Meilen näher sind, als sein Aequator. Dieses rührt von der schnellen Umdrehung seiner Axe her. Denn die flüßigen und leichten Theile werden dadurch von den Polen weggeführt, oder weggewaschen; treten, weil die Pole in Ruhe bleiben, zurück und häufen sich beym Aequator, wo die Bewegung am schnellsten ist, bis daß sie sich in genugsamer Menge daselbst gesammlet, und den Abgang der Gravität, die durch die Centrifugalkraft verloren worden, wieder ersetzt haben; wie solches allemal bey einer geschwinden Umdrehung um eine Axe geschieht. So bald aber der Abgang des Gewichts oder der Gravität der Theile durch eine verhältnißmäßige Anhäufung wieder ersetzt ist; so entsteht ein Gleichgewicht und die Aequatorealtheile werden nicht höher. Unsere Erde, die nur ein so kleiner Planet in Vergleichung mit dem Jupiter ist, und sich viel langsamer um ihre Axe

bewegt,

bewegt, iſt durch ihre Umdrehung weit weniger abs geſlächet: denn der Unterſchied ihrer Polar s und Aequatorealdiameter iſt nur wie 230 zu 229 oder 8 Meilen.

Die Bahn des Jupiters neigt ſich 1 Grad 20 Minuten zur Ekliptik. Ihr nördlicher Knoten iſt im 7ten Grade 29 Minuten des Krebſes, und ihr ſüdlicher im 7ten Grade 29 Min. des Steinbocks.

Saturnus, der entfernteſte von allen Plas neten, iſt ohngefähr 170 Millionen Meilen von der Sonne. Er durchläuft ſeine Bahn in 29 Jahren 167 Tagen 5 Stunden, (welches eins ſeiner Jahre ausmacht), und in jeder Stunde ohngefähr 4000 Meilen. Sein Diameter iſt 14500 Meilen, folgs lich beynahe 8½mal größer als der Diameter der Erde.

Dieſer Planet iſt mit einem dünnen breiten Ring umgeben, welcher, wenn man ihn durch ein gutes Fernglas betrachtet, die meiſte Zeit ſo ausſiehet, wie er in der Figur gezeichnet worden, nämlich dops pelt und ſchiefliegend. Er neigt ſich 30 Grade zur Ekliptik, und iſt ohngefähr 4500 Meilen breit, auch eben ſo weit von allen Seiten vom Saturn ents fernt. Man hat Urſache zu glauben, daß dieſer Ring ſich um eine Are drehe, weil er zu der Zeit, wenn er uns beynahe ſeine ſcharfe Seite zukehrt, an einer Seite des Planeten oftmals dicker zu ſeyn ſcheint, als an der andern, auch dieſe dickere Ecke an verſchiedenen Seiten ſeines Körpers iſt wahrges nommen worden. Bisher hat man noch keine Flecken

auf

auf dem Körper des Saturns entdecken können; da=
her ist auch die Zeit der Umdrehung um seine Axe,
die Länge seiner Tage und Nächte, und die Richtung
seiner Axe annoch unbekannt.   Die Sonne scheint
den Bewohnern des Saturns nur den 90sten Theil
so groß zu seyn, als uns; und sie haben auch nur
in diesem Verhältniß Licht und Wärme von ihr.
Dieses zu ersetzen, hat er 5 Monde *), die außer=
halb des Ringes, und beynahe in gleicher Fläche
mit demselben, um ihn herumlaufen.   Der erste
oder nächste gehet um ihn in einem Tage 21 Stun=
den 19 Minuten, und ist 30000 Meilen vom Mit=
telpunkte des Saturns entfernt.   Der zweyte in
zwey Tagen 17 Stunden 40 Minuten, und ist
40000 Meilen von seinem Mittelpunkte. Der dritte
in vier Tagen 12 Stunden 25 Minuten, und ist
56000 Meilen von ihm.   Der vierte in 15 Tagen
22 Stunden 41 Minuten, und ist 130000 Meilen
von ihm.   Und der fünfte in 79 Tagen 7 Stunden
48 Minuten, und stehet 400000 Meilen von seinem
Mittelpunkte.   Ihre Kreise sind in dem Entwurfe
Tab. des Sonnensystems Fig. 1. durch die Zirkel 1, 2, 3,
I. 4, 5, bey der Bahn des Saturns bezeichnet.   Sie
fig. sind aber, in Verhältniß gegen die Bahn des Plane=
I. ten, 50mal zu groß.   Die Sonne scheint beynahe
15 unserer Jahre an der einen Seite des Ringes,
ohne

*) Herschel hat noch zweene entdeckt; daß er also,
wie wir jetzt wissen, 7 Monde hat.

ohne unter zu gehen, und wechſelsweiſe eben ſo lange
an der andern Seite: ſo daß der Ring den Bewohnern des Saturns 15 Jahr ſichtbar und 15 Jahr
unſichtbar ſeyn muß; wofern die Are des Planeten keine Neigung gegen den Ring hat. Hat ſie
aber dieſelbe, und wir nehmen ſie, z. E. auf 30
Grade an, ſo wird der Ring allen Bewohnern, die
innerhalb 30 Graden an beyden Seiten des Aequators leben, jeden natürlichen Tag einmal erſcheinen
und verſchwinden, und die Sonne in einem Saturns-
tage oftmals verfinſtern. Zudem wird durch ſolche
Neigung der Are des Saturns zu ſeinem Ringe,
dieſelbe alsdann mit ſeiner Bahn perpendikulär ſeyn,
und dadurch wird der Unbequemlichkeit der Jahrszeiten auf dieſem Planeten abgeholfen. Denn,
wenn man die Länge eines ſeiner Jahre bedenkt,
welches beynahe 30 der unſrigen gleich iſt; in welchem fürchterlichen Zuſtande müßten ſich die Bewohner ſeiner Polargegenden befinden, wenn ſie 15
Jahre des Lichts und der Wärme der Sonne beraubt wären! Doch dieſes wäre, wenn die Are des
Planeten dem Ringe perpendikulär ſeyn ſollte, noch
nicht alles; ſondern der Ring würde auch großen
Strecken Landes, zu beyden Seiten des Aequators,
das Licht der Sonne 13 oder 14 Jahre nach einander entziehen: und zwar bald an der Süder- und
bald an der Norder-Seite, je nachdem die Are ſich
zu oder von der Sonne kehrte. Das Gegentheil
aller dieſer Unbequemlichkeiten iſt ein zweyter muth-
maßlicher

maßlicher Beweis: daß die Are des Saturns sich zu
seinem Ringe neige, und folglich mit seiner Bahn
perpendikulär sey.

Den Bewohnern des Saturns muß der Ring
ein großer leuchtender Bogen am Himmel zu seyn
scheinen, der nicht zu den Planeten gehört. Wir
sehen seinen Schatten auf dem Körper des Saturns
am breitesten, wenn er am meisten offen ist. Nach=
her wird der Schatten sowohl als der Ring immer
schmäler, bis die Sonne durch die jährliche Bewe=
gung des Saturns, gegen den scharfen Rand des
Ringes über kommt, und wir ihn, weil solcher als=
dann uns zugekehrt steht, seiner Dünne wegen,
gar nicht sehen. Dieses geschieht in jedem Umlaufe
des Saturns zweymal, nämlich wenn er im 19ten
Grade der Fische und der Jungfrau ist. Wenn er
in der Mitte zwischen diesen beyden Punkten steht,
so sehen wir ihn am meisten offen, und alsdann ist
sein längerer Durchmesser zu seinem kürzern wie
9 zu 4.

Wofern die Bewohner des Saturns solche Augen
haben wie die unsrigen sind, und sich durch keine
Instrumente zu helfen wissen, so ist ihnen kein an=
derer Planet sichtbar als der Jupiter, und den Be=
wohnern des Jupiters kein anderer als der Saturn.
Sie müssen also entweder weiter sehen wie wir,
oder sie müssen auch sehr gute Instrumente haben,
um wissen zu können, daß ein solcher Körper wie
unsere Erde in der ganzen Schöpfung sey. Denn
vom

vom Jupiter ſcheint unſere Erde nicht größer als ei=
ner ſeiner Trabanten. Und wofern ſein großer Kör=
per nicht zuerſt unſre Aufmerkſamkeit erregt und un=
ſere Neugierde gereißt hätte, ihn durch ein Fern=
glas zu betrachten, und dieſes ganz zufällig gegen
die kleine Stelle des Himmels zu richten, wo ſich zu
der Zeit der Beobachtung ſeine Monde befanden,
ſo würden wir niemals etwas von ihnen gewußt
haben. Und eben daſſelbe müſſen wir auch von den
Monden des Saturns ſagen.

Die Bahn des Saturns neigt ſich $2\frac{1}{2}$ Grad zur
Ekliptik oder der Bahn unſerer Erde; und berührt
ſie im 21ſten Grad 13 Minuten des Krebſes und
des Steinbocks; ſo daß Saturns Nodus nur 14
Grade von dem Nodus des Jupiters iſt. Das we=
nige Licht, das die Bewohner des Jupiters und
Saturns von der Sonne genießen, da ſie dem er=
ſtern nur den 28ſten und dem letztern nur den 90ſten
Theil ſo groß ſcheint als uns, könnte uns bewegen
zu glauben, daß dieſe beyden Planeten gar nicht zu
Wohnplätzen vernünftiger Weſen erſchaffen wären.
Allein, daß ihr Licht nicht ſo ſchwach ſeyn könne,
als wir uns einbilden, beweiſet eines Theils ihr
heller nächtlicher Glanz, und andern Theils das
merkwürdige Phänomen: daß, wenn bey einer
Sonnenfinſterniß die Sonne ſo weit bedeckt worden,
daß nur der 40ſte Theil ihrer Scheibe noch frey
und unverfinſtert bleibt, dennoch die Abnahme des
Lichts nicht ganz außerordentlich groß iſt; ja, daß
ſelbſt

selbst gegen das Ende einer totalen Sonnenfinsterniß, wenn der westliche Rand der Sonne nur wie ein dicker Silberdrath hervorscheint, man über den hellen Glanz erstaunen muß, mit welchem dieser kleine Theil der Sonne leuchtet. Wenn unser Mond voll ist; so giebt er einem Wanderer Licht genug, seinen Weg nicht zu verfehlen, und doch ist er nach D. Smiths Optik nicht heller, als der neunzigtausendste Theil des Lichts der Sonne. Das ist: das Licht der Sonne ist neunzigtausendmal stärker als das Licht des vollen Mondes. Folglich giebt die Sonne dem Saturn tausendmal und dem Jupiter dreytausendmal mehr Licht als der volle Mond uns; so daß diese beyden Planeten, auch wenn sie keine Monde hätten, weit mehr erleuchtet sind, als wir uns einbilden; und da sie deren so viele haben, ganz füglich bequeme Wohnplätze vernünftiger Wesen seyn können.

Freylich könnte einem der Gedanke beyfallen, daß, wenn dem Merkur das Sonnenlicht 7mal stärker, und dem Saturn 90mal schwächer schiene als uns, so müßten die Bewohner des ersten von dem zu starken Lichte geblendet werden; und die Bewohner des letzten beynahe in steter Dunkelheit leben. Denn, wenn uns die Sonne 7mal heller schiene, so würden unsere Augen nicht vermögend seyn, ein solches Licht zu ertragen: und wenn sie uns 90mal schwächer schiene, so würden wir den größten Theil unserer gewöhnlichen Arbeit nicht verrichten können.

Ehe

Ehe wir hierauf antworten, wollen wir zuvor eine
Anmerkung machen.

Wenn jemand im Winter aus einer beſchneieten
Straße in ſein Wohnzimmer zurücktritt, ſo iſt er
nicht vermögend, in demſelben Augenblick eine Arbeit vorzunehmen, die ein ſcharfes Geſicht erfordert.
Oder, wenn er aus ſeinem Hauſe geht, zu der Zeit,
wenn die Sonne auf den Schnee ſcheint, ſo iſt er
nicht im Stande den ſtarken Wiederſchein des Sonnenlichts ſo gut zu ertragen, als wenn er eine halbe
Stunde drinn gegangen. Indeß iſt aber dennoch
der Wiederſchein des Schnees in dieſer halben Stunde
nicht ſchwächer geworden, als er vorher war: eben
ſo wenig als das Zimmer dunkler geworden iſt. Die
Urſache liegt darinn.

Unſere Augen ſind ſo gebaut, daß ſie ſich ausdehnen, wenn das Licht ſchwach iſt, damit die Pupillen derſelben deſtomehr davon einfallen laſſen;
und ſie ziehen ſich zuſammen, wenn das Licht ſtark
iſt, damit ſie deſtoweniger Strahlen aufnehmen.
So lange wir im Zimmer ſind, ſind die Pupillen
unſrer Augen ausgedehnt; ſie faſſen daher von dem
Wiederſcheine des Schnees mit einemmal zu viel
Licht, und das iſt uns beſchwerlich. Sind wir
aber eine kurze Zeit darinn gegangen, ſo ziehen ſie
ſich ſo enge zuſammen, daß ſie nicht mehr von dem
ſtarken Lichte einlaſſen, als wir ohne Unbequemlichkeit ertragen können. Tritt man alsdenn in ſein
Zimmer zurück, ſo ſind die Pupillen noch zuſammen

Ferguſ. Aſtron. v. Kirchh. D gezo-

gezogen, und das Zimmer, das nicht so helle als
die Straße ist, scheint uns dunkler zu seyn, als es
zuvor war; aber bald darauf dehnen sich die Pupillen wieder nach und nach aus, und lassen so viel
Licht ein, daß wir unsere Arbeit bequem verrichten
können.

Gesetzt demnach, die Bewohner des Merkurs
und Saturns wären eben solche Geschöpfe wie wir,
(ob man solches gleich verschiedener Ursachen wegen
nicht vermuthen kann) so würde den ersten, wenn
ihre Augen siebenmal kleiner wären als die unsrigen,
das Sonnenlicht doch nicht heller scheinen als uns.
Und wenn die Pupillen der Bewohner des Saturns
neunzigmal größer als die unsrigen, (welches sie
seyn würden, wenn der Diameter derselben nur
9½mal größer wäre, und welches ihnen nicht unna-
türlich scheinen könnte, wenn sie auf einerley Art
gebauet wären, und sie niemals andere Augen gesehen hätten) so würde das Sonnenlicht ihnen nicht
schwächer zu seyn scheinen als.

Wofern aber auch dieses nicht wäre, so scheint
ihnen die Sonne doch noch tausendmal heller als uns
der volle Mond. Denn der Unterschied des Lichts
der Sonne und des vollen Monds ist so erstaunlich
groß, selbst zu der Zeit, wenn die Sonne mit Wolken bedeckt ist, und wir ihr Licht nur durch den
Wiederschein der Wolken genießen, daß, ob wir
gleich im hellen Mondschein zur Noth eine mittel-
mäßige Schrift lesen können, wir dennoch gotaus

send

ſend Vollmonde nöthig hätén, um eben ſo viel Licht zu erhalten, als uns das gewöhnliche Tagelicht ge= währt. Und da zwey Vollmondsbreiten beynahe einen Grad ausmachen, ſo würden alle dieſe Monde unſern ganzen Geſichtskreis ausfüllen.

Der Beweis iſt folgender:

Wenn man den Mond beym letzten Viertel nach Sonnenaufgang hoch übern Horizont ſitzen ſieht, ſo iſt er viel blaſſer als des Nachts, und ſcheint eine kleine weiſſe Wolke zu ſeyn. Indeß leuchtet er zu der Zeit dennoch eben ſo ſtark als des Nachts. Der Unterſchied kömmt daher, weil das ſtärkere Tages= licht ihm ſeinen Glanz benimmt; auf eben die Art als man von einem Lichte, das man in Sonnen= ſchein ſetzt, kaum die Flamme ſieht, obgleich der Schein deſſelben eben der nämliche iſt, womit es in der Nacht leuchtet.

Wenn die Sonne mit Wolken bedeckt iſt, ſo er= halten wir ihr Licht bekanntlich blos durch den Wie= derſchein der Wolken.

Nun wirft uns aber der Mond das Sonnen= licht des Nachts auf eben die Art zurück, als es bey Tage die Wolken thun. Er kann alſo bey Tage nicht mehr Licht zurückwerfen, als eine kleine weiße Wolke thut, die gerade ſo viel Platz einnimmt als der Mond; folglich kann er bey der Nacht auch nicht mehr zurückwerfen — und da er nur den 90000ſten Theil des Himmels ausfüllt, ſo iſt klar, daß ſein Licht dem 90000ſten Theil des Tageslichts gleich

D 2   ſey.

sey. Nun scheint das Sonnenlicht dem Saturn
90mal schwächer als der Erde, und gewöhnliches
Tageslicht ist 9000mal stärker als Mondslicht;
theilt man alsdenn 90000 mit 90, bleibt der Quo-
tiente 1000; folglich scheint den Bewohnern des
Saturns die Sonne 1000mal heller als uns der
volle Mond.

Ihre Wärme, in soferne solche von den Sonnenstralen abhängt, ist freylich geringer wie die
unsrige. Ohne Zweifel sind aber die Körper ihrer
Bewohner eben so gut dazu eingerichtet, als unsere
Körper zu unsern Jahrszeiten. Und wenn wir bedenken, daß der Jupiter selbst bey seinen Polen
niemals Winter hat (welches vermuthlich der nämliche Fall beym Saturn ist): so kann die Kälte auf
diesen beyden Planeten nicht so heftig seyn, als wir
gewöhnlich denken. Zudem kann auch die Natur
ihres Bodens wärmer seyn, als die unsrige: da wir
sehen, daß unsere Hitze nicht allemal von den Stralen der Sonne herrührt. Denn, wenn dieses wäre,
so müßten wir jährlich in eben denselben Monaten
gleiche Wärme und gleiche Kälte haben. Wir finden
aber sehr oft das Gegentheil; denn unterweilen ist
es im Februar wärmer als im May, welches den
Ausdünstungen der Erde zugeschrieben werden muß.

Ein jeder vernünftiger Mensch, der dieses alles
bedenkt, und das System der Monde, die zum
Jupiter und Saturn gehören, mit einander vergleicht, muß über die außerordentliche Größe dieser

beyden

beyden Planeten und ihre erhabene Begleitung erstaunen, sobald er unsere kleine Erde dagegen betrachtet. Und er wird sich nie überreden, daß ein
unendlich weiser Schöpfer alle seine Kreaturen und
Gewächse blos unserer Erde zugetheilt, und alle andere Planeten von vernünftigen Geschöpfen entblößt
und leer gelassen habe. Vorzugeben, daß er nur
einzig unser Bestes zur Absicht gehabt, als er alle
diese Monde erschuf, und ihnen ihre Bewegung um
den Jupiter und den Saturn mittheilte; sich einzubilden, daß diese großen Körper nur unsertwegen da wären, da er doch wohl wußte, daß sie
nur von einigen wenigen Astronomis, die sie durch
ein Fernglas belauschten, gesehen werden konnten;
und da er den Planeten ihre regelmäßige Abwechselung von Tag und Nacht, und verschiedne Jahrszeiten nach eines jeden Bedürfniß gab, ohne daß
dieses uns, ausgenommen was unserm Planeten,
der Erde, widerfährt, etwas nützen konnte; sich
also einzubilden, sage ich, daß der Schöpfer dieses
alles blos unsertwegen gethan habe. wäre eben
so boshaft, als ihn zu beschuldigen: er habe vieles
umsonst gethan; und eben so thörigt, als zu glauben:
daß in unserer Erde wiederum eine kleine Sonne
und ein Planetensystem erschaffen wäre, wovon wir
doch nicht den geringsten Nutzen hätten.

Diese Betrachtungen führen uns zu nichts ge-
ringerm, als zu einem überzeugenden Beweise, daß
alle Planeten bewohnt sind. Denn, wenn sie es

D 3   nicht

nicht wären, wozu denn alle die Vorforge, fie mit
fo vielen Monden zu verfehen, und daburch denen,
die am weitesten von der Sonne find, fo viel mehr
Licht zu verschaffen? Sehen wir nicht, daß, je weiter ein Planet von der Sonne ist, je größere Zu-
rüstung ihm in diefer Rücksicht mitgetheilt worden,
(den einzigen Mars ausgenommen, der, weil er
ein fo kleiner Planet ist, vielleicht zu kleine Monde
hat, um von uns gefehen zu werden). Wir wissen,
daß die Erde um die Sonne läuft, und sich um ihre
Axe drehe: damit durch das erstere die Abwechselung der Jahrszeiten, und durch das letztere Tag
und Nacht zum Wohl ihrer Bewohner hervorge-
bracht werde. Mögen wir nicht aus gleichen Grün-
den überzeugend schließen: daß der Zweck und die
Absicht aller übrigen Planeten eben diefelben fehn?
und stimmt diefes nicht mit der unvergleichlichen
Harmonie überein, die durchs ganze Weltgebäude
hervorleuchtet? Gewiß! es ist unläugbar, und er-
weckt in uns die erhabensten Begriffe von einem
höchsten Wesen, das allen feinen Geschöpfen, zu
allen Zeiten und an allen Orten gegenwärtig ist,
um feine Macht, Weisheit und Güte über die ganze
Schöpfung zu verbreiten, und unzählbaren Arten
erschaffener Wesen Segen und Glückseligkeit mitzutheilen *).

In

*) Am 13. März 1781 entdeckte Hr. William Her-
schel, zu Bath in England, durch ein von ihm
selbst

In der zweyten Figur haben wir die verhältniß: l'ab.
mäßige Breite der Sonnenſcheibe gezeichnet, wie ſie I.
von den Planeten geſehen wird. Unter der Num: fig.
mer 1. vom Merkurius. Unter No. 2. von der 2.
Venus. No. 3. von der Erde. No. 4. vom Mars.
No. 5. vom Jupiter. No. 6. vom Saturn. Die:
ſes zu beweiſen, ſey der Zirkel B. die Sonne, wie fig.
ſie in gegebener Entfernung von einem andern Pla: ·3.
neten, in doppelter Entfernung, nur halb ſo breit,
nämlich wie A, welches dan vierten Theil der Ober:
fläche von B ausmacht, geſehen werden. Denn alle
Zirkel verhalten ſich gegen einander wie die Quadrate
ihrer Durchmeſſer. Wenn wir daher die Durch:
meſſer obiger Zirkel gegen einander vergleichen; ſo

D 4   wer:

ſelbſt verfertigtes ſiebenſchuhiges Spiegelteleſcop,
das 222mal vergrößerte, einen neuen periodiſchen
Stern, in der Milchſtraße zwiſchen den Stiershör:
nern und den Füßen der Zwillinge, der ſich unter
einer nordlichen Breite von etwa 12 Minuten, mit
der Ekliptik parallel, nach Oſten bewegte.

Nach erhaltener Nachricht ward er in eben dem:
ſelben Monate auch von Hrn. Maskelyne zu Green:
wich und im April von Hrn. Meßier zu Paris be:
obachtet; und im Auguſt deſſelben Jahres von dem
geſchickten Berliniſchen Aſtronom Hrn. Bode.

Der letzte hat ſeinen Lauf mit vieler Genauigkeit
bemerkt, und hält dafür, daß dieſer Stern ein uns
noch nicht bekannter Hauptplanet unſers Sonnen:
ſyſtems ſey, der faſt noch einmal ſo weit wie Sa:
turn von der Sonne ſtehet, und 82 Jahr zu ſeinem

Um:

werden wir finden, daß die Sonne, in runder Zahl, dem Merkurius 7mal so groß scheine als uns: uns 90mal größer als dem Saturn, und dem Merkurius 630mal größer als dem Saturn.

fig. 4.   In der 4ten Figur siehet man die verhältnißmäßige Größe des Planeten gegen einander; wenn man annimmt, daß die Sonne durch eine Kugel von 2 Fuß im Diameter vorgestellt werde. Die Erde ist also 27mal größer als Merkurius: ein klein wenig größer als Venus; und 5mal größer als Mars. Dagegen ist Jupiter 1049mal, Saturn (seinen Ring ausgeschlossen) 586mal, und die Sonne 87765omal größer als die Erde. Sollten die Planeten, so wie sie in der Figur gezeichnet sind, von einer Sonne, die 2 Fuß im Diameter hält, in ihrem

Umlauf brauche. Diese Meynung ist gar nicht unwahrscheinlich. Denn wie können wir der Allmacht Gränzen setzen, und wie sind wir vermögend zu bestimmen, ob nicht in diesem unermeßlichen Raume noch mehrere zu unserm System gehörige Planeten schweben, die unsere Ferngläser nicht zu erreichen im Stande sind. Zudem streitet die ungeheure Entfernung dieses Sterns auf keine Weise mit den Gesetzen der Attraktion; sobald wir bedenken (wie bereits angeführet), daß die Kometen, ungeachtet ihrer erstaunenden Weite, dennoch durch die Attraktion der Sonne periodisch wiederum zu ihr zurückkehren. Daß er ein Planet sey, erhellet um so vielmehr auch daraus, daß Hr. Herschel bereits zweene seiner Monde entdeckt hat.

ihrem wahren Abstande gestellet werden; so müßte
Merkurius von dem Mittelpunkte der Sonnenkugel
stehen (nach hamburgischem Maaße) 89 Fuß 10 Zoll.
Venus 164 Fuß 8 Zoll. Die Erde 226 Fuß 9 Zoll.
Mars 345 Fuß 6 Zoll. Jupiter 1189 Fuß 3 Zoll.
Saturn 2440 Fuß 6 Zoll. Und der Komet von
Ao. 1680 in seiner größten Entfernung von der
Sonne 34520 Fuß. Dagegen würde der Abstand
des Monds vom Centro der Erde nur 8 Zoll aus-
machen.

Weil die Erde nicht im Mittelpunkte der Planetenkreise stehet; so kommen diese ihr von Zeit zu
Zeit bald näher, und bald sind sie weiter von ihr.
Daher scheinen sie auch zuweilen größer und zuweilen kleiner zu seyn. Folglich giebt die scheinbare
Größe der Planeten nicht allemal eine gewisse Regel, wobey wir sie erkennen,

Um unserer Einbildungskraft zu Hülfe zu kommen, daß man sich einigermaßen einen Begriff von
der ungeheuren Weite der Sonne, der Planeten
und der Sterne machen könne, wollen wir annehmen: daß ein Körper von der Sonne abgeworfen
würde, der mit der Geschwindigkeit einer Kanonenkugel, das ist, in einer Stunde beynahe 105 deutsche Meilen flöge; so würde er die Bahn des Merkurius in 7 Jahren 221 Tagen: der Venus, in
14 Jahren 8 Tagen: der Erde, in 19 Jahren 91
Tagen: des Mars, in 29 Jahren 85 Tagen: des
Jupiters, in 100 Jahren 280 Tagen: des Saturns

D 5   in

in 184 Jahren 240 Tagen: des Kometen von 1680, in seiner größten Entfernung von der Sonne, in 2660 Jahren, und den nächsten Firstern in ohngefähr 7 Millionen 600000 Jahren erreichen.

So ungeheuer groß auch alle diese Weiten scheinen mögen, so hat man dennoch gefunden, daß sie bisher zu klein angenommen worden. Denn aus der Berechnung der beyden Durchgänge der Venus von Ao. 61 und 69 ergiebt sich, daß der Abstand der Sonne von der Erde zwischen 20 und 21 Millionen Meilen sey, da man ihn sonst nur immer auf 18 Millionen rechnete. Und, nach gleichem Verhältniß ist die Weite der übrigen Planeten ebenfalls größer.

Die Kometen sind feste undurchsichtige Körper, mit langen dünnen durchscheinenden Schweifen, die an derjenigen Seite des Kometen hervorgehen, die von der Sonne abgekehrt steht. Sie bewegen sich um die Sonne in sehr eccentrischen Ellipsen. Ihr periodischer Umlauf, oder die Zeit ihrer Wiederkehr zur Sonne, ist noch nicht mit zuverläßiger Gewißheit bestimmt; ob man sie gleich für 3 Kometen berechnet hat. Der erste von diesen dreyen war in den Jahren 1531, 1607 und 1682 sichtbar, und hätte müssen 1758 und in jedem folgenden 75sten Jahre wiederkommen. Der zweyte erschien im Jahre 1532 und 1661, und ist vermuthlich im Jahre 1789 und in jedem folgenden 129sten Jahre wieder sichtbar. Der dritte erschien zum letztenmale

An.

An. 1680, kann aber vor Ao. 2255 nicht wieder
kommen, da seine Periode eine Zeit von 575 Jah=
ren ausmacht. Dieser letzte Komet war in seinem
größten Abstande beynahe 2400 Millionen Meilen
von der Sonne, und in seiner größten Annäherung
etwas weniger als den dritten Theil ihres halben
Durchmessers von ihr entfernt. In diesem Theile
seines Kreises, wo er der Sonne so nahe war, flog
er in einer Stunde mit einer unermeßlichen Ge=
schwindigkeit 188000 Meilen, und die Sonne schien
ihm 100 Grade breit, das ist, 40000mal größer
zu seyn, als uns. Die ungeheure Weite, die dieser
Komet im leeren Raume fortlief, erregt in unsern
Gemüthern eine Vorstellung der großen Entfernung,
so zwischen der Sonne und dem nächsten Firsterne
seyn müsse ; da die Kometen der Anziehungskraft
der Sterne entgehen, und dennoch periodisch zurück=
kehren, ihren Lauf um die Sonne zu vollführen.
Zugleich aber beweiset es auch, daß die nächsten
Sterne, welches wahrscheinlich die sind, so uns am
größten zu seyn scheinen, so groß wie unsere Sonne,
und mit ihr von gleicher Natur seyn müssen, weil
sie sonst in der unbeschreiblichen Weite nicht so helle
glänzen könnten.

Die Schweife der Kometen sind dünne Dünste,
die aus ihrem Körper hervorgehen, und keinen Pla=
neten schädlich seyn können, woferne einer derselben
zu der Zeit, wenn der Komet die Bahn des Plane=
ten paßirt, dadurch gienge. Denn wären sie Feuer,
wie

wie der Pöbel glaubt, so könnten wir nicht sehen,
was hinter ihnen ist; so wenig als wir ein Objekt
durch die Flamme eines Lichts sehen können; dagegen man durch den Schweif eines Kometen auch die
kleinsten Sterne wahrnimmt.

Der dicke Dunstkreis, die Hitze der Sonne, und
der wüste Zustand der Kometen scheinen beym ersten
Anblick anzuzeigen, daß sie zur Erhaltung des thie-
rischen Lebens der Kreaturen gänzlich ungeschickt,
und für vernünftige Geschöpfe ein höchst elender
Aufenthalt seyn müßten. Allein, wenn wir auf der
andern Seite bedenken, daß es der unendlichen
Macht und Güte des Schöpfers ein leichtes war,
Kreaturen zu schaffen, deren körperlicher Bau ihrem
Zustande und ihren Bedürfnissen angemessen; daß
die Materie einzig und allein der vernünftigen Wesen wegen da sey: und daß wir sie allerwärts, wo
wir sie finden, mit Leben und mit den Nothwendig-
keiten des Lebens befruchtet sehen: daß die erstaunliche Verschiedenheit der Thierarten auf und in der
Erde, im Wasser und in der Luft, daß jedes Kraut,
jedes Blat und jedes Fluidum mit Leben erfüllet
sey: und daß jedes Geschöpf sich seines Daseyns und
des Genusses der Wohlthaten der Natur, nach dem
Maaße sie seinen Bedürfnissen angemessen sind, er-
freuen könne: wenn wir ferner erwägen, daß man
vor ohngefähr 300 Jahren noch behauptete, daß
ein großer Theil der Erde unbewohnbar sey: die
heiße Zone wegen ihrer außerordentlichen Wärme,

und

und die beyden kalten Zonen wegen ihrer unerträg=
lichen Kälte: bis die Erfahrung uns eines beſſern
belehrte: ſo ſcheint es höchſt wahrſcheinlich, daß ſo
große und zahlreiche Maſſen feſter Materie, als die
Kometen ſind, ſo wenig ähnliches ſie auch mit unſrer
Erde haben mögen, nicht von Kreaturen leer gelaſ=
ſen worden, die fähig wären die Weisheit, Ueber=
einſtimmung und Schönheit der Schöpfung mit Be=
wunderung zu betrachten, und mit Dankbarkeit zu
verehren: wozu ſie auf ihrer weiten Bahn mehr
Gelegenheit, als wir in unſerm eingeſchränkten
Kreiſe haben.   Zudem, da es eine ausgemachte
Wahrheit iſt, ſo eingeſchränkt auch unſere Kenntniſſe
in Anſehung der Beſtimmung dieſer Körper ſeyn
mögen: daß, allerwärts, wo die Gottheit Beweiſe
ihrer Macht ſehen laſſen, ſie auch Beweiſe ihrer
Weisheit und Güte offenbaret hat.

Das Sonnenſyſtem, nach vorhergegangener Be=
ſchreibung, ſcheint den Alten, und beſonders dem
Pythagoras ſchon bekannt geweſen zu ſeyn. Es war
aber in ſpätern Zeiten verloren gegangen, bis der
berühmte polniſche Philoſoph, Nikolaus Coper=
nicus, welcher im Jahre 1473 zu Thorn geboren
wurde, es wieder herſtellte. Ihm folgten die größ=
ten Mathematiker und Philoſophen, die ſeitdem ge=
lebet haben, als: Kepler, Galiläi, Descar=
tes, Gaſſendus, und der unſterbliche Newton.

Der letzte hat dieſes Syſtem auf einen ewig
dauernden Grund von mathematiſchen und phyſikali=
ſchen

schen Beweisen gebauet, der nicht erschüttert wer-
den kann, und kein vernünftiger Mensch, der diese
Beweise zu begreifen fähig ist, kann weiter einigen
Zweifel gegen dieses Lehrgebäude hegen.

Im Ptolomäischen System behauptete man,
daß die Erde im Mittelpunkte des ganzen Weltgebäudes fest stünde, und daß der Mond, Merkurius,
Venus, die Sonne, Mars, Jupiter und Saturn
um die Erde herumliefen. Ueber die Planeten setzte
man das Firmament der Sterne, und über dieses
wieder zwo krystallene Sphären: alles aber sey in
ein primum mobile eingeschlossen, von welchem es
seine Bewegung in 24 Stunden um die Erde von
Osten nach Westen erhalte. Da aber dieser rohe
Entwurf bey näherer Untersuchung und angestellter
Beobachtung, nicht vermögend war, die Probe zu
halten; so wurde er bald von allen wahren Philo-
sophen verworfen, so sehr auch die hartnäckige Wuth
unwissender und scheinheiliger Eiferer sich dagegen
empörte.

Dem Ptolomäischen folgte das Tychonische System, wurde aber nicht so allgemein angenommen.
In diesem setzte man fest, daß die Erde im Mittelpunkte des Universi, oder des Firmamentes der
Sterne fest stünde; und die Sonne jede 24 Stunden um sie herumlaufe; die Planeten hingegen,
als Merkurius, Venus, Mars, Jupiter und Saturn, sich in eben derselben Zeit wieder um die Sonne
bewegten. Dagegen behaupteten einige von Tycho's

Schü-

Schülern: daß die Erde eine tägliche Bewegung um ihre Are habe, und die Sonne mit allen übri- gen Planeten in einem Jahre um die Erde gehe, in welcher Zeit die Planeten wieder um die Sonne liefen. Dieſes theils wahre, theils falſche Syſtem wurde von einigen wenigen angenommen, mußte aber bald dem einzigen wahren und vernünftigen Lehrgebäude weichen, welches Copernicus her- ſtellte, und Newton bewies.

Bis dahin hätten wir demnach die erſten allge- meinen Begriffe der Aſtronomie erklärt, und eine kurze Beſchreibung unſers Sonnenſyſtems, nach zu- verläßigen Beobachtungen gegeben. Ehe wir aber weiter gehen, und die Geſetze beweiſen, nach wel- chen die Bewegung aller himmliſchen Körper vom Schöpfer geordnet wurde, und nach welchen ſie auf ihrer Bahn unverrückt fortlaufen; wird es nöthig ſeyn, zuvor von den Eigenſchaften der Materie, und den Centralkräften der Körper etwas zu ſagen.

Das dritte Kapitel.

Von der Materie und deren Eigenſchaften.

Unter dem Worte Materie wird hier ein jedes Ding verſtanden, das Länge, Breite und Dicke hat, und dem Anrühren widerſteht.

Die weſentlichen Eigenſchaften der Materie ſind: Ausdehnung, Unwirkſamkeit, Beweglichkeit und Theilbarkeit.

Die

Die Ausdehnung entsteht dadurch, daß die materielle Sache Länge, Breite und Dicke hat. Aus dieser Ursache stellt man sich alle Körper unter dieser oder jener Form vor; und deswegen verhindert ein jeder Körper alle andere, eben denselben Platz einzunehmen, den er schon eingenommen hat. Denn wenn ein Stück Holz oder Metall noch so stark zwischen zwo Platten gequetscht wird, so können sich diese doch niemals berühren. Selbst Wasser oder Luft hat die Eigenschaft, daß, wenn nur ein geringer Theil davon zwischen andern Körpern eingeschlossen ist, diese nicht zusammen gebracht werden können.

Die zweyte Eigenschaft der Materie ist Unwirksamkeit oder Unthätigkeit. Vermöge dieser ist sie stets geneigt in dem Zustande, worin sie ist, zu bleiben, es sey Ruhe oder Bewegung. Wenn daher ein Körper zwey, oder dreymal so viel Materie in sich enthält als ein anderer Körper, so hat er auch zwey, oder dreymal so viel Unthätigkeit: das ist, es wird zwey, oder dreymal so viel Kraft erfordert, ihm einen gleichen Grad der Bewegung zu geben, oder ihn aufzuhalten, wenn er in solche Bewegung gebracht worden.

Daß die Materie sich von selbst nicht bewegen könne, weiß jedermann. Denn man sieht, daß ein Stein, der auf einer ebenen Fläche der Erde liegt, sich nimmermehr von selbst bewegt: es fällt auch niemand ein zu denken, daß er solches könne. Daß jede Materie eine Neigung habe von dem Zustande

der Bewegung in den Zustand der Ruhe zu ver-
fallen, oder sich wieder darin zu setzen, haben zwar
einige geglaubt, weil sie sahen, daß eine Kanonenkugel, oder ein Stein, wenn sie mit noch so großer
Kraft in die schnellste Bewegung gebracht worden,
sich dennoch bald wieder senken und stille liegen;
sie bedachten aber nicht, daß dieses verursacht werde:

1) durch die Schwere oder das Gewicht dieses
   Körpers, welches ihn, ungeachtet des Triebs
   in diesem Zustande zu bleiben, zur Erde nieder-
   drückt: und

2) durch den Widerstand der Luft, durch welche
   er sich bewegt, und welche seine Schnelligkeit
   jeden Augenblick vermindert, bis er fällt.

Eine Kugel läuft nur eine kurze Zeit auf einem
mit Grase bewachsenen Platze; weil die Rauhigkeit
und Unebenheit der Oberfläche so viel Reibung macht,
daß jene bald aufgehalten wird. Wenn dieser Platz
aber vollkommen wagerecht, und mit polirtem Glase
bedeckt wäre, und die Kugel wäre vollkommen hart,
rund und glatt; so würde sie einen viel weitern Weg
laufen, weil sie keinen Widerstand hätte als die Luft.
Wenn alsdann auch die Luft weggenommen wäre,
so würde die Kugel, ohne Reibung fortlaufen, und
folglich ohne Verminderung der Schnelligkeit, die sie
beym Anfange ihres Laufs hatte. Wäre die Kugel
viele Meilen hoch über die Erde erhoben, und würde
von da in einer wagerechten Richtung mit solcher
Schnelligkeit fortgeworfen, daß sie in der Zeit,

Ferguf. Aftron. v. Kirchh. E wenn

wenn sie, vermöge ihrer Schwere, sich zur Erde
senken wollte, einen Raum durchliefe, der größer
wäre als der halbe Durchmesser der Erde, und es
wäre ihr alsdann kein anders Medium im Wege;
so würde die Kugel ganz und gar nicht zur Erde
fallen, sondern sie würde fortfahren, sich stets auf
derselben Bahn herumzuwälzen, und mit eben der
Schnelligkeit denselben Punkt wieder durchzulaufen,
von dem sie im Anfange war abgeworfen worden.
Auf diese Weise läuft der Mond um unsere Erde,
ob er gleich an und für sich eben so todt und unwirksam ist, als jedweder Stein der auf der Erde liegt.

Die dritte Eigenschaft der Materie ist Beweglichkeit: denn wir finden, daß alle Materie bewegt
werden kann, wenn ein genügsamer Grad der Kraft
angewandt wird, ihre Unwirksamkeit oder ihren
Widerstand zu überwinden.

Die vierte Eigenschaft der Materie ist die Theilbarkeit. Diese geht bis ins unendliche. Denn weil
die Materie niemals vernichtet werden kann, so können wir uns keinen Theil, er sey so klein er immer
wolle, anders gedenken, als daß er zwo Seiten,
eine obere und eine untere habe: und daß, wenn
man diesen Theil auf eine Tafel legt, die obere Seite
weiter von der Tafel entfernt seyn müsse als die
untere. Es ist daher lächerlich, wenn man sagt,
daß der größte Berg auf der Erde mehr halbe, viertel oder zehntel Theile habe, als der kleinste Theil
der Materie.

Man

Man hat verschiedene Erfahrungen, die uns beweisen, zu welcher erstaunlichen Feinheit die Materie durch Kunst getheilt werden könne. Unter diesen sind folgende beyde sehr merkwürdig:

1) Wenn ein Pfund Silber und ein einziger
Gran Gold zusammengeschmolzen werden, so
wird alsdann das Gold durch die ganze Masse
des Silbers gemischt oder vertheilt. Nimmt
man nun von dieser Masse wiederum einen
Gran, in welchem nicht mehr als der 5760ste
Theil des einen Grans Goldes enthalten seyn
kann, und löset ihn in Scheidewasser auf,
so fällt das Gold auf den Boden des Gefäßes.

2) Die Goldschläger können einen Gran Gold so
weit ausdehnen, daß ein Blatt daraus wird,
welches 50 Quadratzolle hält: und dieses Blatt
kann man in 500000 Theile theilen, von welchen ein jeder sichtbar ist. Denn ein Zoll kann
in 100 Theile nach der Länge getheilt werden,
wovon man jeden mit bloßen Augen sehen kann:
folglich kann ein Quadratzoll in 10000, und
50 Quadratzolle in 500000 Theile getheilt werden. Betrachtet man diesen Theil durch ein
Vergrößerungsglas, das den Diameter nur 10-
mal, und folglich das Feld 100mal vergrößert:
so ist der 100ste Theil des 50000sten Theils
eines Grans Gold sichtbar. Man braucht diese
Blätter gewöhnlich zur Vergoldung, und sie
sind so dünne, daß, wenn 124500 derselben

auf

auf einander gelegt, und zusammengepreßt wer,
den, sie nicht über einen Zoll in der Dicke aus,
machen.

Doch dieses ist alles nichts, in Vergleichung der
unendlichen Weite, welche die Natur in Theilung
der Materie gegangen ist. Leuwenhoek fand, daß
mehr Saamenthierchen in der Milch eines einzigen
Cabeljau enthalten, als Menschen auf dem ganzen
Erdboden sind; und daß, wenn man diese Thier,
chen durchs Mikroscop mit einem gemeinen Sand,
korn vergleicht, solcher größer ist als 4 Millionen
derselben. Nun muß doch jedes Thierchen ein Herz,
Pulsadern, Blutader, Muskeln und Nerven haben,
sonst könnte es nicht leben oder sich bewegen: wie uns
begreiflich klein müssen denn die Partikeln ihres Bluts
seyn, um durch die kleinsten Zweige und Verbindun,
gen ihrer Puls, und Blutadern durchzukommen.

Man hat durch Ausrechnung gefunden, daß ein
Partikel ihres Bluts im Verhältniß gegen den
Diameter des zehnten Theils eines Zolles, eben so
groß ist, als dieser zehnte Theil im Verhältniß gegen
die ganze Erdkugel. Und doch, wenn man diesen
Theil mit einer Partikel der Lichtstralen vergleicht,
so wird man finden, daß diese mit jenen wiederum
in einem solchen Verhältnisse stehen, als ein großer
Berg mit einem Sandkorn. Denn die Kraft, mit
welcher ein Körper gegen einen Widerstand stößt,
ist wie die Quantität der Materie multiplicirt mit
seiner Geschwindigkeit. Da nun die Geschwindig,

keit

keit der Lichtstralen wenigstens eine Millionenmal
größer ist als die Geschwindigkeit einer Kanonenkugel, so ist es klar, daß, wenn eine Million dieser
Partikel nur so groß wäre als ein einziger Sandkorn, so dürften wir uns nicht unterstehen, unsere
Augen den Lichtstralen zu öffnen; eben so wenig als
wir es wagen dürften, vor eine Kanone zu treten,
die mit Sand geladen uns in die Augen abgefeuert
würde.

Daß die Materie unendlich theilbar sey, läßt sich
sehr leicht mathematisch beweisen. Denn es sey
A. B. die Länge eines Theils der getheilt werden soll, **Tab.**
und C. D. und E. F. zwo Parallellinien, die ihn **II.**
an beyden Enden berühren, und über D. und F. ins **fig.**
Unendliche fortgehen. Nun theile man die untere **I.**
Linie in gleiche Theile zur rechten Hand von B. und
wähle auf der obern einen Punkt, z E. in R. ziehe
aus diesem Punkte die Linien R. G. R. H. ꝛc.
deren jede einen Theil von der Linie A. B. abschnei-
den wird. Hat man nun eine unendliche Zahl solcher Linien gezogen, so wird zuletzt doch immer noch
ein Theil oben übrig bleiben, der nicht abgeschnit-
ten werden kann, denn, weil die Linien D. R. und
E. F. parallel sind, so kann keine Linie von dem
Punkte R., zu einem Punkte der Linie E. F. gezogen werden, der mit der Linie R. D. zusammen
treffe. Folglich enthält A. B. mehr als eine end-
liche Anzahl von Theilen.

E 3   Eine

Eine fünfte Eigenschaft ist Attraktion oder Anziehung, welche aber der Materie mitgetheilt, und mehr zufällig als wesentlich zu seyn scheint. Von dieser giebt es viererley Arten, nämlich: Cohäsion (Anklebung), Gravitation (Neigung zum Mittelpunkte), Magnetismus und Elektricität.

Die Attraktion als Cohäsion ist das, wodurch kleine Theile der Materie sich unter einander ansaugen und zusammen hängen. Hievon haben wir verschiedene Beyspiele, und unter andern folgende:

1) Wenn eine enge an beyden Enden offene Glasröhre in Wasser eingetaucht wird, so steigt das Wasser in der Röhre ungleich höher als das Wasser in dem Gefäße steht. Dieses muß von der Anziehung der Partikeln herrühren, welche in dem innern Ringe der gläsernen Röhre rund herum liegen, und zwar unmittelbar über denen, zu welchen das Wasser hinaufsteigt. Ist es aber so hoch gestiegen, daß das Gewicht der Wassersäule der Attraktion der Röhre gleich ist, alsdann steigt es nicht höher. Man kann dieses auf keine Weise dem Drucke der Luft auf die Oberfläche des Wassers in dem Gefäße zuschreiben: denn da die Röhre oben offen ist, so ist sie über dem Wasser voller Luft, und diese drückt auf das Wasser in der Röhre eben so stark, als die äußere Luft auf eine Säule von gleichem Durchmesser auf das Wasser in dem Gefäße. Und man findet auch keinen Unterschied,

schied, wenn dieses Experiment unter einem ausgeleerten Recipienten auf der Luftpumpe gemacht wird.

2) Ein Stück Zucker zieht Feuchtigkeit, und ein Schwamm zieht Wasser an sich: und nach diesem Grundsatze steigt der Saft in den Bäumen.

3) Wenn zween Tropfen Quecksilber nahe an einander hingeschüttet werden, so laufen sie zusammen, und machen einen großen Tropfen.

4) Wenn zwey Stücke Bley sauber geschabt, zusammen getrieben und an einander gepreßt werden, so ziehen sie einander so stark an, daß eine größere Kraft als ihr eigenes Gewicht erfordert wird, sie von einander zu trennen. Man kann dieses keinesweges dem Drucke der Luft zuschreiben; denn es geschieht eben dasselbe in einem luftleeren Recipienten.

5) Wenn zwo polirte meßingene oder marmorne Platten zusammengedrückt, vorher aber mit ein wenig Oel beschmiert werden, um die Poros ihrer Oberfläche auszufüllen, damit sich keine Luft darin aufhalte, so hängen sie, selbst im luftleeren Raume, so fest an einander, daß das Gewicht der untern Platte nicht vermögend ist, sich von der obern loszureissen.

6) Wenn zwey Stücke Kork von gleichem Gewichte, in ein Gefäß mit Wasser neben einander geworfen werden, so bewegen sie sich mit zunehmender Geschwindigkeit, gleich schnell, bis

E 4   sie

ſie ſich begegnen. Und wenn alsdann eins von beyden fortgeſtoßen wird, ſo zieht dieſes das andre nach ſich. Sind ſie hingegen von ungleichem Gewichte, ſo nähern ſie ſich nach dem Verhältniß dieſes Gewichts mit vermehr= ter Geſchwindigkeit: das iſt, der leichtere Kork bewegt ſich um ſo viel ſchneller, um ſo viel der ſchwere ihn an Gewicht übertrifft. Dieſes be= weiſet, daß die Anziehung eines jeden Korks ſeinem Gewichte oder ſeinem Inhalte gleich iſt.

Dieſe Art von Attraktion erſtreckt ſich aber nur auf eine geringe Weite; denn zween Tropfen Queckſilber laufen nicht zuſammen, ſo bald man ſie in Staub herumwälzt, weil die Staubpartikeln ſie aus der Sphäre ihrer Anziehung bringen.

Wo ſich die Sphäre der Anziehung endiget, da fängt eine zurückſtoßende Kraft an. So ſtößt z. B. Waſſer die mehreſten Körper von ſich, bis ſie naß ſind, und eine kleine Nadel, die trocken iſt, ſchwimmt auf ſelbigem.

Die zurückſtoßende Kraft flüßiger Partikeln iſt nur ſehr geringe. Wenn daher ein Fluidum ge= theilt wird, ſo vereinigt es ſich leicht wieder. Wenn aber Glas oder eine andere harte Subſtanz in kleine Theile gebrochen wird, ſo kann man ſie nicht dahin bringen, daß ſie zuſammen hängen; es ſey denn, daß man ſie naß mache. Die Zurück= ſtoßung iſt zu groß, um eine Wiedervereinigung zu= zulaſſen. Die zurückſtoßende Kraft zwiſchen Waſſer

und

und Oel geht so weit, daß es fast unmöglich ist, diese beyden Flüßigkeiten so zu vereinigen, daß sie sich nicht wieder trennen. Wenn daher ein Ball von leichtem Holze erstlich in Oel getaucht, und dann in Wasser geworfen wird, so tritt das Wasser so zurück, daß es eine Art von Kanal rund um den Ball formirt.

Die zurückstoßende Kraft der Luftpartikeln ist von solcher Stärke, daß man sie niemals durch Zusammenpressung dahin bringen kann, daß sie untereinander anhängen, oder sich vereinigen. Daher rührt es, daß eine geringe Quantität Luft einen unendlich größeren Raum einnehmen kann, als sie vorher that, so bald das Gewicht der äußern Atmosphäre weggenommen ist.

Attraktion oder Gravitation ist die Kraft, nach welcher entfernte Körper sich zu einander neigen *).

Hievon haben wir täglich Beyspiele an Körpern, die zur Erde fallen. Durch diese Kraft der Erde

E 5 fallen

*) Ich werde mich immer der Ausdrücke, Attraktion und Gravitation bedienen, wenn ich von Körpern rede. Es sey, daß sie eine Neigung haben, gegen einander zu fallen: oder, daß sie sich in unermeßlichen Kreisen um einen gemeinschaftlichen Mittelpunkt drehen; oder, daß sie auf die Erde fallen: oder, daß sie sich vereinigen, um einen festen Körper zu bilden: oder, sich in Tropfen rûnden, um Fluida zu formiren.

fallen Körper an allen Seiten derselben in senkrechten Linien auf sie nieder, und folglich an der uns
entgegen gesetzten Seite, in entgegen gesetzter Richtung: alle aber zum Mittelpunkte der Erde, wo die
Kraft der Gravitation vereinigt ist. Und durch eben
diese Krast werden Körper auf allen Seiten an der
Oberfläche der Erde festgehalten, daß sie nicht davon fallen können. Da nun dieses auf alle Körper,
nach dem Verhältniß ihrer eigenthümlichen Quantität der Materie, ohne Absicht auf ihre äußere Form
und Figur wirkt, so bestimmt es dadurch ihr Gewicht. Also:

Wenn zween Körper, welche eine gleiche Quantität Materie in sich enthalten, in einer noch
so großen Entfernung von einander gestellt wären, und nun in einem leeren Raume losgelassen würden, so würden sie, wofern kein dritter Körper in dem ganzen Weltgebäude wäre,
der sie hinderte, durch die Kraft der Anziehung
gleich schnell gegen einander fallen. Und diese
Schnelligkeit würde, nach dem Maße, wie sie
sich einander näherten, immer zunehmen, und
endlich würden sie auf halbem Wege in einen
Punkt zusammentreffen. Hingegen:

Wenn zween Körper, die eine ungleiche Quantität Materie in sich enthalten, auf die nämliche Art von einander gestellt, und losgelassen
würden, so würden sie mit einer Schnelligkeit,
die dem Verhältniß ihres wechselseitigen Inhalts

halts der Materie gleich wäre, gegen einander
fallen, und sie würden, mit vermehrter Geschwindigkeit, endlich in einen Punkt zusammentreffen, der der Stelle, wovon der schwere
Körper zu fallen angefangen, so viel näher wäre,
so viel der schwere den leichtern an Materie
übertrafe.   Alle uns bekannten Körper haben
Schwere oder Gewicht.   Denn, daß kein solches Ding in der Natur sey, das gar keine
Schwere habe: selbst Dünste, Dampf und
Rauch nicht ausgenommen, das kann man
durch Experimente der Luftpumpe beweisen.
Denn, wenn gleich der Dampf einer Kerze in
einem schmalen Recipienten nach oben zu steigt,
so lange dieser voll Luft ist, so fällt er doch zu
Boden, so bald derselbe luftleer geworden. Eben
so schwimmt ein leichtes Stück Holz, in einem
mit Wasser angefüllten Gefäße, auf der Oberfläche des Wassers: wenn dieses aber ausge-
gossen ist, so fällt jenes auf den Boden.
     Da jede Partikel der Materie ihre eigenthüm-
liche Schwere hat, so muß die Wirkung des Ganzen
mit der Anzahl der anziehenden Partikeln: das ist,
mit der Vielheit der Materie des ganzen Körpers
im Verhältniß stehen.   Man kann dieses durch Experimente des Pendulums beweisen: denn, wenn
sie von gleicher Länge sind, so machen sie in gleicher
Zeit gleiche Schwingungen, ihr Gewicht sey noch
so verschieden.   Nun ist es klar, daß, wenn ein

Pen-

Pendulum zwey oder dreymal so schwer ist, als ein anders, so wird eine zwey oder dreymal größere Kraft erfordert, es mit eben der Geschwindigkeit zu bewegen: so wie es eine zwey oder dreymal größere Kraft erfordern würde, eine Kugel von 20 oder 30 Pfund mit der nämlichen Schnelligkeit zu werfen als eine von 10 Pfund. Hieraus erhellet, daß die Kraft der Schwere allemal mit der Quantität der Materie eines Körpers im Verhältniß stehe, seine Form oder seine Figur sey welche sie wolle.

Die Schwere nimmt also, gleich allen andern Kräften oder Ausflüssen, die aus einem Mittelpunkte entstehen und hervordringen, nach dem Verhältniß ab, als die Entfernung, in sich selbst multiplicirt, zunimmt. Das ist, ein Körper, der in einer doppelten Entfernung von einem andern Körper ist, zieht nur mit einem vierten Theile Kraft an: in einer dreyfachen Entfernung, mit einem neunten Theile: in einer vierfachen, mit einem sechszehnten Theile u. s. f. Dieses wird durch Vergleichung der Weite bestätigt, die der Mond in einer Minute in gerader Linie aus seiner Bahn herabfallen würde, mit der Weite, die schwere Körper nahe an der Erde in eben derselben Zeit fallen: und durch Vergleichung der Kräfte, die die Trabanten des Jupiters in ihren Kreisen erhalten, zu ihrer verschiedenen Entfernung vom Jupiter selbst. Diese Kräfte sollen in der Folge näher erkläret werden.

Die

Die Geschwindigkeit, welche Körper, wenn sie
frey durch die Kraft ihrer Schwere fallen, nahe an
der Erde erreichen, stehet mit der Zeit ihres Fallens
im Verhältniß.   Denn, da die Kraft der Schwere
nicht in einem einmal empfangenen Stoße besteht,
sondern stets auf gleiche Art fortwährend wirkt; so
muß sie in gleicher Zeit auch gleiche Wirkung hervorbringen, und also in einer doppelten oder dreyfachen Zeit, eine doppelte oder dreyfache Wirkung.

Um diesen Punkt etwas ausführlicher zu beweisen, laßt uns annehmen: daß ein Körper anfienge
sich mit einer Geschwindigkeit zu bewegen, die beständ-
dig stufenweise zunähme, und zwar so, daß sie ihn
in einer Minute eine Meile weit forttriebe: so würde
er am Ende derselben einen solchen Grad von Geschwindigkeit erreicht haben, die zureichend wäre,
ihn in der folgenden Minute zwo Meilen fortzu-
stoßen, wenn er gleich von eben der Kraft, die ihn
zuerst in Bewegung setzte, keinen neuen Antrieb
bekommen hätte.   Wofern aber diese beständig fort-
führe auf ihn zu wirken, so hätte sie ihn schon eine
Meile weiter gebracht, und alsdann wäre er am
Ende der zwo Minuten vier Meilen gelaufen.
Nun würde er einen solchen Grad der Geschwindigkeit erreicht haben, als hinlänglich wäre, ihn in
noch einmal so viel Zeit, einen doppelten Raum,
das ist, 8 Meilen in 2 Minuten durchzutreiben,
wenn gleich die beschleunigende Kraft zu wirken aufhörte.

hörte. Weil diese aber noch immer gleichförmig
fortwirkt, so wird sie auch wieder in gleicher Zeit
gleiche Wirkung hervorbringen, so, daß, wenn sie
ihn eine Meile weiter getrieben, sie verursacht, daß
er in der dritten Minute 5 Meilen gelaufen, indem
die bereits empfangene und noch stets empfangende
Geschwindigkeit, jede ihre völlige Wirkung ausüben.
Hieraus lernen wir, daß, wenn ein Körper sich in
der ersten Minute eine Meile bewegt, so bewegt er
sich in der zweyten 3, in der dritten 5, in der vierten 7, in der fünften 9 Meilen u. f. w.

Es folgt demnach, daß die Weiten, welche in
einer gleichen auf einander folgenden Zeit, durch
eine stets zunehmende geschwindere Bewegung beschrieben werden, sich wie die ungeraden Zahlen 1,
3, 5, 7, 9 ꝛc. und folglich die ganzen Weiten,
wie die Quadraten der Zeiten, oder der zuletzt er-
langten Geschwindigkeit verhalten. Denn die wiederholte Addition der ungeraden Zahlen giebt die
Quadrate aller Zahlen von Eins an. So ist 1 die
erste ungerade Zahl, und das Quadrat von 1 ist 1,
3 ist die zweyte ungerade Zahl, addirt zu 1 macht 4,
das Quadrat von 2, 5 ist die dritte ungerade Zahl,
addirt zu 4mal 9, und so ins Unendliche. Weil
daher die Zeiten und Geschwindigkeiten gleichförmig
fortgehen, als 1. 2. 3. 4 ꝛc. die Weiten hingegen
in jeder gleichen Zeit beschrieben werden, als 1, 3,
5, 7 ꝛc. so ist es klar, daß die angegebene Weite sey

in

in 1 Minute als . . . . . 1 das Quadrat von 1

2 Min. als 1 + 3 . . = 4 — von 2

3 — als 1 + 3 + 5 = 9 — — 3

4 — als 1 + 3 + 5 + 7 = 16 — . — 4 ꝛc.

Da schwere Körper durch ihre Gravitation im Niederfallen an Geschwindigkeit gleichförmig zunehmen: so ist es klar, daß sie durch eben dieselbe Kraft im Aufsteigen gleichförmig zurückgeführet werden können. Daher ist die Geschwindigkeit, welche ein Körper im Fallen erreicht, hinlänglich, ihn zu derselben Höhe wieder hinaufzubringen, wovon er gefallen war; nur daß der Widerstand der Luft, oder e. anderes Medium, worinn er sich bewegt, abgerechnet werde. Es wird daher der Körper D, wenn Tab. er die schiefe Fläche A. B. herunter rollt, zu der Zeit, II. wenn er in B kommt, eine solche Geschwindigkeit fig. erreicht haben, die ihn auf der schiefen Fläche B. C. 2. beynahe wiederum nach C. hinaufzubringen vermögend wäre. Sie würde ihn auch völlig hinaufbringen, wenn die Fläche und der Körper vollkommen glatt wären, und die Luft keinen Widerstand machte. Eben so wenn ein Pendulum in einem völlig luftleeren Raume in Bewegung gebracht wäre, und es hätte keinen andern Widerstand, auch keine Reibung am Aufhängepunkt: so würde es sich in Ewigkeit fortbewegen; denn, die Geschwindigkeit, die es durch den niedersinkenden Theil seines Bogens im Fallen erreicht, würde immer vermögend seyn, es

eben

eben so hoch durch den aufsteigenden Theil desselben wieder hinaufzubringen.

Das Centrum Gravitatis, der Schwer- oder Ruhepunkt, ist derjenige Punkt eines Körpers, in welchem die ganze Kraft seiner Schwere oder seines Gewichts vereinigt ist. Was daher diesen Punkt unterstützt, trägt das Gewicht des ganzen Körpers: und so lange solcher unterstützt bleibt, so lange kann der Körper nicht fallen, weil alle seine Theile in vollkommenem Gleichgewichte um diesen Punkt sind.

Eine von dem Schwerpunkte eines Körpers zum Mittelpunkte der Erde in Gedanken gezogene Linie, wird die Direktionslinie genannt. In dieser Linie fallen alle schwere Körper, wenn sie nicht aufgehalten werden.

Weil demnach das ganze Gewicht eines Körpers in diesem Mittelpunkte seiner Schwere vereinigt ist; so müssen wir annehmen: daß, wenn solcher steige oder falle, der ganze Körper eben dasselbe thue. Weil es aber der Natur schwerer Körper zuwider ist, aus eigner Bewegung in die Höhe zu steigen, oder nicht zu fallen, wenn man sie losläßt: so ist ausgemacht, daß, wenn das Centrum Gravitatis nicht unterstützt ist, der ganze Körper umstürzen oder fallen werde. Daher rührt es, daß Körper auf ihrer Grundfläche stehen, wenn die Direktionslinie innerhalb ihrer Grundfläche fällt: weil der Körper alsdann nicht zum Fallen gebracht werden kann; es sey denn, daß man das Centrum höher bringe, als es zuvor

zuvor war. So steht der sich neigende Körper A. B. Tab.
C. D., dessen Centrum Gravitatis in C. ist, fest II.
auf seiner Grundfläche C. D. !. K., weil die Direk- fig.
tionslinie innerhalb derselben fällt. Wenn aber ein 3.
Gewicht A. B. G. H. oben darauf gelegt wird,
so ist das Centrum Gravitatis des Körpers und des
Gewichtes bis in I. erhöhet. Da aber alsdann die
Direktionslinie I. D. außerhalb der Grundfläche in
D. fällt; so ist das Centrum nicht mehr unterstützt,
und der Körper fällt zusammt dem Gewichte nieder.
Hieraus erhellet die Unbesonnenheit der Leute,
die in einer Kutsche oder in einem Boote, wenn sie
fürchten umgeworfen zu werden, schnell aufstehen:
denn sie erhöhen dadurch den Schwerpunkt, so daß
sie das Fahrzeug wirklich über seine Grundfläche
bringen; und sind Ursache, daß eben dasjenige,
was sie vermeiden wollen, desto eher geschehen kann.
Hätten sie sich dagegen platt auf den Boden nieder-
gesetzt; so hätten sie die Direktionslinie, und folglich auch das Centrum Gravitatis weiter innerhalb
der Grundfläche gebracht, und sich dadurch gerettet.

Je breiter die Grundfläche, und je näher die
Direktionslinie dem Mittelpunkte eines Körpers ist,
desto fester steht derselbe. Je schmaler hingegen die
Basis, und je näher die Direktionslinie den Seiten
desselben ist; desto leichter kann der Körper umfallen:
weil eine geringe Veränderung der Stellung hin-
reicht, die Direktionslinie im letztern Falle eher über
die Grundfläche hinauszubringen als im erstern.
Ferguf. Astron. v. Kirchh. F Das

Daher kommt es, daß eine Rundung so leicht auf
einer horizontalen Fläche fortgerollet werden kann;
und daß es so schwer, ja fast unmöglich ist, ein scharf
zugespitztes Ding auf seinen Punkt zu stellen.

Aus dem, was bisher gesagt worden, erhellet
demnach: daß, wenn die Fläche, worauf der schwere
Körper gestellet ist, schief liegt, derselbe alsdann
darauf herunter gleiten wird, so lange die Direktionslinie innerhalb seiner Grundfläche fällt; daß er
aber überstürzt, so bald sie außerhalb derselben fällt.

Tab. Auf diese Weise wird der Körper A. auf der schiefen
II. Fläche C. D. nur herunter gleiten; der Körper B.
fig. hingegen darauf herunterfallen.

4. Wenn die Direktionslinie innerhalb der Grundfläche unserer Füße fällt, so stehen wir; und wir
stehen am festesten, wenn sie in der Mitte fällt.
Fällt sie aber außerhalb derselben; so fallen wir uns
verzüglich. Es ist daher nicht allein lustig, sondern
selbst bewundernswürdig, wenn man die verschiedenen unbedachten Arten und Posituren bemerkt,
welche wir anwenden, diese Stellung zu behalten,
oder sie wieder zu erlangen, wenn wir sie verloren
haben. Aus der Ursache biegen wir unsern Körper
vorwärts, wenn wir vom Stuhle aufstehen, oder
die Treppe hinansteigen. Und aus eben der Ursache
geht ein Mensch vorwärts gebückt, wenn er eine
Last auf dem Rücken trägt: hinterwärts, wenn er
sie vor der Brust; und zur rechten oder linken,
wenn er sie an der entgegen gesetzten Seite trägt.

Man

Man kann diesen noch eine Menge anderer Bey=
spiele hinzufügen.

Die Quantität der Materie steht in allen Kör=
pern mit ihrer Schwere in genauem Verhältniß,
ihre Figur sey, welche sie wolle. Daher sind schwere
Körper von derselben Figur als leichte, so viel dich=
ter und gedrungener, so viel sie diese an Gewicht
übertreffen.

Alle Körper sind porös, oder voller materieleeren
Räume: und selbst im Golde, welche der schwerste
von allen Körpern ist, findet sich vielleicht eine größere
Menge Raum als Materie. Denn die Partikeln
der Hitze und der magnetischen Kraft finden durch
die Poros des Goldes einen leichten Durchgang:
und selbst Wasser ist durch Gold gepreßt worden.
Ueberdem, wenn wir bedenken, wie leicht die Licht=
stralen in allen Richtungen durch einen so festen Kör=
per als Glas, dringen; so werden wir veranlasset
zu glauben, daß die Körper viel poröser sind als wir
gemeiniglich denken.

Alle Körper empfinden mehr oder weniger, auf
eine oder die andere Art die Wirkung der Hitze und
des Feuers: und die metallischen Körper werden da=
durch in die Länge, Breite und Dicke ausgedehnt.
Eine eiserne Stange von 3 Fuß Länge, ist im Som=
mer beynahe den 70sten Theil eines Zolles länger
als im Winter.

Ueber die vorher gemeldeten allgemeinen Eigen=
schaften der Körper giebt es einige, die diesen oder

F 2 jenen

jenen befonders eigen find.　Dahin gehört die magnetifche Kraft.　Die merkwürdigften Eigenfchaften des Magnets find:

1) Er zieht Eifen und Stahl an, und fonft nichts.

2) Er drehet, wenn er an einen Faden gehangen wird, der fich nicht kräufelt, beftändig eine Seite nach Norden, und die andere nach Süden.

3) Er theilt feine Eigenfchaften einem Stücke Eifen oder Stahl mit, wenn diefes an ihm gerieben wird, ohne etwas von den feinigen zu verlieren ꝛc.

Einige Körper, befonders Harz, Glas, Siegellack, Agate, und faft alle edlen Steine, haben eine eigenthümliche Kraft leichte Körper anzuziehen, und wegzuftoßen, wenn fie zuvor durch Reiben find erhitzt worden.　Diefes nennt man die elektrifche Attraktion.　Endlich kann auch die fogenannte chemifche Attraktion noch hieher gerechnet werden.

Das vierte Kapitel.

Von den Centralkräften der Körper.

Wir haben fchon erwiefen, daß es eine nothwendige Folge der Unempfindlichkeit oder Unwirkfamkeit der Materie fey, daß alle Körper eine Neigung haben, in dem Zuftande, worin fie fich befinden, zu verbleiben; es fey Ruhe oder Bewegung. Wenn

Wenn der Körper A. irgendwo in einem freyen Tab.
Raume wäre hingestellt worden, und es wäre nichts, II.
was ihn hier oder dorthin triebe; so würde er ewig fig.
auf derselben Stelle bleiben, weil er von sich selbst 5.
keinen Antrieb hat, diesen oder jenen Weg zu laufen. Bekäme er einen einfachen Stoß, als von A.
nach B., so würde er in dieser Richtung fortgehen:
denn von sich selbst könnte er niemals von der geraden Linie abgehen, noch seinen Lauf aufhalten. —
Wenn er die Weite A. B. durchgelaufen wäre,
ohne einen Widerstand anzutreffen; so würde seine
Geschwindigkeit eben dieselbe in B. seyn, die sie in
A. war: und diese Geschwindigkeit würde ihn, in
noch einmal so viel Zeit, noch einmal so weit von B
nach C. bringen; und so ferner bis in Ewigkeit.
Wenn wir daher sehen, daß ein Körper sich bewegt,
so urtheilen wir, daß eine andere Sache ihm diese
Bewegung müsse mitgetheilet haben. Und wenn
wir sehen, daß ein Körper aus der Bewegung zur
Ruhe kommt; so schließen wir, daß ein anderer Körper, oder eine andere Ursache ihn müsse aufgehalten haben.

Da alle Bewegung von Natur geradlinigt ist:
so folgt, daß eine Kugel, die aus der Hand geworfen, oder aus einer Kanone geschossen wird, sich ewig
nach derselben Richtung in gerader Linie bewegen
würde, wenn keine andere Kraft sie davon ablenkte.

So bald wir daher gewahr werden, daß ein
Körper sich nach einer krummen Linie bewegt; so

F 3 schließen

schließen wir, daß wenigstens zwo Kräfte zugleich
auf ihn wirken: eine, die ihn in Bewegung gebracht, und eine andere, die ihn von dem geraden
Laufe, darin er sonst sich zu bewegen fortfahren würde, abgebracht habe. Denn, so bald die Kraft,
die die Bewegung des Körpers von der geraden Linie
zur krummen zwingt, aufhört; so bald wird der Körper sich wieder nach der geraden Linie bewegen, und
zwar von dem Punkte des Bogens an, den er berührte, als die Kraft nachließ. Z. B. ein Kieselstein, wenn man ihn noch so lange, mittelst einer
Schleuder, in der Runde herumgeschwungen, wird
den Augenblick, da man das Ende des Schleuder-
draths los, und ihn in Freyheit läßt, wegfliehen,
und zwar in einer geraden Linie von dem Punkte des
Bogens, den er den Augenblick berührte, als man
ihn frey ließ. Und diese Linie würde wirklich ganz
gerade seyn; wenn die Attraktion der Erde nicht auf
den Stein wirkte, und ihn niederwärts zöge. Dies
beweiset, daß die natürliche Neigung des Steins,
wenn er in Bewegung gebracht worden, ihn zur
geraden Linie treibt; ob er gleich durch die Kraft,
so die Schleuder führt, sich hat im Zirkel bewegen
müssen. Die Veränderung der Bewegung eines
Körpers von der geraden Linie stehet mit der ange-
wandten Kraft in Proportion. Denn die Wirkungen der natürlichen Dinge stehen allemal mit der
Kraft oder Gewalt dieser Dinge im Verhältniß.
Nach diesen Gesetzen ist es leicht zu beweisen: daß

ein

ein Körper, der durch zwey vereinte oder vielmehr zu‹
sammenwirkende Kräfte getrieben wird, die Diago‹
nallinie eines Vierecks oder eines Parallelogramms
beschreiben muß; anstatt daß er durch eine einfache
Kraft nur eine der Seitenlinien beschreiben wird.

Es sey demnach der Körper A. ein Schiff auf Tab.
der See; solches würde vom Winde nach der gera‹ II.
den Linie A. B. getrieben, und zwar mit einer Kraft, fig.
die es von A. nach B. in einer Minute bringen 6.
könnte.   Nun nehme man an, daß ein Strom in
der Richtung A. D. mit einer solchen Stärke flöße,
daß er dieses Schiff in gleicher Weite von A. nach D.
ebenfalls in einer Minute treiben könnte; so würde
das Schiff, mittelst dieser beyden Kräfte, die zu‹
sammen in einem rechten Winkel gegen einander
wirken, die Linie A. E. C. in einer Minute beschrei‹
ben: welche Linie (weil die Kräfte gleich und senk‹
recht gegen einander sind) die Diagonallinie eines
vollkommenen Vierecks ist.

Dieses Gesetz durch ein Experiment zu beweisen,
lasse man einen viereckten hölzernen Rahmen A. B. Tab.
C. D. machen, und zwar so, daß ein zweyter E. F. II.
in dem ersten nach Gefallen aus‹ und eingeschoben fig.
werden könne.   An diesem letztern befestige man 7.
eine Rolle H., welche in H. ist, wenn der Rahmen
eingeschoben, und in h., wenn er ausgezogen wor‹
den.   Hierauf lasse man unter der Rolle einen ge‹
raden metallenen Drath K. an derselben anschrau‹
ben, auf welchem eine Kugel G. auf‹ und nieder‹

F 4   gescho‹

geschoben werden könne. An dieser Kugel befestige
man eine Schnur, welche bey I. über die Rolle geht.
Mittelst dieser Schnur kann die Kugel, wenn der
Rahmen völlig eingeschoben ist, an dem Medallbrath,
mit der Seite A. D. parallel in die Höhe gezogen
werden; so zieht er die Kugel der untern Seite D. C.
parallel mit sich. Auf solche Art kann die Kugel
entweder perpendikulär an dem Drath in die Höhe
gezogen, oder horizontal mit dem Rahmen fortge=
schoben werden, und zwar in gleicher Weite und in
gleicher Zeit, weil jede Kraft gleich stark und für
sich darauf wirkt. Befestigt man aber die Schnur
mit dem obern Ende an dem Knopf I. oben im Win=
kel des festen Rahmens, und der bewegliche wird
alsdann ausgezogen; so wirken beyde Kräfte gemein=
schaftlich auf die Kugel. Denn einmal wird sie
durch die Schnur aufwärts gezogen, und zum an=
dern wird sie durch den Rahmen seitwärts fortge=
führt: während welcher Zeit sie sich nach der Diago=
nallinie L. bewegt, und sich oben in G. befinden
wird, wenn der Rahmen eben so weit als vorher
ausgezogen worden.

Sind die Kräfte gleich, die Winkel aber gegen
einander schief; so werden die Seiten des Paralle=
logramms auch so seyn: und die Diagonallinie,
Tab. welche der sich bewegende Körper durchläuft, wird
II. länger oder kürzer seyn, nach dem Maaße die Win=
fig. kel mehr oder weniger schief sind. So, wenn zwo
8. gleiche Kräfte gemeinschaftlich auf den Körper A.

wirken,

wirken, und die eine ihn durch die Weite A. B. in derselben Zeit treibt, daß die andere ihn durch eine gleiche Weite nach A. D. bringet; so wird er in eben der Zeit, in welcher die einzelnen Kräfte, jede besonders, ihn eine der Seiten würde haben beschreiben lassen, die Diagonallinie A. G. C. beschreiben. Ist die eine Kraft größer wie die andere; so wird die eine Seite des Parallelogramms so viel länger seyn. Denn, wenn eine Kraft allein den Körper durch die Weite A. E. in derselben Zeit treibt, daß die andere ihn würde durch die Weite A. D. getrieben haben; so wird die vereinte Kraft von beyden ihn in eben der Zeit durch die Diagonallinie A. H. des schiefen Parallelogramms A. D. E. F. treiben.

Wenn zwo Kräfte auf solche Art auf einen Körper wirken, daß sie ihn gleich stark bewegen; so wird die Diagonallinie, die er beschreibt, eine gerade Linie seyn. Wirken sie hingegen so auf ihn, daß die eine Kraft den Körper immer schneller und schneller bewegt; so wird die beschriebene Linie einen Bogen ausmachen. Und dieses ist der Fall bey allen Körpern, die in geradelinigter Richtung fortgestoßen sind, und auf welche zugleich die Kraft ihrer Schwere wirkt; als welche eine fortwährende Neigung hat, die Bewegung derselben, in der Direktion, worinn sie wirkt, zu beschleunigen.

Hiervon wollen wir im folgenden Kapitel ausführlicher reden.

F 5 Das

Das fünfte Kapitel.

Beweis, daß das jetzt angenommene Coper: nicanische System wahr sey.

Ob wir gleich in den beyden vorhergehenden Ka: piteln über die Eigenschaften der Materie und die Centralkräfte der Körper bereits ausführlich geredet haben: so wird es doch nicht überflüßig seyn, die vornehmsten Wahrheiten nochmals kürzlich zu wie: derholen, um sie dem Gedächtnisse besser einzuprä: gen, und uns den Weg zu den nachfolgenden Bewei: sen zu erleichtern.

Die Materie ist an und für sich selbst unwirk: sam, und zur Bewegung so wenig als zur Ruhe geneigt. Ein Körper, der in Ruhe ist, kann sich nimmer von selbst in Bewegung setzen: und ein Körper, der in Bewegung ist, kann nimmer von selbst stille stehen, oder langsamer laufen. Wenn wir da: her sehen, daß ein Körper sich bewegt; so schließen wir, daß eine andere Substanz oder ein anderes Ding ihm diese Bewegung müsse gegeben haben. Und wenn wir sehen, daß ein Körper, der in Be: wegung ist, nun sich in Ruhe setzt, oder aufhört sich zu bewegen, so urtheilen wir billig: daß ein anderer Körper oder eine andere Ursache daran Schuld sey.

Alle Bewegung ist von Natur gerade linigt. Eine Kugel aus der Hand geworfen, oder aus einer

Kano:

Kanone geschossen, wird in ihrer anfänglichen Richstung beständig fortgehen, wenn keine andere Kraft sie von ihrem Laufe ablenkt. Sobald wir also wahrsnehmen: daß ein Körper sich in einer krummen Linie, oder in einem Bogen bewegt; so schließen wir: daß wenigstens zwo Kräfte zugleich auf ihn wirken; eine, die ihn in Bewegung gebracht; und eine ansdere, die ihn von seinem geraden Laufe, in welchem er würde geblieben seyn, abgebracht habe.

Die Kraft, durch welche Körper zur Erde fallen, nennt man Anziehung oder Schwere. Durch diese Kraft der Erde fallen alle Körper, es sey an welcher Seite es wolle, in einer Linie, die der Oberfläche perpendikulär ist, auf sie nieder. An den entgegensstehenden Seiten der Erde fallen sie in entgegensstehender Richtung: alle aber zum Mittelpunkte, wo die ganze Kraft der Schwere gleichsam vereinigt ist. Die Wirkung, die diese Kraft auf allen Körspern an der Erde hervorbringt, ist, daß sie alle daran fest gehalten werden, und nimmer davon abfallen noch sie verlassen können.

Daher sind h o c h und n i e d r i g, oder o b e n und u n t e n blos relative Ausdrücke. Denn, wenn die Sonne uns am niedrigsten steht, so steht sie den Bewohnern eines andern Theils der Erde gerade überm Kopf, oder senkrecht. Weil nun die Erde rund ist, so denkt ein jeder, auf der Stelle, wo er steht, stehe er auf der obern Seite der Erde; und wundert sich, daß jemand an der Gegenseite stehen,

oder

oder vielmehr mit dem Kopfe niederwärts dran hängen könne, ohne davon abzufallen. Denn sollten wir wirklich von der Erde abfallen, so müßten wir, im eigentlichsten Verstande, aufwärts fallen, welches doch höchst widersinnig wäre.

Die Kraft also, die alle Körper an der Oberfläche der Erde festhält, ist das, was wir ihr Gewicht, oder ihre Schwere nennen, und die durch Attraktion bewirkt wird.

Denn die Erde zieht alle Körper, die sich auf ihrer Oberfläche, oder nahe an derselben befinden, so wie alle Partikeln ihrer Materie, an allen Seiten mit gleicher Kraft zu ihrem Mittelpunkte. Aus dieser Ursache erhalten diejenigen Körper, die die größte Menge materieller Partikeln in sich fassen, von dieser Anziehung den größten oder stärksten Druck, und haben folglich, (wie wir es gewöhnlich nennen) das größte Gewicht oder Schwere.

Man kann die Erde mit einem großen Magneten vergleichen: der, wenn er in Eisenstaub herumgewälzt wird, die Partikeln desselben an allen Seiten seiner Oberfläche an sich zieht und festhält; ja sie auch noch von einem Tische an sich zieht, sobald sie in den Kreis seiner anziehenden Kraft kommen.

Die Wirkung dieser anziehenden Kraft spüren wir, ohne daß wir es merken, täglich an uns selber. Denn, so glauben wir, z. E. des Morgens um 8 Uhr, wir stünden jetzt auf der obersten Stelle der Erde aufrecht, und des Abends um 8 Uhr glauben wir

eben

eben dasselbe, weil wir in unserer Stellung keinen Unterschied bemerken. Indeß hat sich doch seit der Zeit die Erde halb rund gedreht, und wir sind nun gerade in der Stellung, in der die Person, die uns damals an der andern Seite der Erde gegenüber stand, des Morgens um 8 Uhr war; und die zu der Zeit eben so stark gegen den Mittelpunkt der Erde angezogen ward, als wir jetzt werden: und eben so wenige Gefahr lief, aufwärts zu fallen, als wir niederwärts.

Körper, die in einer schrägen Linie fortgestoßen worden, werden durch diese Kraft gezwungen, sich von der geraden Richtung in einem Bogen zu bewegen, bis sie niederfallen. Je größer die angewandte Kraft ist, mit welcher sie fortgestoßen werden; je größer ist die Weite, die sie durchlaufen, ehe sie fallen. Wenn wir annehmen, daß ein Körper viele Meilen über die Erde erhaben wäre, und daselbst mit einer solchen Gewalt in horizontaler Richtung fortgestoßen würde, daß er in der Zeit, da er durch seine Schwere zur Erde fallen wollte, über den halben Diameter der Erde hinausflöge; so würde er, wofern kein widerstehendes Medium ihm im Wege wäre, gar nicht zur Erde fallen, sondern auf gleichem Wege um sie herumlaufen, und mit eben der Schnelligkeit, die er anfänglich hatte, zu dem Punkte wiederkommen, wovon er fortgestoßen wurde. Wir finden, daß der Mond in einem beynahe völlig runden Kreise um die Erde läuft. Es müssen daher

zwo

zwo Kräfte auf ihn wirken: eine, die ihn in gerader Linie forttreibt: und eine andere, die ihn von dieser Linie zur krummen zwingt. Diese anziehende Kraft muß ihren Sitz in der Erde haben, weil kein anderer Körper innerhalb der Bahn des Monds ist, der ihn anziehen könne. Folglich erstreckt sich die anziehende Kraft der Erde bis zum Monde, und verursacht, in Gemeinschaft mit der fortstoßenden oder Flugkraft, daß der Mond sich auf gleiche Art rund um die Erde bewegt, als der oben in Gedanken angenommene Körper.

Man hat bemerkt, daß die Monde des Jupiters und Saturns um ihre Planeten herumlaufen: es müssen daher diese Planeten eine anziehende Kraft besitzen. Alle Planeten laufen um die Sonne, und nehmen sie für den Mittelpunkt ihrer Bewegung an: folglich muß die Sonne mit einer anziehenden Kraft begabt seyn, eben wie die Erde und die Planeten. Von den Kometen kann man dasselbe beweisen: so daß alle Körper oder Materie des Sonnensystems diese Kraft von Natur besitzen; und vielleicht ist nichts in der Schöpfung, das sie nicht besitzt.

So wie nun die Sonne die Planeten mit ihren Trabanten, und die Erde den Mond anzieht; so ziehen die Planeten und ihre Trabanten, ingleichen der Mond die Erde sich wiederum wechselseitig an: denn Wirkung und Gegenwirkung sind sich immer verhältnißmäßig gleich. Dieses wird durch Erfah-

rung

rung beſtätigt, indem der Mond die Fluth im Ocean
hebt, und die Planeten und Trabanten ſich einander
in ihrer Bewegung beunruhigen. Jeder Theil der
Materie beſitzt von Natur eine anziehende Kraft:
folglich muß die Wirkung des Ganzen mit der Anzahl der anziehenden Theile, das iſt, mit der Vielheit der Materie des Körpers im Verhältniß ſtehen.
Dieſes beweiſen die Experimente des Pendulums.
Denn, wenn die Pendula von gleicher Länge ſind;
ſo machen ſie in gleicher Zeit gleiche Schwingungen:
ihre Gewichte mögen ſo verſchieden ſeyn als ſie wollen. Wenn daher das eine doppelt ſo ſchwer iſt als
das andere; ſo muß die Kraft der Gravität oder der
Anziehung auch doppelt ſeyn, damit es mit gleicher
Geſchwindigkeit ſchwingen könne. Hat es dreymal
ſo viel Schwere; ſo erfordert es dreymal ſo viel
Kraft der Gravität, daß es ſich mit gleicher Schnelligkeit bewege u. ſ. f. Hieraus iſt klar: daß die
Kraft der Schwere oder der Gravität, allemal mit
der Vielheit der Materie in den Körpern im Verhältniß ſtehe, ihre Form oder Figur ſey welche ſie
wolle.

Die Schwere nimmt daher, gleich allen andern
Kräften oder Ausflüſſen, die einen Körper zu einem
Mittelpunkte treiben oder hinziehen, nach dem
Maaße ab, als das Quadrat der Entfernung zu-
nimmt: das iſt, ein Körper in der doppelten Ent-
fernung zieht den andern nur mit einem vierten
Theile Kraft an: in der vierfachen Entfernung nur
mit

mit einem sechszehnten Theil u. s. w. Es ist dieses durch Beobachtung bestätigt. Denn, man hat die Weite, die der Mond in einer Minute in gerader Linie von seiner Bahn herabfallen würde, mit der Weite verglichen, die Körper nahe an der Erde in eben derselben Zeit fallen: und eben so hat man die Kräfte verglichen, welche Jupiters Monden in ihren Kreisen halten.

Dieses soll im folgenden Kapitel weiter erklärt werden.

Die wechselseitige Anziehung der Körper läßt sich am besten durch das Beyspiel eines großen Schiffs und eines kleinen Boots, die beyde auf dem Wasser liegen, und durch ein Seil mit einander verbunden sind, deutlich machen.

Lasset einen Mann entweder in dem Schiffe oder in dem Boote das Seil zu sich ziehen (die Wirkung ist immer dieselbe, er ziehe an welchem Ende er wolle, weil das Seil stets gespannt seyn wird); so wird das Schiff und das Boot gegen einander gezogen; nur mit dem Unterschiede: daß das Boot sich so viel schneller bewegen wird als das Schiff, so viel das Schiff schwerer ist als das Boot. Gesetzt aber, das Boot sey eben so schwer als das Schiff; so werden sie beyde gleich schnell gegen einander gezogen werden, und gerade in die Mitte ihrer ersten Entfernung zusammen treffen. Es versteht sich, daß der größere Widerstand des Wassers gegen den größern Körper hier nicht in Betrachtung kommt.

kommt. Ist das Schiff tausend oder zehntausend-
mal schwerer als das Boot; so wird das Boot 1000
oder 10000mal schneller gezogen werden als das
Schiff, und wird ihm nach diesem Verhältniß,
von der Stelle entfernt, wo das Schiff zuerst lag,
begegnen Nun laßt, während der eine Mann den
Strick anzieht, um das Schiff und das Boot zusammen zu bringen, einen andern Mann in dem
Boote versuchen, das Boot aus allen Kräften seitwärts. oder mit dem Stricke im rechten Winkel
wegzurudern; so wird der erste, anstatt daß er im
Stande sey, das Boot anzuziehen, Mühe genug
haben, das Boot zu halten, daß es nicht weiter ab-
gehe: während daß der andere, der es in gerader
Linie wegrudern will, durch die Anziehung des erstern genöthigt seyn wird, das Boot, so lang der
Strick ist, rund um das Schiff herum zu rudern.
Hier mag die Kraft, die angewandt wird, das Schiff
und das Boot gegen einander zu bringen, die wechselseitige Attraktion der Sonne und der Planeten
vorstellen, durch welche die Planeten mit einer sehr
schnellen Bewegung gegen die Sonne fallen, und
im Fallen die Sonne wiederum an sich ziehen würden. Und die Kraft, die angewendet wird, das
Boot wegzurudern, mag die fortstoßende oder die
Flugkraft vorstellen, die den Planeten anfänglich
ertheilt worden, in rechten Winkeln gegen die Attraktion der Sonne, oder derselben beynahe perpendikulär wegzufliegen. Durch diese beyden Kräfte

Ferguß. Astron. v. Kirchh.   G   sind

sind sie genöthiget stets um die Sonne herumzulau=
fen, und werden zugleich verhindert auf sie herabzu=
fallen.　　Wollte man aber an der andern Seite ver=
suchen, ein großes Schiff um ein kleines Boot
herumlaufen zu machen; so würden beyde eher zu=
sammen kommen, als das Schiff herum käme; oder
das Schiff würde auch das Boot mit sich fort=
schleppen.

Wenn wir nun obige Grundsätze auf die Sonne
und die Erde anwenden, so werden sie, ohne daß
der geringste Zweifel übrig bleibe, beweisen, daß die
Sonne und nicht die Erde im Mittelpunkt unsers
Systems stehe: und daß die Erde, wie alle übrigen
Planeten, um die Sonne laufe.　　Denn liefe die
Sonne um die Erde; so müßte die anziehende Kraft
der Erde die Sonne von der fortlaufenden geraden
Linie zu sich ziehen, damit sie sich in einem Kreis
bewegte.　　Da aber die Sonne wenigsten 227 tau=
sendmal schwerer ist als die Erde, weil sie so viel
Quantität Materie mehr hält; so müßte sie sich 227
tausendmal langsamer gegen die Erde bewegen als
die Erde gegen die Sonne.　　Folglich würde die Erde
in sehr kurzer Zeit auf die Sonne fallen, wofern sie
nicht eine sehr starke Flugkraft hätte, die sie weg=
führte.　　Es müssen daher die Erde sowohl als die
übrigen Planeten einen Antrieb haben, nach einer
geraden Linie fortzulaufen, wodurch sie abgehalten
werden, auf die Sonne zu fallen.

Wollte

Wollte man sagen: Die Gravitation erhalte alle andere Planeten in ihrer Bahn, nur nicht die Erde, die zwischen dem Mars und der Venus läuft; so wäre dieses eben so albern, als wenn man behaupten wollte: sechs Kanonenkugeln wären in verschiedenen Höhen aufwärts in die Luft geschossen; fünf davon wären wieder zur Erde niedergefallen; die sechste aber, die weder die höchste noch die niedrigste gewesen, wäre in der Luft hängen geblieben, und fiele niemals wieder nieder, sondern die Erde liefe rund um sie herum.

In der ganzen Natur ist nichts zu finden, welches beweiset, daß ein schwerer Körper um einen leichten, als den Mittelpunkt seiner Bewegung, herumlaufe. Ein kleiner Kieselstein, den man mittelst einer Schnur an einen Mühlstein befestigt, kann durch einen geringen Stoß dahin gebracht werden, daß er um den Mühlstein herumlaufe; aber kein Stoß ist vermögend den Mühlstein dahin zu bringen, daß er um einen losen Kiesel laufe; sondern der Mühlstein würde wegrutschen, und den Kiesel mit sich fortschleppen.

Die Sonne ist unermeßlich viel größer als die Erde, so daß, wenn sie von ihrer Stelle wegrückte, nicht nur die Erde, sondern alle Planeten, auch wenn sie in einer Masse vereiniget wären, auf eben die Art mit der Sonne würden weggeführt werden als der Kiesel mit dem Mühlsteine.

Wenn

Wenn wir das Gesetz der Gravitation oder der Schwere, welches durchs ganze Planetenhystem herrscht, aus einem andern Gesichtspunkte betrach= ten; so werden wir noch überzeugender einsehen, daß die Erde in einem Jahre um die Sonne laufe, und nicht die Sonne um die Erde. Wir haben oben schon bewiesen, daß die Kraft der Schwere sich nach dem Maaße vermindert, als das Quadrat der Entfernung zunimmt. Hieraus folgt mit mathe= matischer Gewißheit: daß, wenn zween oder meh= rere Körper sich um einen andern als ihren Mittel= punkt bewegen; so ist das Quadrat der Zeit ihrer periodischen Bewegung, in gleichem Verhältnisse als die Cubi ihrer Entfernung von dem Körper, der im Mittelpunkte ist, oder um den sie sich herum bewe= gen. Dieses trifft ganz genau mit den Planeten um die Sonne, und den Trabanten um die Plane= ten zu, deren relative Entfernungen zuverläßig be= kannt sind. So bald wir daher annehmen, daß die Erde um die Sonne laufe, und ihre Periode, nach obiger Regel, mit der Mondsperiode ver= gleichen; so wird sich finden, daß die Sonne 173510 Tage gebrauchte um die Erde herum zu kommen, in welchem Falle unser Jahr 475mal länger seyn müßte, als es nun ist. Hierzu kommt, daß die scheinbare Zunahme und Abnahme der Planeten: die Zeit, worinn sie still zu stehen, oder bald rück= wärts und bald vorwärts zu gehen scheinen, ganz genau mit der Bewegung der Erde zutrifft: keines=

weges

weges aber mit der Bewegung der Sonne; oder
man müßte die ungereimtesten und ausschweifend-
sten Meynungen behaupten, wodurch alle Harmonie, Ordnung und Uebereinstimmung im ganzen
System verwirret und zerstöret würden.

Ferner ist gewiß: daß, wenn man annimmt,
daß die Erde stille stehe, und die Sterne in 24 Stunden um sie herumlaufen, alsdann die Kräfte, wodurch die Sterne sich in ihren Kreisen bewegen,
nicht gegen die Erde, sondern gegen die Mittelpunkte der verschiedenen Kreise gerichtet sind: das ist,
der verschiedenen Parallelzirkel, welche die Sterne
täglich an unterschiedlichen Seiten des Aequators beschreiben. Und dasselbe muß auch von der angebli-
chen täglichen Bewegung der Planeten gelten;
weil sie auf ihrem Laufe, im Verhältniß gegen den
gestirnten Himmel, nur zweymal in der Aequinoktiallinie sind. Daß aber Kräfte gegen keinen Cen-
tralkörper, von dem sie physikalisch abhangen, sondern gegen unzählbare, in der Einbildung angenommene Punkte der Axe der Erde bis zu den Polen
des Himmels fortgeführt, gerichtet seyn sollten, ist
eine so thörigte Hypothese, daß sie kein vernünftiger Mensch annehmen kann. Und eben so thörigt
ist es, sich einzubilden, daß diese Kräfte ganz genau
im Verhältniß der Entfernungen von dieser Axe zunehmen sollten. Denn dieses wäre eine Anzeige
von einer Zunahme ins Unendliche; da man doch
gefunden, daß die Kraft der Anziehung sich vermin-

dert,

dert, je weiter sie sich von der Quelle entfernt, woraus sie fließt.

Ferner: je weiter ein Stern von dem ruhenden Pole ist, desto größer muß der Kreis seyn, den er beschreibt. Und dennoch sieht man, daß er in eben derselben Zeit rund zu gehen scheint, in welcher der nächste am Pole rund geht. Und wenn wir zuletzt die zwiefache Bewegung bedenken, die wir an den Sternen gewahr werden: nämlich die eine von 24 Stunden um die Erde, und die andere von 25920 Jahren um die Are der Ekliptik; so würden wir zuletzt eine solche verwickelte Zusammensetzung der mancherley Kräfte zu erklären haben, die auf keine Weise mit einer einzigen physikalischen Theorie bestehen könnte.

Es ist nur ein einziger Einwurf von einigem Gewichte gegen die Bewegung der Erde um die Sonne möglich, und zwar dieser: daß nämlich die Are der Erde, weil sie bey den entgegen stehenden Punkten ihrer Bahn allemal in paralleler Richtung bleibt, in ihrem jährlichen Laufe nothwendig gegen mehrere Firsterne zeigen müßte; welches sich doch, wie die Erfahrung lehrt, nicht also verhält, da sie beständig gegen einen und eben denselben Stern stehet.

Allein dieser Einwurf ist leicht gehoben, so bald man die unermeßliche Weite der Sterne bedenkt, und solche gegen den Diameter der Bahn der Erde vergleicht, der gegen jene nur wie ein Punkt zu rechnen

rechten ist. Wenn wir ein Lineal an der Ecke eines
kleinen viereckten Tisches anlegen, und längs dem=
selben hinunter sehen, so daß es auf die Spitze ei=
nes etwa zwo Meilen entfernten Kirchthurms zeiget;
und dann das Lineal an der andern Ecke des Tisches
mit der vorigen Lage parallel legen; so wird solches
ebenfalls auf den Kirchthurm hinzeigen: weil unsere
Augen, auch selbst mit den besten Ferngläsern,
nicht vermögend sind, bey einer so großen Weite
eine so kleine Veränderung zu unterscheiden.

Der berühmte Doktor Bradley hatte durch
vieljährige genaue Beobachtungen wahrgenommen,
daß die Firsterne eine kleine scheinbare Bewegung,
durch die Abänderung ihres Lichts hätten; er fand
aber nachher, daß solches so genau mit der jährlichen
Bewegung der Erde übereinstimme, daß es dieselbe
bis zur mathematischen Gewißheit beweiset.

Wahr ist es, daß die Sonne ihren Platz täglich
zu verändern scheint, gleich als wenn sie jährlich
den Himmel rund liefe. Allein es wird immer
dasselbe seyn, es mag die Sonne oder die Erde rund
laufen. Denn, wenn die Erde an einer Stelle des
Himmels steht, so wird die Sonne an der entge=
gen stehenden Stelle erscheinen. Und daher kann
dieser Anschein für keinen Einwurf gegen die Bewe=
gung der Erde gelten.

Wir hätten also nunmehr die jährliche Bewe=
gung der Erde um die Sonne nach den allgemeinen
Gesetzen der allen Körpern vom Schöpfer mitgetheil=

ten

ten Anziehungs- oder Schwerkraft, und der in gleichem Verhältniße empfangenen Flugkraft erwiesen.
Allein da es eine so wichtige Materie ist, so wollen
wir versuchen, ob wir sie in ein und andern Stücken
noch etwas deutlicher machen können.

Gesetzt demnach, es fiele jemanden der Gedanke
ein: daß, wenn die Erde um die Sonne laufe, und
die Sonne stille stehe; welche Kraft die Erde denn
verhindere, daß sie nicht auf die Sonne falle, und
die Sonne dagegen unverrückt auf ihrer Stelle erhalte.

Wir haben oben gesagt, daß wenn ein Körper
zur Erde falle, solches einzig und allein durch die
anziehende Kraft der Erde bewirkt werde, weil es
sonst nicht möglich sey, daß er an allen Seiten der
Erde in gegenseitigen Richtungen fallen könnte,
und daß die Neigung der Körper zum Fallen, ihre
Schwere, (Gravitation) und die Kraft, die ihnen
dieselbe mittheilt, Anziehung (Attraktion) genennet werde.

Gesetzt demnach, die Sonne wäre der einzige
Körper in dem ganzen Weltgebäude, und wäre auf
einer ihr vom Schöpfer bestimmten Stelle hingestellt
worden; so ist klar, daß weil kein anderer Körper
da ist, der sie an sich zieht, so kann sie auch nach
keiner andern Stelle in diesem gränzenlosen Raume
hinfallen, sondern sie muß unverrückt auf einer und
derselben Stelle bleiben.

Gleich-

Gleichwohl iſt ſie ein Körper, und, gleich allen übrigen Körpern, mit einer anziehenden Kraft be: gabt, die mit der Vielheit ihrer Materie, oder der Anzahl materieller Partikeln, im Verhältniß ſteht; folglich muß ihre anziehende Kraft, der ungeheuren Größe ihres Körpers wegen, ſich viele Millionen Meilen weit erſtrecken.

Wenn daher ein kleinerer Körper in den Kreis ihrer anziehenden Kraft käme, und dieſer Körper wäre eine Millionmal kleiner, ſo würde derſelbe mit einer Millionmal ſtärkeren Kraft von ihr angezogen werden und auf ſie fallen.

Dieſes wäre nun der Fall mit unſerer Erde, wenn beyde, nach dem Verhältniß ihrer Größe, von gleicher Dichtigkeit oder Feſtigkeit wären. Da aber dieſes nicht iſt, ſondern da der Inhalt der Sonnen: partikeln nur 200,000mal größer iſt, als der Erd: partikeln; ſo folgt, daß die Sonne die Erde mit einer 200,000mal ſtärkern Kraft anziehe, als die Erde die Sonne. Es müßten daher Erde und Sonne dennoch zuſammenfallen, nur mit dem Unterſchiede, daß die Erde 200,000mal ſchneller gegen die Sonne fiele, als die Sonne gegen die Erde.

Hier entſteht nun die ganz natürliche Frage: Aber aus welcher Urſache geſchieht dieſes denn nicht? und was iſt das für eine Kraft, die ſolches hindert?

Wir wollen, um es ſinnlicher zu machen, es durch ein ganz bekanntes Beyſpiel erklären. Wenn jemand

einen

einen Stein in eine Schleuder legt, so fühlt er, inf
dem er sie herumschwingt, daß der Stein einen Anf
trieb hat, aus der Schleuder wegzufliegen, und daß
dieser Antrieb immer stärker wird, je geschwinder er
die Schleuder schwingt; so daß er mehrere Kraft
anwenden muß, den Stein zu halten als vorher.
Läßt er aber den Schleuderbrath los, so fliegt der
Stein in gerader Linie davon.

Auf gleiche Art haben alle Körper, die sich in
einem Zirkel, oder im Kreise bewegen, eine stete
Neigung, aus diesen Kreisen wegzufliegen, und diese
Neigung nennet man ihre Flug = oder Centrifugal=
kraft. Damit sie aber dieses nicht können, so muß,
eben wie bey der Schleuder, im Mittelpunkte ihrer
Kreise eine andere, oder vielmehr zwote Kraft seyn,
die sie daran verhindert, und ihrer Flugkraft das
Gleichgewicht hält; und dieses nennet man ihre anf
ziehende Kraft, oder Attraktion.

Jetzt wollen wir die Anwendung machen. Die
Erde läuft bekanntlich in einem beynahe zirkelförmi=
gen Kreis um die Sonne. Sie würde also, auf
eben die Art als der Stein aus der Schleuder, sof
bald er losgelassen worden, wegfliegen, woferne die
Sonne sie nicht anzöge und festhielt.

Dagegen mußte aber die Erde auch wiederum
eine solche Flugkraft ganz nothwendig haben, sonst
würde sie durch ihre Schwere (Gravitation), die
durch die anziehende Kraft der Sonne bewirkt wird,
auf die Sonne fallen.

Weil

Weil sie aber, als Körper, ebenfalls eine anziehende Kraft besitzt, so wird die Sonne auch von der Erde, obgleich in geringerem Maaße, angezogen. Es war daher nothwendig, daß die Sonne sich gleichfalls in einem kleinen Kreise bewegte; sonst würde sie, ohngeachtet ihrer ungeheuren Größe, dennoch durch die anziehende Kraft der Erde von ihrer Stelle gerissen werden. Auf eben die Art als der Stein in der Schleuder, so lange er herumgeschwungen wird, die Hand nachzieht, daß man Mühe hat, sie fest zu halten, obgleich der Stein nur klein ist.

Und nun lehrt uns die Erfahrung, daß die Bewegung aller himmlischen Körper gerade nach diesen Gesetzen von der Weisheit des Schöpfers sey angeordnet worden.

Denn die Sonne bewegt sich wirklich in einem Kreis, eben wie die Erde, nur daß der Kreis der Sonne nach dem Verhältnisse so viel kleiner ist, als ihr materieller Inhalt den materiellen Inhalt der Erde übertrift.

Da sie aber ihre beyderseitigen Kreise in gleichem Zeitraume durchlaufen; so folgt, daß die Sonne sich so viel langsamer bewege, so viel ihr materieller Inhalt größer ist als der materielle Inhalt der Erde.

So daß, was der Sonne an Geschwindigkeit der Bewegung abgeht, durch die größere Quantität ihrer Materie, und was der Erde an Quantität der Materie abgeht, durch ihre größere Flugkraft wieder

erseßt

erſetzt wird; folglich ihre Centrifugalkräfte ihrer gegenſeitigen Attraktion gleich ſind.

Und ſo wie ihre anziehenden Kräfte ſie halten,
daß ſie nicht aus ihren Kreiſen wegfliegen: ſo halten ihre Flugkräfte ſie hinwiederum, daß ſie nicht
auf einander fallen.

Und das iſt die große Wahrheit, die Newton
entdeckte; das herrliche Gleichgewicht der Natur;
deſſen Erforſchung, mit Recht, der Stolz und die
Ehre des menſchlichen Verſtandes genannt zu werden verdient.

Wir wollen es durch folgende Figur noch deutlicher zu machen ſuchen.

Tab.
X.
fig.
1.
Es ſey demnach A die Sonne, B die Erde,
und C die Direktionslinie, worinn ſie ſich gegen-
ſeitig anziehen. Nun nehme man auf dieſer Linie
in g einen Punkt an, der dem Mittelpunkte von A
ſo viel näher iſt als dem von B, um ſo viel der materielle Inhalt von B kleiner iſt, als der von A,
und laſſe h den Mittelpunkt von A, und i den von
B ſeyn.

Wenn nun A und B die Freyheit hätten, durch
die Kraft ihrer beyderſeitigen Attraktion gegen einander zu fallen: ſo würde in eben der Zeit, daß A
durch die Weite h g fällt, B durch die Weite i g
fallen, und ſie würden beyde in g zuſammentreffen,
weil B gerade um ſo viel ſchneller fallen würde, als
A, ſo viel der Inhalt ſeiner Materie, (folglich auch
ſeine anziehende Kraft) geringer iſt als der von A.

Das

Dagegen durchläuft aber der kleine Körper **B** in eben der Zeit den großen Zirkel a b c, in welcher der große Körper **A** den kleinen Zirkel d e f durchläuft, und dadurch erhält jeder eine Zentrifugalkraft, die ihrer anziehenden Kraft das Gleichgewicht hält. Der Punkt g hingegen iſt der Mittelpunkt, der beyde Körper unterſtützt, und folglich auch der Mittelpunkt des Zirkels, den jeder von ihnen beſchreibt. Man nennet dieſen Punkt den gemeinſchaftlichen Schwerpunkt beyder Körper, oder ihr centrum gravitatis.

Dieſes wäre alles, was wir zum Beweiſe der jährlichen Bewegung der Erde um die Sonne zu ſagen hätten. Jetzt wollen wir uns bemühen, die tägliche Bewegung der Erde um ihre Axe nach eben ſo unläugbaren, durch die Erfahrung beſtätigten Grundſätzen zu beweiſen.

Es iſt einem jeden, der auf ebenem Waſſer geſegelt, oder bey ſtillem Wetter durch einen Strom fortgeführet worden, zur Genüge bekannt, daß, wenn das Fahrzeug auch noch ſo geſchwind geht, er dennoch deſſen fortrückende Bewegung nicht merket. Nun iſt aber die Bewegung der Erde ſanfter und gleichförmiger als eines Schiffes, oder als jeder andern Maſchine, die jemals die menſchliche Kunſt hervorbringen kann: folglich können wir uns gar nicht vorſtellen, ihre Bewegung zu fühlen. Wir finden, daß die Sonne, und diejenigen Planeten, auf welchen wir ſichtbare Flecken wahrnehmen, ſich

um

um ihre Axen drehen; weil die Flecken regelmäßig
über ihren Discum oder ihre Scheibe gehen. Hieraus können wir vernünftigerweise schließen: daß die
andern Planeten, auf denen wir keine Flecken sehen,
eben solche Umdrehungen machen. Weil wir aber
nicht vermögend sind, die Erde zu verlassen, und sie
in einiger Entfernung zu betrachten: ihre Bewegung auch so sanft und gleichförmig ist; so können
wir weder sehen, wie sie, noch wie die Planeten
sich um ihre Axen drehen, und eben so wenig können
wir die Bewegung der Erde fühlen. Indessen setzt
uns doch eine Wirkung dieser Bewegung in den
Stand, mit Gewißheit zu beurtheilen, ob die Erde
sich um ihre Axe drehe oder nicht. Alle kugelförmigen Körper, die sich nicht um ihre Axen drehen,
sind vollkommen rund, wegen der Gleichheit des
Gewichts der Körper auf ihren Oberflächen, vornehmlich der flüßigen Theile derselben. Allein alle
Kugeln, die um ihre Axen herumlaufen, sind ge-
druckte Sphäroiden; das ist, ihre Oberflächen müssen höher oder weiter vom Centro in den mittlern
Aequatorealgegenden, als in den Polargegenden seyn.
Denn, weil die Aequatorealtheile sich am schnellsten
bewegen; so treten sie am weitesten von der Axe
der Bewegung zurück, und vergrößern den Aequa-
torealdurchmesser. Daß unsere Erde wirklich eine
solche Figur habe, ist aus den ungleichen Schwingungen des Pendulums, und aus der ungleichen
Länge der Grade in verschiedenen Breiten zu beweisen.

sen. Da nun die Erde beym Aequator höher ist als bey den Polen; so würde die See, welche natürlicherweise niederwärts, oder nach den Oertern, die dem Mittelpunkte am nächsten sind; zuläuft, gegen die Polargegenden laufen, und die Aequatorealgegenden trocken lassen, wenn die Centrifugalkraft dieser Gegenden, wodurch das Wasser dahin geführt worden, es nicht hielte, daß es nicht zurücklaufen könnte. Der Durchmesser der Erde ist beym Aequator 8 Meilen länger als bey den Polen.

Wir wollen dieses noch etwas näher erklären.

Bekanntlich fließt alles Wasser, seiner Natur nach, von den höhern Theilen der Erde, oder vielmehr von denen, die am weitesten vom Mittelpunkte derselben sind, zu denen niederwärts, die niedriger oder näher am Mittelpunkte der Erde sind. Und dieses bewirkt die centrale Anziehungskraft der Erde, die das Wasser sowohl als alle übrigen Körper dahin nach sich zieht.

Gesetzt nun, die Erde wäre vollkommen rund und glatt wie eine polirte Kugel; so würden folglich alle Theile ihrer Oberfläche von ihrem Mittelpunkte gleich weit entfernt seyn, und das Wasser könnte auf der Erde gar nicht fließen. Daraus würde nothwendig folgen, daß, da $\frac{3}{4}$ der Oberfläche der Erde mit Meere bedeckt ist, die eine Gemeinschaft unter einander haben, die anziehende Kraft der Erde (die rund um, in gleicher Entfernung vom Mittelpunkte, gleich stark ist) die Oberflächen der Meere allenthalben

ben mit gleicher Stärke an sich zöge, und sie, wenn
sie sich nicht um ihre Axe drehete, dadurch eine völlig
kugelrunde Figur bekäme.　Denn wenn jede Partikel Wasser mit einer gleichen Kraft zum Mittelpunkte gezogen würde; so könnte, weil sie sich einander berühren, die eine nicht näher kommen, als
die andere.

Gesetzt aber, die Erde fienge an, sich um ihren
Mittelpunkt oder Axe zu drehen, was würde denn
entstehen?

Alsdenn würde die Oberfläche des Meers bey
den Polen niedriger werden, und die am weitesten
von den Polen ist, würde anschwellen.

Und daß dieses wirklich der Fall sey, beweisen
Ausmessungen und Erfahrung.

Denn beyde haben gezeigt, daß die Erde bey
den Polen wirklich ein wenig flächer, hingegen beym
Aequator etwas höher sey; so daß der Unterschied
des Polar- und Aequatorealdurchmessers 8 Meilen
betrage.

Stünde nun die Erde stille, und behielte diese
nämliche Figur, so müßte das Wasser nothwendig
von den Aequatorealgegenden nach den Polargegenden hinfließen, und sie viele hundert Meilen weit
überschwemmen; und alsdenn würde Deutschland
selbst noch größtentheils unter Wasser liegen.

Es mußte daher der Schöpfer das feste Land
beym Aequator höher als bey den Polen machen,
weil das Wasser durch die schnelle Bewegung der
Aequa-

Aequatorealtheile sich daselbst anhäuft. Und daß die=
ses wirklich geschehen sey, erhellet daraus, daß man
in der Gegend des Aequators große Strecken Landes
und eine Menge kleiner Inseln findet, die nicht
überschwemmt werden.

Vielleicht könnte jemand sagen, daß wenn die
Erde wirklich eine solche Figur hätte, so müßte man
dieses bey einer Mondfinsterniß wahrnehmen kön=
nen, wo der Schatten doch immer völlig rund er=
scheint.

Allein dieses widerlegt sich, sobald man bedenkt,
daß die Erde 5400 Meilen im Umkreis habe, und
daß eine Abflächung von 4 Meilen an jeder Seite
ihrer Pole eben so wenig zu spüren sey, als man es
einer künstlichen Erdkugel in der Entfernung von 5
bis 6 Schritten würde ansehen können, ob das Pa=
pier in den Polargegenden etwas abgeschabt sey;
sie würde doch noch immer wie eine völlig runde
Kugel aussehen.

Alle Körper sind bey den Polen schwerer als
beym Aequator, weil sie näher beym Centro der
Erde sind, wo die ganze Kraft der Erd=Attraktion
gleichsam zusammengehäuft ist. Sie sind aber auch
deswegen schwerer, weil ihre Centrifugalkraft ge=
ringer, indem ihre tägliche Bewegung langsamer ist.
Aus diesen beyden Ursachen verlieren alle Körper,
die von den Polen zum Aequator gebracht werden,
allmählig an ihrem Gewichte. Wiederholte Expe=
rimente beweisen, daß ein Pendulum, welches Se=

kunden schwingt, beym Aequator langsamer schwingt als bey den Polen; welches beweiset, daß es daselbst leichter sey, oder weniger Attraktion habe. Um es in eben derselben Zeit schwingen zu machen, hat man von der Länge etwas abnehmen müssen. Man hat die verschiedenen Längen des Sekunden-Pendulums unter dem Aequator und zu London mit einander verglichen, und gefunden, daß ein Pendulum beym Aequator $2\frac{162}{1000}$ Linien kürzer seyn müsse, als bey den Polen.

Wollte man sagen, daß diese langsamere Schwingung des Pendulums von der großen Hitze unter der Linie herrühren könne, die bekanntlich das Metall ausdehnt; so wird man finden, daß die stärkste Sommerhitze eine Stange von 30 Fuß nicht mehr als ohngefähr eine Linie ausdehne; hingegen Richer, bey seinen Versuchen zu Cayenne, seine Pendule von 3 Fuß 8 Linien, $1\frac{1}{4}$, $1\frac{1}{2}$, ja selbst 2 Linien hat verkürzen müssen.

Wofern sich die Erde in 84 Minuten 43 Sekunden um ihre Axe drehete; so würde die Centrifugalkraft der Kraft der Schwere beym Aequator gleich seyn. Drehete sie sich noch geschwinder; so würden sie alle davon fliegen.

Die unveränderliche, immer gleiche Bewegung der Erde um ihre Axe, kann eben so wenig empfunden werden, als jemand die Bewegung des Schiffs in der Kajüte fühlt, wenn sich solches gelinde und allmählig ruhd drehet. Es kann daher dieses für

keinen

keinen Einwurf gelten, daß wir die tägliche Bewegung der Erde nicht fühlen: eben so wenig als der scheinbare Lauf der himmlischen Körper ein Beweis ist, daß sie wirklich um uns herumlaufen. Denn ob sie sich oder wir uns drehen, der Anschein ist einerley. Wenn jemand durch die Kajütenfenster eines Schiffs sieht, indem das Schiff rund gehet; so scheint ihm das Land herumzulaufen, und nicht das Schiff.

Es wären also nunmehr die gewöhnlichsten Einwendungen gegen die Umdrehung der Erde beantwortet; so wie wir zugleich bewiesen haben, daß sie sich drehen könne, ohne daß wir es sehen oder fühlen. Allein es giebt noch einige, die da glauben, daß, wenn die Erde sich ostwärts drehete (wie sie thun muß, wenn sie sich wirklich drehet); so müßte eine Kugel, die aufwärts gerade in die Luft geschossen würde, auf einer Stelle wieder niederfallen, die schon etwas weiter westwärts von dem Orte läge, wo sie abgeschossen worden. Diese Einwendung, die beym ersten Anblick einiges Gewicht zu haben scheint, hat, bey näherer Betrachtung, gar keins, sobald wir bedenken, daß die Flinte sowohl als die Kugel an der Bewegung der Erde Antheil haben. Und weil daher die Kugel eben so geschwinde mit der Luft fortgeführt wird, als die Luft und die Erde sich drehet; so muß sie nothwendig auf derselben Stelle wieder niederfallen.

Denn

Denn ein Beobachter, der sie in freyer Luft betrachten könnte, und an der Bewegung der Erde keinen Theil nähme, würde sehen, daß sie nicht in einer geraden senkrechten, sondern in einer krummen Linie auf= und niedergienge. Wenn zwo Personen an beyden Enden eines langen Boots sitzen, das nahe am Ufer schnell hinsegelt, und sich wechselsweise einander einen Ball zuwerfen, so glauben sie, der Ball gehe immer in gleicher Linie hin und her; da es doch ausgemacht ist, daß der Ball eben sowohl eine fortrückende Bewegung machen muß, als das Boot. Denn wenn er dieses nicht thäte, so könnte die gegenüber sitzende Person (weil sie immer weiter vorwärts rückt), den Ball nicht fangen; er würde immer zu kurz fallen. Und wenn der Ball gleich allen denen, die im Boote sind, in gerader Linie hin und her zu gehen scheint; so wird doch ein Beobachter, der am Ufer steht, und an der Bewegung des Boots keinen Theil hat, wahrnehmen, daß der Ball sich im Zigzag bewegt, und niemals in der nämlichen Linie zu der Person wieder zurückfliegt, worinn sie ihn abgeworfen hat.

Wenn man einen Stein von der obersten Spitze des großen Masts herunterfallen läßt; so fällt er am Fuße des Masts aufs Verdeck, das Schiff mag segeln oder stille liegen. Wenn man eine Bouteille voll Wasser umgekehrt an die Decke der Kajüte hängt, und in den Kork ein kleines Loch bohrt, damit das Wasser durchtröpfeln könne; so fallen die

Trop=

Tropfen immer vorwärts, das Schiff segle oder
nicht. Und Fliegen und Mücken laufen eben so leicht
und ungestört in einer fortsegelnden Kajüte herum,
als in einer feststehenden Stube. Was endlich die
Ausdrücke in der Bibel anbetrifft; so wissen wir
wohl, daß die Bibel nicht dazu geschrieben worden,
ein Lehrbuch der Astronomie zu seyn.

Das sechste Kapitel.

Physikalische Ursachen der Bewegung der Planeten und ihrer Monde nach den Grundsätzen Newtons.

Aus der gleichförmigen nach einer geraden Linie
fortlaufenden Bewegung der Körper, und aus der
allgemeinen Kraft der Anziehung entstehen die bogenförmigen Bewegungen aller Planeten.

Dieses ist die Grundregel des großen Gesetzes,
nach welchem der Allmächtige die wundervolle Harmonie der Bewegung aller himmlischen Körper, und
das herrliche Gleichgewicht in der Natur angeordnet
und bestimmt hat. Dieses Gleichgewicht der Natur
besteht darinn: daß, wenn zween Körper von ungleicher Schwere, in gleichem Zeitraume, um einander laufen, der schwere so viel langsamer geht,
so viel die Quantität seiner Materie größer: und
hingegen der leichtere so viel geschwinder geht, soviel
die Quantität seiner Materie geringer ist: daß folg-

H 3 lich

lich dasjenige, was dem einen an Geschwindigkeit
abgeht, durch die Quantität seiner Materie: und
was dem andern an Quantität der Materie abgeht,
durch seine Geschwindigkeit wieder ersetzt wird; so,
daß ihre Centrifugalkräfte ihrer gegenseitigen Attraktion gleich sind. Und da diese Attraktion sie verhindert, aus ihrer Bahn wegzufliegen; so verhindert die Centrifugalkraft sie wiederum, daß sie nicht
durch ihre gegenseitige Attraktion auf einander fallen.
Das menschliche Geschlecht hat, wie bereits gesagt,
diese wichtige Entdeckung dem unsterblichen Newton zu verdanken: und wir wollen uns nunmehr
bemühen, es so faßlich, als es uns möglich ist, zu
erklären.

Tab.
III.
Wenn der Körper A in einem freyen Raume,
wo er keinen Widerstand findet, nach der geraden
Linie A. B fortgestoßen wäre, und keine andre Kraft
ihn seitwärts ablenkte; so würde er mit einerley
Geschwindigkeit ewig in derselben Richtung fortlaufen. Denn, die Kraft, die ihn in einer gegebenen
Zeit von A nach B bringt, wird ihn in noch einmal
so viel Zeit von B nach X bringen, und so immer
fort; weil nichts ist, das seinen Lauf aufhält oder
ablenkt. Wenn aber in der Zeit, daß diese fortstoßende Kraft ihn z. E. nach B fortführt, der Körper S anfängt, ihn mit einer gewissen bestimmten
Kraft, die seiner Bewegung nach B perpendikulär
ist, an sich zu ziehen; so wird er von der geraden
Linie A. B. X abgezogen, und gezwungen werden,

in

in dem Kreiſe B. Y. T. V. um den Körper S herumzulaufen.

Wenn er alsdann nach V oder nach einer jeden
andern Stelle ſeines Kreiſes kömmt, und der kleine
Körper u daſelbſt, innerhalb der Anziehungsſphäre
des größern, und nach der geraden Linie Z, mit
einer der Anziehung von V perpendikulären Kraft,
fortgeſtoßen iſt; ſo wird u in dem Kreiſe W rund
um V herumlaufen, und ihn auf ſeinem ganzen
Wege um den Körper S begleiten. Hier mag S
die Sonne; V die Erde, und u den Mond bedeu-
ten. Senkte ſich der Planet bey B, oder würde er
ſo von der Sonne angezogen, daß er in eben derſelben Zeit von B nach y gefallen wäre, in welcher
ihn die fortſtoßende Kraft würde von B nach X geführt haben; ſo wird er durch die vereinte Wirkung
dieſer beyden Kräfte den Bogen B. Y in eben derſelben Zeit beſchreiben, in welcher ihn die fortſtoßende Kraft allein, von B nach X; oder die anziehende
Kraft allein von B nach y würde gebracht haben.
Und wenn dieſe beyden Kräfte verhältnißmäßig be-
ſtimmt, und einander perpendikulär ſind; ſo folgt
er beyden, und bewegt ſich in dem Kreiſe B. T. V.
Damit aber die Flugkraft der anziehenden Kraft
genau das Gleichgewicht halte, und der Körper genöthigt ſey, ſich in einem Kreiſe zu bewegen; ſo
muß die Flugkraft von der nämlichen Stärke ſeyn,
als wenn er durch die anziehende Kraft allein den
halben Radius des Zirkels herunter gefallen wäre.

H 4　　　　Wenn

Wenn während der Zeit, daß die fortstoßende Kraft den Planeten von B nach b geführet, die Attraktion der Sonne, welche die Schwerkraft des Planeten ausmacht, ihn sollte von B nach i niedergezogen haben; so würde die letztere gegen die erste zu stark seyn, und den Planeten zwingen, den Bogen B. C zu beschreiben. Kommt er alsdann nach C; so wird die anziehende Kraft, welche stets nach dem Maaße zunimmt, als das Quadrat der Entfernung von G sich vermindert, noch stärker gegen die fortlaufende, oder Flugkraft seyn: die Bewegung des Planeten, indem sie sich in gewisser Maaße damit vereinigt, auf seinem ganzen Wege von C nach K beschleunigen, und verursachen, daß er die Bogen B. C, C. D, D. E, E. F rc. alle in gleicher Zeit beschreibt. Wenn seine Bewegung auf die Art ist beschleunigt worden; so hat er so viel Centrifugalkraft, oder Neigung, bey K in der Linie K. k wegzufliegen, gewonnen, als hinlänglich ist, der Attraktion der Sonne zu widerstehen. Und weil also die Centrifugalkraft zu stark ist, als daß der Planet der Sonne näher kommen, oder auch nur in dem Kreise K, l, m, n. rc. sich um sie bewegen könne; so geht er ab: steigt in dem Bogen K, L, M, N, rc. aufwärts, und seine Bewegung vermindert sich stufenweise von K nach B in gleichem Grade, als sie sich vorher von B nach K vermehret; weil die Attraktion der Sonne nun ganz genau eben so stark gegen die Flugkraft des Planeten wirkt, als sie vorher mit derselben wirkte.

Wenn

Wenn er bis B wieder herumgekommen; ſo iſt ſeine Flugkraft von ihrer mittlern Stärke bey G oder N in eben dem Verhältniſſe wieder vermindert, als ſie bey K vermehrt war; und alsdann iſt die Attraktion der Sonne ſtark genug, den Planeten zu halten, daß er nicht bey B wegfliege; folglich beſchreibt er, durch die Wirkung eben derſelben Kräfte, wiederum eben denſelben Bogen, als vorher. „Eine doppelte „fortlaufende oder Flugkraft hält einer vierfachen „Anziehungs= oder Schwerkraft allemal das Gleich= „gewicht.“

Geſetzt, es hätte der Planet bey B einen dop= pelt ſo ſtarken Antrieb nach X, als er vorher hatte: das iſt, er wäre in eben derſelben Zeit, da er in der vorigen Aufgabe von B nach b getrieben wurde, nun von B nach c getrieben worden; ſo erfordert es eine viermal ſtärkere Gravität, ihn in ſeinem Kreiſe zu halten: das iſt, er muß in der Zeit, daß ihn die Flugkraft von B nach c getrieben, von B nach 4. niederfallen; ſonſt könnte er den Bogen B. D. nicht beſchreiben, wie aus der Figur zu er= ſehen iſt.

Allein in eben der Zeit, darinn er ſich in dem obern Theile ſeines Kreiſes von B nach C bewegt, bewegt er ſich in dem untern Theile deſſelben von I nach K, oder von K nach L; weil er durch die ver= einte Wirkung beyder Kräfte auf ſeinem ganzen Laufe in gleichen Zeiten gleiche Areas[1] beſchreiben

muß.

muß. Diese Area sind durch die Triangel **B. S. C.**
C. S. D, D. S. E, E. S. F. ꝛc. bezeichnet, deren
Inhalte in der ganzen Figur einander gleich
sind.

Da die Planeten sich in jedem Umlaufe einmal
der Sonne nähern, und einmal weiter von ihr sind;
so möchte es vielleicht einige Schwierigkeit haben,
die Ursache zu begreifen, warum durch die Kraft der
Gravität, wenn sie einmal über die Flugkraft die
Uebermacht bekommen, nicht der Planet in jedem
Umlaufe, der Sonne immer näher komme: zuletzt
auf sie falle, und sich mit ihr vereinige? oder,
warum die Flugkraft, wenn sie über die Gravität
die Oberhand bekommen, den Planeten nicht immer
weiter von der Sonne wegführe; ihn ganz und gar
aus der Anziehungssphäre derselben bringe, und
alsdann in gerader Linie ewig forttreibe? Allein
diese Schwierigkeit wird gehoben seyn, wenn wir
die Wirkungen der beyden Kräfte bedenken, wie sie
vorher beschrieben sind. Man nehme an: es wäre
ein Planet bey B durch die Flugkraft in der Zeit
von B nach b getrieben, in welcher die Gravität
ihn von B nach 1 niedergezogen hätte; so wird er,
vermöge dieser beyden Kräfte, den Bogen B. C.
beschreiben. Kömmt der Planet herunter nach K;
so ist er nur halb so weit von der Sonne S, als er
in B war. Und weil er nun viermal stärker gegen
sie fällt; so würde er in eben derselben Zeit von K
nach V fallen, in welcher er in dem obern Theile

seines

ſeines Kreiſes von B nach 1, das iſt, durch einen
viermal größern Raum ſich müßte geſenkt haben.
Weil aber ſeine Flugkraft alsdann bey K ſo ſehr zu=
genommen hat, daß ſie ihn in eben derſelben Zeit
von K nach k wegführen würde, wo ſie doppelt ſo
groß iſt, als ſie in B war; ſo iſt ſie folglich gegen
die Schwerkraft zu ſtark, daß dieſe weder den Pla=
neten zur Sonne ziehen, noch ihn zwingen kann,
daß er in dem Kreiſe K. l. m. n. ꝛc. rund laufe;
weil er alsdann von K nach w, oder vielmehr durch
einen größern Raum fallen müßte, als die Gravi=
tät in der Zeit, daß die fortſtoßende Kraft ihn
würde von K nach k geführt haben, ziehen kann.
Er muß daher in dem Bogen K. L. M. N. in die
Höhe ſteigen, und aus bereits angeführten Ur=
ſachen nach und nach an Geſchwindigkeit ab=
nehmen.

Wir haben oben geſagt: daß, wenn ein Planet,
z. E. die Erde, auf ihrer Bahn um die Sonne,
einen kleinern Körper anträfe, der innerhalb ihrer
Anziehungsſphäre, mit einer der Anziehung der
Erde, als des größern Körpers perpendikulären
Kraft, nach der geraden Linie wäre fortgeſtoßen
worden; ſo würde der kleinere Körper um den grö=
ßern herumlaufen, und ihn auf ſeinem ganzen Wege
um die Sonne begleiten. Hiebey iſt zu bemerken:
daß alsdann aber die Erde nicht mehr ganz genau
auf ihrer Bahn bleiben; ſondern daß der Kreis,
den ſie machen würde, wenn ſie keinen Mond zum

Be=

Begleiter hätte, nunmehr durch das gemeinschaftliche Centrum Gravitatis der Erde und des Monds
beschrieben werde: und daß selbst die Sonne nicht
im Centro der Planetenkreise stehen könne; sondern
eine kleine Bewegung um das allgemeine Centrum
Gravitatis des ganzen Systems machen müsse, dieses aber, ihrer ungeheuren Größe wegen, noch im
Körper der Sonne liege. Wir werden dieses in
der Folge durch ein Experiment beweisen. Um uns
nun einen Begriff von den bogenförmigen Linien
zu machen, die durch zween Körper, so um ihr gemeinschaftliches Centrum Gravitatis laufen, beschrieben werden, während daß sie sich, nebst einem
dritten Körper, um das gemeinschaftliche Centrum
Gravitatis von allen dreyen bewegen; so wollen
wir zuvörderst annehmen, daß sie sich alle in völlig
Tab. runden Kreisen bewegen: daß E die Sonne, und
IV. e die Erde sey, die um die Sonne laufe, ohne
vom Monde begleitet zu seyn: und daß ihre Be-
wegungskräfte nach oben erwähnten Gesetzen bestimmt wären. In diesem Falle wird die Erde in
dem punktirten Zirkel R. S. T. U. V. W. X. ꝛc.
um die Sonne gehen. Nun wollen wir den Mond
q mit dazu nehmen, und auf einen Augenblick
voraussetzen: daß die Erde keine fortrückende Bewegung um die Sonne hätte; so würde sie in dem
Kreise S. 13, dessen Mittelpunkt das gemeinschaftliche Centrum Gravitatis der Erde und des Monds
ist, herumgehen; während daß der Mond in seinem

Kreise

Kreise A. B. C. D. herumläuft, weil sie durch ihre Attraktion mit einander verbunden sind.

Da es aber eine bekannte Wahrheit ist, daß während der Zeit der Mond um die Erde läuft, die Erde um die Sonne laufe; so verursacht der Mond, daß die Erde einen etwas irreguläiren Bogen um die Sonne macht, und daß nun das gemeinschaftliche Centrum Gravitatis der Erde und des Monds denjenigen Kreis beschreibt, worinn die Erde sich würde bewegt haben, wenn sie den Mond nicht zum Begleiter gehabt hätte. Wenn gesetzt, der Mond beschriebe in der Zeit, daß die Erde sich von e nach f bewegt, ein Viertel seiner fortrückenden Bahn um die Erde; so ist es klar: daß, wenn die Erde nach f kömmt, der Mond sich in r befinden wird; in welcher Zeit ihr gemeinschaftliches Centrum Gravitatis, den regulären punktirten Bogen R, i. S.: die Erde die krumme Linie R, 5, f.: und der Mond die Krümme: q, 14, r. beschrieben haben wird. Ist der Mond das zweyte Viertel seiner Bahn durchgelaufen; so beschreibt das Centrum Gravitatis der Erde und des Monds den punktirten Bogen S, 2, T.: die Erde die krumme Linie f, 6, g: und der Mond die Krümme r, 15, s u. s. f. Folglich: während daß der Mond auf seiner fortrückenden Bahn einmal um die Erde geht, beschreibt ihr gemeinschaftliches Centrum Gravitatis den regulären Theil eines Zirkels, R, 1. T. 2. U. 3. V. 4. rc. Die Erde die irreguläre

Krüm-

Krümme R. 5. f. 6, g. 7, h. 8, :c. und der Mond,
den noch irregulärern Bogen q. 14, r. 15, s. 16,
f. 17, :c. und alsdann geht es wieder als zuvor.

Das Centrum Gravitatis der Erde und des
Monds ist 1300 Meilen vom Mittelpunkte der
Erde. Daher ist der Kreis, den die Erde um dieses
Centrum Gravitatis in jedem Umlauf des Monds
beschreibt, 2600 Meilen im Diameter: und folglich
kömmt der Mittelpunkt der Erde, zur Zeit des Voll-
monds, der Sonne 2600 Meilen näher, als zur
Zeit des Neumonds.

Um alle Verwirrungen bey einer so kleinen Figur zu vermeiden, haben wir angenommen, daß der
Mond nur 2½ mal um die Erde geht, in der Zeit,
daß die Erde einmal um die Sonne geht: weil es
unmöglich ist, alle Umwälzungen, die er in einem
Jahre macht, durch eine genaue Figur seines Laufs
anzudeuten: es sey denn, daß man den halben
Durchmesser der Bahn der Erde wenigstens 95 Zoll
groß gezeichnet hätte: und alsdann würde der halbe
Durchmesser der Bahn des Monds, doch nur nach
diesem Verhältnisse ¼ Zoll groß geworden seyn.
Machte der Mond eine vollständige Anzahl Umwälzungen um die Erde, während daß die Erde eine
um die Sonne macht; so würden ihre Bahnen am
Ende eines jeden Jahrs wieder in sich selbst zusammentreffen. Allein dieses geschiehet nur ohngefähr
nach 19 Jahren, in welcher Zeit die Erde beynahe

19mal

19mal um die Sonne, und der Mond 235mal um die Erde läuft.

Die Kreiſe der Planeten ſind Ellipſen, und nur wenig von runden Zirkeln verſchieden. Hingegen ſind die Bahnen der Kometen ſehr lange Ellipſen: der unterſte Brennpunkt von allen aber iſt in der Sonne. Nun wiſſen wir, daß, nach oben erwähn= ten Geſetzen, Körper ſich in allen Arten von Ellipſen bewegen können, ſie mögen lang oder kurz ſeyn, wenn nur der Raum, worinn ſie ſich bewegen, ihnen keinen Widerſtand entgegenſtellt. Der Un= terſchied beſtehet blos darinn: daß diejenigen, die ſich in langen Ellipſen bewegen, ſo viel weniger Flugkraft in den obern Theilen ihrer Kreiſe haben; und daß ihre Geſchwindigkeit, wenn ſie zur Sonne herunter kommen, durch die Attraktion derſelben ſo erſtaunlich vermehret iſt, daß ihre Centrifugalkraft in den untern Theilen ihrer Kreiſe Stärke genug hat, der Anziehung der Sonne daſelbſt zu wider= ſtehen, und ſie in den Stand ſetzt, zu den obern Theilen ihrer Bahn wieder hinauf zu gehen. Während dieſer Zeit wirkt die Attraktion der Sonne ihrer Flugkraft ſo entgegen, daß ſie ſich nach und nach langſamer bewegen, bis daß dieſe Flugkraft beynahe auf nichts vermindert iſt, und ſie alsdann, eben wie vorher, durch die Attraktion wieder zur Sonne gezogen werden.

Wenn

Wenn es der Allmacht des Schöpfers gefiele, die fortlaufende oder Flugkraft aller Planeten und Kometen in ihrer mittlern Entfernung von der Sonne zu vernichten: so würden sie in folgenden Zeiträumen auf die Sonne fallen. Als:

Merkurius in 15 Tagen 13 Stunden. Venus in 39 T. 17 St. Die Erde in 64 T. 10 St. Mars in 121 Tagen. Jupiter in 290 T. und Saturn in 767 T. Der Mond würde auf die Erde fallen in 4 Tagen 20 Stunden. Der erste Mond des Jupiters würde auf ihn fallen in 7 Stunden; der zweyte in 15, der dritte in 30, und der vierte in 71 Stunden. Saturns erster in 8, der zweyte in 12, der dritte in 19, der vierte in 68, und der fünfte in 336 Stunden. Ein Stein würde zum Centro der Erde fallen in 21 Minuten 9 Sekunden.

Der schnelle Lauf der Monde des Jupiters und Saturns um ihre Planeten, beweisen, daß diese beyden Körper eine größere Anziehungskraft haben müssen, als die Erde. Denn je stärker ein Körper den andern anzieht; je größer muß die Flugkraft, oder desto schneller muß die Bewegung des andern Körpers seyn, damit er nicht auf den großen oder Centralplaneten hinfalle. Jupiters zweyter Mond ist 16000 Meilen weiter von ihm, als unser Mond von der Erde; und dennoch gehet derselbe beynahe achtmal um den Jupiter in der Zeit, daß der unsrige

die

die Erde einmal umläuft. Was für eine erſtaun⸗
liche Anziehungskraft muß denn nicht die Sonne
haben, um alle Planeten und Monde des ganzen
Syſtems an ſich zu ziehen! und welche unbegreifliche
Kraft muß nicht erfordert worden ſeyn, allen dieſen
ungeheuren Körpern zuerſt eine ſo ſchnelle Bewe⸗
gung zu ertheilen! Erſtaunlich und unbegreiflich
genug für uns! den vereinigten Kräften aller leben⸗
digen Geſchöpfe in einer unbegränzten Anzahl Wel⸗
ten unmöglich! nur dem Allmächtigen nicht ſchwer,
deſſen Hand die ganze Schöpfung umfaſſet und
regieret.

Die Sonne und die Planeten ziehen einander
wechſelſeitig an. Die Kraft, wodurch ſie dieſes
thun, nennet man die Gravität oder Schwerkraft.
Ob dieſes eine mechaniſche Kraft ſey oder nicht,
darüber iſt vielfältig geſtritten worden. Beobach⸗
tungen beweiſen es, daß die Planeten, durch die⸗
ſelbe, einer des andern Bewegung beunruhigen;
und daß dieſe Kraft nach den Quadranten der Wei⸗
ten der Sonne und der Planeten abnehme, wie
das Licht, wovon wir wiſſen, daß es materiell iſt,
gleichfalls thut. Man ſollte alſo hieraus ſchließen,
daß die Schwerkraft von der Wirkung einer ſubtilen
Materie herrührte, die gegen die Sonne und gegen
die Planeten drückt, und, gleich allen andern
mechaniſchen Urſachen, durch Berührung wirkt.
Allein, wenn wir auf der andern Seite bedenken,
daß der Grad, oder die Macht der Schwerkraft,

Ferguſ. Aſtron. v. Kirchh.　　J　　ganz

ganz genau mit der Vielheit der Materie in den
Körpern im Verhältniß ſtehe, ohne einige Rückſicht
auf ihre Figur, oder die Gröſſe ihrer Oberflächen:
und daß ſie eben ſo frey auf ihre innern als äußern
Theile wirke; ſo ſcheint dieſes die Kraft eines
Mechaniſmi zu überſteigen. Und es muß entweder
ein unmittelbarer göttlicher Einfluß ſeyn, oder es
muß durch ein Geſetz, welches der Materie ur-
ſprünglich von der Gottheit mitgetheilt und eingeprägt iſt, bewirket werden. Hiergegen behaupten
einige, daß der Materie, da ſie gänzlich unwirkſam
iſt, kein Geſetz, ſelbſt durch eine allmächtige Kraft
könne eingeprägt werden: und daß die Gottheit
die Planeten ſtets unmittelbar zur Sonne treiben,
und ſie mit eben denſelben Unregelmäßigkeiten und
ſcheinbaren Abweichungen bewegen müſſe, als die
Schwerkraft, wenn man annehmen könnte, daß eine
ſolche Kraft wirklich vorhanden ſey, thun würde.
Allein wenn es Menſchen wagen möchten, ſolche
Gedanken öffentlich bekannt zu machen; ſo ſcheint
mir doch die Behauptung: daß die Gottheit das
Vermögen habe, der Materie ein Geſetz, oder
Geſetze, wie es Ihr gefällig, einzuflößen, eben
ſo wenig ungereimt, als zu ſagen: Sie habe
das Vermögen gehabt, der Materie im Anfange
ihr Daſeyn zu geben. Die Art und Weiſe
iſt uns in beyden Fällen unbegreiflich, keine
aber erregt in unſern Begriffen einen Wider-
ſpruch. Und alles, was keinen unläugbaren Wi-

der-

derſpruch in ſich faſſet, iſt der Kraft des Allmäch=
tigen möglich.

Daß die fortlaufende, oder Flugkraft dem Körper
anfänglich von der Gottheit mitgetheilet worden,
iſt unläugbar. Denn, weil die Materie ſich von
ſelbſt nicht in Bewegung bringen kann, und den=
noch alle Körper nach verſchiedenen Richtungen ſich
bewegen laſſen; ſo wie z. E. die Planeten der
erſten und zweyten Ordnung, von Weſten nach
Oſten in Kreiſen laufen, die beynahe zuſammen=
treffen: während daß die Kometen ſich in allen
Richtungen und in Kreiſen bewegen, die ſehr von
einander unterſchieden ſind; ſo können dieſe Bewe=
gungen keiner mechaniſchen Urſache oder Nothwen=
digkeit zugeſchrieben werden, ſondern hängen einzig
und allein von dem freyen Willen und der Macht
eines verſtändigen Weſens ab. Die Schwerkraft
ſey alſo was ſie wolle; ſo iſt doch klar, daß ſie uns
aufhörlich wirket. Denn ſollte ihre Wirkung auf=
hören: ſo würde die Flugkraft den Planeten augen=
blicklich in gerader Linie von dem Punkte wegfüh=
ren, wo die Schwerkraft ihn verläßt. Da aber
die Planeten einmal in Bewegung gebracht ſind;
ſo iſt keine neue Flugkraft nöthig; es wäre denn,
daß ſie einen Widerſtand auf ihrem Laufe anträfen:
eben ſo wenig, als eine zurechtbringende Kraft er=
fordert wird, wofern ſie ſich durch ihre wechſelſeitige
Anziehung nicht gar zu ſehr unter einander beun=
ruhigen.

J 2

Wir

Wir können diese wichtige Materie nicht verlassen, ohne zuvor einen Versuch zu machen, ob wir den Lehrsatz, daß die anziehende Kraft nach den Quadraten der Weiten der Planeten von der Sonne abnehme, in ein etwas näheres Licht setzen können.

Wir haben oben im zweyten Kapitel gesagt, daß der Merkur auf seiner Bahn jede Stunde 20400 Meilen; der Saturn hingegen nur 4000 Meilen jede Stunde fortrückt: hieraus erhellet, daß je weiter der Planet von der Sonne ist, desto längere Zeit gebraucht er, nicht nur seine Bahn zu durchlaufen, sondern desto langsamer bewegt er sich in jedem Theile seiner Bahn.

Die Ursache liegt darinn, daß, je näher der Planet der Sonne ist, desto stärker wird er von ihr angezogen; er mußte daher eine so viel stärkere Flugkraft haben, um der vermehrten Anziehungskraft das Gleichgewicht zu halten.

Und dieses Gleichgewicht der beyden Kräfte ist, nach dem Verhältnisse des Abstandes eines jeden Planeten, mit solcher erstaunenden Genauigkeit bestimmt, daß man die unermeßliche Macht und Weisheit des Schöpfers bewundern muß; der nicht nur diesen großen Körpern einen so unbegreiflichen Grad der Geschwindigkeit mitgetheilt; sondern diesen schnellen Flug auch so genau abgemessen, daß er den verschiedenen Graden der Anziehungskraft der Sonne, nach dem Verhältniß des Abstandes

eines

eines jeden Planeten, das Gleichgewicht halten könnte.

Nun iſt die Frage:

Nimmt denn die Anziehungskraft der Sonne und die Weite des Planeten in gleichem Verhältniſſe gegen einander ab und zu?

Nein! Das thut ſie nicht; ſondern man findet durch Beobachtungen und Berechnungen, daß ſie, nach dem Maaße des Abſtandes eines Planeten, nach den Quadraten ab= oder zunimmt. So daß ſie in der doppelten Weite vom Centro der Sonne viermal, in der dreyfachen neunmal, in der vierfachen ſechszehnmal u. ſ. f. ſtärker oder ſchwä= cher iſt. Wenn alſo vier Planeten ſo geſtellt wären, daß der Abſtand des zweyten noch einmal ſo weit von der Sonne wäre, als der Abſtand des erſten; des dritten dreymal; und des vierten viermal ſo weit als des erſten: ſo würde der vierte nur mit dem ſechszehnten; der dritte mit dem neunten; und der zweyte mit dem vierten Theil der Kraft angezogen, womit der erſte angezogen wird.

So weit ſind wir, wie geſagt, durch Beobach= tungen und Berechnungen gekommen. Die Urſache aber, wie und wodurch dieſes geſchieht, hat ſelbſt Newton mit allem ſeinen Tiefſinn nicht ergrün= den können, ſondern ſie iſt und bleibt immer ein

unmit=

unmittelbares Werk der Allmacht des Schöpfers, der der Materie diese Kraft nach unwandelbaren Gesetzen gleich bey ihrem Daseyn mitgetheilet hat.

Wirkte die Anziehungskraft blos nach dem Verhältniß der Oberfläche des angezogenen Körpers, so könnten wir uns noch wohl einigermaßen davon einen Begriff machen.

Wir wollen versuchen, ob wir sie nach dieser Voraussetzung erklären können.

Tab. VI. fig. 1. Es sey demnach A der Mittelpunkt der Sonne, und A a, A b, A c, A d, die Linien der anziehenden Kraft, wodurch die drey viereckten Platten B, C und D nach A gezogen werden.

Ob nun gleich in der Figur die Linien blos die Ecken der Platten berühren; so müssen wir doch annehmen, daß der ganze Zwischenraum mit einer unendlichen Menge solcher Linien angefüllt sey, die sie in allen möglichen Punkten ihrer Oberflächen anziehen und zu sich reißen.

Nun sey die Platte C noch einmal so weit vom Mittelpunkte der Sonne als die Platte B, und D sey dreymal so weit: die anziehenden Kräfte aber auf jeder Platte gleich. Auf eben dieselbe Art, als wenn die vier Linien A a, A b, A c, A d, Schnüre wären, die alle Platten mit gleicher Kraft nach A zögen.

Indeß ist aber die Platte C zweymal so lang und zweymal so breit als B, und D ist dreymal so lang und breit; folglich enthält C viermal so viel

Ober-

Oberfläche als B, und D neunmal ſo viel. Und
wenn ſie alle gleich dick ſind, auch vier= und neun=
mal ſo viel Materie als B.

Wenn alſo alle Zwiſchenlinien, die innerhalb
den Ecklinien eingeſchloſſen werden können, ſo dichte
zuſammengedrängt wären, daß ſie jeden Punkt der
Oberfläche der Platte B berührten; ſo iſt klar, daß
ſie nur den vierten Theil der Oberfläche von C,
und nur den neunten von D würden berühren kön=
nen. Folglich würde der Platte C ¾, und der
Platte D ⅛tel von derjenigen Kraft fehlen, die ſie
haben müßten, wenn ſie eben ſo ſchnell nach A ge=
zogen werden ſollten, als die Platte B.

Allein nun kömmt das unerklärbare Problem,
daß die Anziehungskraft nicht im Verhältniß der
Oberfläche, ſondern im Verhältniß der Materie
wirkt.

Denn, wenn die Platte D auf einer Waag=
ſchale gewogen, nachher in neun gleiche Quadrate
zerſchnitten, und abermals gewogen wird; ſo wägen
dieſe eben ſo viel als vorher die ganze Platte.
Oder, man ſtellt die neun Quadrate in eben der
nämlichen Entfernung von A hintereinander, ſo
daß ſie gleichſam nur einen Körper ausmachen; ſo
zeigt der Augenſchein, daß ſie nur den neunten Theil
der vorigen Oberfläche in ſich faſſen; und dem ohn=
geachtet iſt die Anziehungskraft der Sonne auf die=
ſen Körper ganz genau eben dieſelbe.

Es bleibt also ausgemacht wahr, daß wir uns keinen Begriff machen können, auf welche Art die Schwere oder Gravitation wirke; da wir sehen, daß die vermehrte oder verminderte Oberfläche eines Körpers nichts dazu beytrage. Wir müssen sie daher blos einem bestimmten Gesetze des Schöpfers zuschreiben.

Doch können wir nicht umhin, nochmals zu erklären, daß wenn wir von Gravitation oder Schwere gesprochen, wir niemals die Sache an und für sich darunter verstehen, sondern die Wirkung einer Ursache, die wir nicht begreifen.

Vornehmlich da wir wissen, daß wenn die Schwere nach dem Verhältnisse der Größe, oder der Oberfläche eines Körpers wirkte; so würde ein Stück Bley und ein Stück Kork von gleicher Größe auch gleich schwer seyn.

Man hat gefunden, daß die Planeten in ihren Bewegungen einige Abänderungen erlitten haben, die vornehmlich durch ihre gegenseitigen Anziehungen, zu der Zeit, wenn sie zusammen in einerley Gegend des Himmels standen, bewirkt sind. Und die besten neuern Astronomen finden, daß unsere Jahre nicht allemal ganz genau von gleicher Länge sind. Ueberdem hat man einigen Grund zu glauben, daß der Mond der Erde etwas näher als ehemals; und sein periodischer Monat kürzer sey als in ältern Zeiten. Denn unsere astronomischen Tabellen, die jetzt die Sonnen= und Mondfinster=

niße

niſſe mit der gröſſeſten Genauigkeit angeben, treffen
nicht ſo richtig mit den ganz alten Finſterniſſen zu.
Hieraus erhellet, daß der Mond ſich durch ein Medium bewege, welches nicht abſolut von allem Wi-
derſtande leer ſey; und daß daher ſeine Flugkraft
ein wenig geſchwächet ſeyn könne. Hingegen wird
ſeine Schwerkraft durch nichts vermindert. Er
muß ſich alſo folglich allmählig der Erde nähern;
in jedem Umlauf um dieſelbe kleinere Kreiſe beſchreiben, und ſeine Periode früher endigen: obgleich ſeine abſolute Bewegung in Anſehung des
Raums nicht ſo ſchnell iſt als vormals. Er müßte
daher endlich zur Erde kommen; wofern das Weſen, das ihm im Anfange ſeine Flugkraft mittheilte, nicht zu rechter Zeit ſolche ein wenig be-
ſchleunigte.

Auf ähnliche Art laufen die Planeten in einem
Raume, der mit Aether und Licht erfüllet iſt. Und
weil dieſes materielle Subſtanzen ſind; ſo kann
man im eigentlichſten Verſtande nicht ſagen, daß
ſie keinen Widerſtand anträfen. Wenn daher ihre
Gravität nicht vermindert, oder ihre Flugkraft nicht
vermehret würde; ſo müßten ſie nothwendig der
Sonne immer näher kommen, bis ſie zuletzt auf
ſie fielen und ſich mit ihr vereinigten.

Hier hätten wir alſo ein ſtarkes Argument wider
die Ewigkeit der Welt. Denn, wäre ſie von Ewigkeit da geweſen, und die Gottheit hätte ſie ſich ſelbſt
überlaſſen, um durch die vereinte Wirkung obge-

J 5   dachter

dachter beyden Kräfte, die wir, im Allgemeinen, Gesetze nennen, regiert zu werden; so hätte sie schon längst ein Ende nehmen müssen. Und würde sie diesen Gesetzen in Zukunft überlassen; so müßte sie ebenfalls endlich aufhören zu seyn. Da wir aber überzeugt seyn können, daß sie so lange dauren wird, als ihr Urheber es für gut gefunden hat; so ist es uns eben so wenig anständig, ihn zu tadeln, daß er ein so vergängliches Werk mit so unbegreiflicher Kunst gebauet, als daß er den Menschen sterblich erschaffen habe.

Hiemit hatte ich in der ersten Ausgabe dieses Sechste Kapitel geschlossen, und solches größtentheils wörtlich nach dem Ferguson übersetzt. Da ich mich nun vorzüglich bemühet, den Sinn desselben in unsere Sprache so getreu zu übertragen, als es mir möglich war; auch denjenigen Stellen, die mir etwas dunkel zu seyn schienen, alle meine Aufmerksamkeit gewidmet hatte; so glaubte ich, es würde überflüßig seyn, weiter etwas zuzusetzen. Gleichwohl habe ich hören müssen, daß Ferguson doch noch zu viel vorausgesetzt hätte, und überhaupt das Newtonsche System nicht deutlich genug vorgetragen sey.

Dieses hat mich bewogen, mehrere Schriftsteller zu Rathe zu ziehen und es auf eine andere Art einzukleiden, so daß ich nicht nur die Geschichte dieses Systems, oder vielmehr die Veranlassung, wodurch der große Mann zuerst auf den Gedanken gekom-

gekommen, mit berührt habe; ſondern auch dem nächſt die Folgen entwickelt, die er daraus hergeleitet, und die durch die Erfahrung beſtätiget worden ſind.

Ich bin aber dadurch genöthiget, etwas wieder zurückzugehen, und den Lehrſatz des Fallens der Körper nochmals, und zwar nach einem andern Verhältniſſe, zu erklären. Wobey denn alles dasjenige, was im Vorbeygehen bereits angeführt iſt, die Sache um ſo viel faßlicher machen wird.

Ein Körper, der von der Höhe eines Thurms herunter fällt, fällt, nach den Beobachtungen des berühmten Hugens, durch die Kraft ſeiner Gravitation in der erſten Sekunde 15 Fuß.

Zwar glaubte man vordem, daß wenn er in der erſten Sekunde 15 Fuß gefallen, ſo müſſe er in der zwoten Sekunde 30 Fuß; in der dritten 45; in der zehnten 150; und in der ſechzigſten, oder am Ende einer Minute, 900 Fuß gefallen ſeyn.

Man entdeckte aber, daß er alsdann 54000 Fuß gefallen ſey.

Dieſer Lehrſatz, ſo unwichtig und unbedeutend er auch beym erſten Anblick ſcheinen mag, hat dennoch die nächſte Veranlaſſung gegeben, daß Newton ſein großes Syſtem darauf gebauet, und die Folgen daraus hergeleitet, die wir jetzt näher unterſuchen wollen.

Ein

Ein Körper wird durch sein eigen Gewicht zur Erde niedergetrieben.

Diese Kraft, sie sey welche sie wolle, die ihn antreibt, in der ersten Sekunde 15 Fuß zu fallen, wirkt jeden Augenblick gleichförmig; denn weil sie durch nichts aufgehalten oder verändert wird, so muß sie nothwendig immer die nämliche seyn.

Folglich hat der Körper in der zwoten Sekunde die Kraft, die er jeden Augenblick der ersten Sekunde bekam, und die Kraft, die er jeden Augenblick der zwoten bekömmt.

Da er nun mittelst der Kraft, die ihn in der ersten Sekunde antrieb, 15 Fuß fiel: so hat er noch dieselbe Kraft in der zwoten Sekunde; vermehrt mit einer Kraft von 15 Fuß, die er erlangt, nach dem Maaße er in dieser zwoten Sekunde fiel, macht 30. Er behält aber überdem auch noch in dieser zwoten Sekunde seine erste Kraft, 15 Fuß zu durchlaufen, macht 45.

Denn durch die, jeden Augenblick zunehmende Kraft der ersten Sekunde, fällt er 15 Fuß; folglich fällt er die auch in der zwoten Sekunde; und noch überdem 15 Fuß, die er durch die jeden Augenblick zunehmende Geschwindigkeit der zwoten Sekunde überkömmt, macht 45 Fuß.

Aus eben der Ursache durchläuft oder fällt er in der dritten Sekunde 75 Fuß; in der vierten 105 Fuß u. s. f. vid. Astronomie p. 79.

Hier:

Hieraus folgt:

1) Daß ein fallender Körper, in jedem unendlich kleinen gleichen Zeitraume, unendlich kleine Grade Geschwindigkeit erhält, die seine Bewegung zum Mittelpunkte der Erde so lange beschleunigen, bis er einen Widerstand antrifft.

2) Daß die Geschwindigkeit, die er erhält, mit der Zeit seines Fallens im Verhältniß stehe.

3) Daß die Progreßion der Weiten, die er durchfällt, sich verhalten wie die ungeraden Zahlen 1, 3, 5, 7, 9 &c. Und

4) daß die ganze Weite die er gefallen, das Quadrat der Zeiten, oder der Geschwindigkeit ausmache.

Folgende kleine Tabelle wird es noch deutlicher machen.

In	1 Sek.	1 mal 15	sind 15,	überh.	15 Fuß
—	2 —	3 — 15	— 45,	—	60 —
—	3 —	5 — 15	— 75,	—	135 —
—	4 —	7 — 15	— 105,	—	240 —
—	5 —	9 — 15	— 135,	—	375
—	6 —	11 — 15	— 165,	—	540 —
—	7 —	13 — 15	— 195,	—	735 —
—	8 —	15 — 15	— 225,	—	960 —
—	9 —	17 — 15	— 255,	—	1215 —
—10 —	19 — 15	— 285,	—	1500 —

in 10 Sekunden 1500 Fuß.

E 2

Es iſt demnach

Die Zeit des Fallens gleich — 1. 2. 3. 4. 5. 6. ꝛc.
Die Zunahme der Geſchwindigkeit — 1. 3. 5. 7. 9. ꝛc.
und die ganze Weite, die der Körper in jeder Seꝛ
kunde gefallen, gleich dem Quadrate.

Z. E.   In der 5ten Sekunde fiel er 135 Fuß
und war überhaupt gefallen 375 Fuß.

Alſo in 1 Sekunde 15 Fuß, wie viel im 5?
5mal 5 iſt 25, das Quadrat von 5; und
25mal 15 iſt   — 375.

10mal 10 iſt 100, das Quadrat von 10; und
100mal 15 iſt   — 1500.

60mal 60 iſt 3600, das Quadrat von 60;
und 3600mal 15 iſt — 54000 Fuß,

welche der Körper in 60 Sekunden, oder einer
Minute fällt.

Dieſe neu entdeckte Kraft, oder vielmehr Proꝛ
greſſion vom Fallen der Körper, gab unter den Geꝛ
lehrten der damaligen Zeit zu manchen Hypotheſen
Gelegenheit. Allein man verwickelte ſich in Syſteꝛ
me, davon das eine oft noch unerklärbarer war als
das andere. Zudem war das, der Zeit faſt allgeꝛ
mein, beſonders in Frankreich, angenommene Syꝛ
ſtem des Carteſius von den Wirbeln und der ſubꝛ
tilen Materie, das Lieblingsſyſtem, worauf man
alles reduzirte. Es fehlte demſelben aber unglückꝛ
licherweiſe an ſolchen Beweiſen, die mit der Erfahꝛ
rung

rung übereinſtimmten, und war im Grunde nichts
als Geſchwätz.

Endlich entwarf Newton im Jahre 1666 den
erſten Plan zu ſeinem Syſtem von der Gravitation
nach dem Geſetze des Fallens der Körper, und berechnete, daß, wenn ſeine Vorausſetzungen wahr
wären, und das Syſtem, welches er in Anſehung
der Bewegung des Monds hierauf gebauet, ſeine
Richtigkeit hätte; ſo müßte nothwendig folgen,
daß alsdann jeder Grad der Breite auf der Erdkugel 25 franzöſiſche, oder beynahe 70 engliſche
Meilen hatte. Dieſes traf aber nicht zu. Denn
Richer, Caſini, de la Hire, und noch einige
andere, maßen zu wiederholtenmalen in Frankreich
verſchiedene Grade der Breite; allein das Reſultat
kam niemals mit Newton ſeinen Berechnungen
überein.

Er legte daher ſein Syſtem bey Seite.

Endlich erfuhr er, daß ein gewiſſer Norwood
in England, ſchon im Jahr 1636 die nämliche Ope-
ration, blos zu ſeinem Vergnügen gemacht; und
die Grade der Breite von London bis York, und
von da nach den weiter gegen Norden liegenden
Theilen Englands gemeſſen, und daß er dieſe Grade
der Breite ganz genau ſo gefunden hätte, wie Newton ſie berechnet; nämlich von 25 franzöſiſchen,
oder beynahe 70 engliſchen Meilen.

Er

Er unterſuchte hierauf Norwoods Verfahren mit der ſtrengſten Genauigkeit; und wie er fand, daß ſolches in allen Stücken richtig ſey; ſo gründete er darauf die erhabene Theorie, die ſeinem Geiſte, und überhaupt dem menſchlichen Verſtande ſo viele Ehre macht.

Seine Principia ſind folgende:

Die Schwere der Körper auf unſerer Erde, ſteht mit den Quadraten der Weite, die ein Körper vom Mittelpunkte der Erde entfernt iſt, im Verhältniß; folglich, je größer dieſe Weite iſt, je geringer iſt die Schwere eines Körpers.

Dieſe Kraft, ſie ſey welche ſie wolle, wirkt auf alle Körper, nicht nach dem Maaße ihrer Oberfläche, ſondern ihres materiellen Inhalts.

Wirkt ſie in der einen Entfernung, oder Weite, ſo muß ſie auch in allen Weiten wirken.

Wirkt ſie im umgekehrten Verhältniß des Quadrats der Weiten, ſo muß ſie auch ſtets nach dieſer Proportion auf alle Körper wirken, die ſich nicht unter einander berühren.

Wenn daher dieſe Kraft einen Körper auf unſerer Erde in 60 Sekunden 54000 Fuß fallen macht, ſo muß ein Körper der 60 halbe Durchmeſſer vom Mittelpunkte der Erde entfernt iſt, in 60 Sekunden 15 Fuß fallen.

Nun

Nun ist der Mond in seiner mittlern Bewegung ohngefähr 60 halbe Durchmesser vom Mittelpunkte der Erde entfernt, und rückt alsdenn in einer Minute 187961 Fuß auf seiner Bahn fort; er müßte also, wenn er fiele, in einer Minute 15 Fuß fallen.

Wir wollen dieses untersuchen.

Gesetzt demnach; der Mond wäre in seiner mittlern Bewegung auf seiner Bahn von A nach B gefallen. Er hätte also der Flugkraft gehorcht, die ihn in der Tangente A C wegtrieb, und zugleich auch der Schwerkraft, die ihn nach der Linie A D, die mit B C gleich ist, würde fallen machen. Tab. XI. fig. a.

Nun nehme man die Kraft, die ihn von A nach C treibt, weg; so bleibt eine Kraft, die durch die Linie C B bezeichnet wird, übrig: und diese Linie C B ist der Linie A D gleich.

Es ist aber bewiesen, daß, wenn der Bogen A B 187961 Fuß ist, so ist die Linie A D oder C B 15 Fuß; obgleich dieses Verhältniß sich durch keine Figur ausdrücken läßt. Folglich wäre der Mond, wenn er nach B oder nach D, welches hier gleich ist, gefallen, in einer Minute 15 Fuß gefallen.

Fällt er aber 15 Fuß in einer Minute, so fällt er ganz genau 3600mal langsamer als ein Körper auf unserer Erde.

Ferguf. Astron. v. Kirchh.   K   Nun

Nun ist 3600 just das Quadrat seiner Entfernung: folglich wirkt die Gravitation, die auf alle Körper auf der Erde wirkt; auch zwischen der Erde und dem Mond im umgekehrten Verhältniß des Quadrats der Weiten.

Lenkt aber diese Kraft der Gravitation den Mond auf seiner Bahn; so muß sie auch die Erde auf ihrer Bahn lenken, und die nämliche Wirkung auf den Planeten, die Erde, hervorbringen, die sie auf den Planeten, den Mond, hervorbringt.

Und ist sie durchs ganze System eine und eben dieselbe; so müssen auch die übrigen Planeten, und selbst die Sonne, ihrem Gesetze unterworfen seyn.

Giebt es endlich gar kein ander Verhältniß, woraus sich die Bewegung der Planeten gegen einander herleiten lässet, als dasjenige, was eine nothwendige Folge dieser Kraft der Gravitation ist, so ist unläugbar, daß sie das allgemeine Gesetz der Natur sey.

Dieses sind in einem kurzen Auszuge die ersten allgemeinen Sätze, nach welchen Newton schloß, und darauf er sein System gründete. Wir wollen seine Beweise ebenfalls ganz kurz zusammen fassen.

Fig. b. Ein Körper, der sich in einem Kreis bewegt, erhält durch diese Bewegung einen Antrieb, von jedem Punkte seines Bogens nach einer geraden Linie wegzufliegen.

Er

Er erhält aber dieſen Antrieb dadurch, weil jeder Körper, an und für ſich, gegen Ruhe und Bewegung gleichgültig iſt, und nach dieſer innern Beſchaffenheit, die eine Eigenſchaft der Materie iſt, nothwendig der Linie folgen muß, in welcher er bewegt wird.

Es folgt aber jeder Körper, der um einen Mittelpunkt läuft, jeden Augenblick einer unendlich kleinen geraden Linie, die eine unendlich lange gerade Linie würde, wenn er keinen Widerſtand anträfe.

Die Folge dieſes Satzes iſt demnach:

Ein Körper, der einer geraden Linie folgt, folgt beſtändig einer geraden Linie. Es muß daher eine zwote Kraft ſeyn, die ihn antreibt, im Zirkel zu laufen. Dieſe zwote Kraft aber würde verurſachen, daß er jeden Augenblick niederfiele, ſobald die nach der geraden Linie fortlaufende Kraft aufhört.

Er würde folglich entweder jeden Augenblick Fig. nach A, nach B, oder nach C weglaufen, wenn er C. in Freyheit wäre; oder von A, von B, oder C zum Mittelpunkte fallen; denn ſeine Bewegung iſt aus zwoen Arten Bewegungen zuſammengeſetzt; der fortlaufenden nach einer geraden Linie, und der ihm eigenthümlichen, des Fallens zum Mittelpunkte.

Es iſt aber auch ſchon dadurch, daß der Körper die Tangenten A, B, C beſchreiben würde, bewieſen,

K 2   daß

daß eine Kraft da seyn müsse, die ihn jeden Augen=
blick davon zurückhält, sobald er sie beginnt.

Wir müssen daher als erwiesen annehmen:
daß jeder Körper, der sich in einen Bo=
gen bewegt, von zween Kräften zu=
gleich bewegt werde. Eine, die ihn
antreibt, die Tangente zu durchlau=
fen, und daher die Centrifugalkraft
(vis centrifuga) genennet wird.

Und die zwote, die ihn zum Mittel=
punkte zieht, und daher die Anzie=
hungskraft, Attraktion, Gravitation,
(vis centripeta) genennet wird, und welche
seine eigenthümliche Kraft ist.

Fig.
d.
Auf gleiche Art als ein Körper, der nach der
Horizontallinie G E, und nach der Perpendikular=
linie G F zugleich bewegt wird, diesen vereinten
Kräften jeden Augenblick folgt, indem er die Dia=
gonallinie G H durchläuft.

Hieraus folgt ferner, daß jeder Körper, der
sich in einem Zirkel, in einer Ellipse, oder in einem
andern Bogen bewegt, um einen Mittelpunkt laufe,
in seinem größten und in seinem kleinsten Bogen
Fig.
e.
gleiche Areas zu gleicher Zeit beschreibe
So, daß z. E. der Körper, der in einer Minute
die Weite A B, deren Area A C B 100000 ist, durch=
läuft: in 2 Minuten eine andere Weite B D,
deren Area B C D 200000 ist, durchläuft.

Dies

Dieſes Geſetz, das den Alten gänzlich unbekannt war, ward vor beynahe 200 Jahren von
Keplern entdeckt. Kepler fand, daß alle Planeten demſelben unwiderruflich folgen; allein die
Urſache dieſer Regel war ihm zu ergründen unmöglich. Sein Scharfſinn fand die Wirkung; der Geiſt
Newtons fand die Urſache.

Das Weſentliche der Demonſtration Newtons
iſt folgendes:

Geſetzt, ein Körper werde in einer ſehr kurzen Fig.
Zeit von A nach B bewegt, und von B treibe ihn f.
eine ähnliche Bewegung nach C, (denn eine be-
ſchleunigte Bewegung findet hier nicht ſtatt). Er
findet aber in B eine Kraft, die ihn nach der Linie
B H S treibt; er folgt alſo weder der Linie B H S,
noch der Linie A B C; man ziehe das Parallelo-
gramm C D B H; ſondern der Körper, der durch
die Kraft B C, und durch die Kraft B H zugleich
bewegt wird, folgt der Diagonale B D. Nun ſind
aber dieſe Linien B D und B A, die man ſich unendlich klein denkt, die erſten Anfangspunkte eines
Bogens; folglich muß der Körper ſich in einem
Bogen bewegen. Er muß aber auch gleiche Weiten
in gleichen Zeiten beſchreiben; denn die Weite des
Triangels S B A iſt gleich der Weite des Triangels
S B D. Dieſe Triangel ſind gleich; folglich ſind
auch die Areas gleich; folglich macht jeder Körper,
der gleiche Areas zu gleicher Zeit in einem Bogen

K 3 durch-

durchläuft, seinen Umlauf um den Mittelpunkt der
Kraft, die ihn nach sich zieht; und folglich werden
die Planeten zur Sonne gezogen, und laufen um
die Sonne, und nicht um die Erde. Denn nimmt
man die Erde zum Mittelpunkte an: so sind die
Areas im Verhältniß der Zeiten ungleich. Nimmt
man aber die Sonne zum Mittelpunkte an: so
treffen sie genau zusammen. Ausgenommen, daß
dann und wann eine kleine Abweichung entsteht,
die von der Gravitation der Planeten, wenn sie
einander nahe kommen, herrührt.

Damit man dasjenige, was wir unter Areas, die
den Zeiten proportionirt sind, denken, desto besser verstehen, und mit einem Blick den Vortheil, der uns
aus diesen Kenntnissen erwächst, einsehen möge;
Fig. so wollen wir annehmen, die Erde werde auf ihrer
g. elliptischen Bahn um ihren Mittelpunkt, die Sonne
S herumgewälzt. Wenn sie alsdenn von B nach D
läuft: so bestreicht sie einen eben so großen Raum,
als wenn sie durch den größen Bogen H K läuft;
weil der Ausschnitt H K S dasjenige an der Breite
gewinnt, was der Ausschnitt B S D in der Länge
voraus hat.

Nur muß der Körper, um die Areas dieser Aus-
schnitte in gleichen Zeiten gleich zu machen, sich
von H nach K geschwinder bewegen, als von B
nach D; folglich muß auch die Erde, und jedweder
anderer Planet, sich in seinem Perihelio, oder, wenn
er der Sonne am nächsten ist, geschwinder bewegen,

als

als in ſeinem Aphelio, wenn er am weiteſten von ihr iſt.

Man kennet alſo mittelſt der Areas, die der Planet beſchreibt, ſeinen Mittelpunkt, und die Figur ſeiner Bahn, die er durchläuft. Und man weis, daß jeder Planet in der größten Entfernung vom Centro ſeiner Bewegung weniger gegen daſſelbe angezogen wird, als wenn er ihm am nächſten iſt.

Weil nun die Erde im Winter der Sonne 600000 Meilen näher iſt als im Sommer: ſo wird ſie im Winter ſtärker von der Sonne angezogen als im Sommer; folglich muß ſie im Winter ſo viel geſchwinder laufen.

Das berechnete Newton in ſeiner Studir-ſtube. Und nun kam die Erfahrung, und ſagte: Newton hat Recht. Wir haben 8½ Tage länger Sommer als Winter, weil die Sonne ſo viel länger in den nördlichen Zeichen verweilt, als in den ſüdlichen.

Aus allen dieſem ſchließen wir nunmehr mit Recht:

Daß, weil alle Körper, die zur Erde fallen, dem Geſetze der Gravitation im umgekehrten Ver-hältniſſe des Quadrats der Weiten folgen; weil der Mond daſſelbe Geſetz in Anſehung ſeines Mit-telpunkts, der Erde, beobachtet; weil alle Planeten eben dieſem Geſetze, in Abſicht auf ihren Mittel-punkt, die Sonne; und die Monde der Planeten

K 4　　　　gegen

gegen ihren Hauptplaneten unterworfen sind; so
ist bewiesen:

Daß die Gravitation, oder Attraktion auf alle bekannte Körper wirke.

Dieses wären die ersten allgemeinen Sätze und
Beweise des Newtonischen Systems der Attraktion
und Centrifugalkraft, so weit es sich in einem
kurzen Auszuge hat wollen thun lassen. Die Erfahrung hat alles völlig bestätigt, und der Lauf
aller Planeten und ihrer Monde stimmet damit
überein.

Es ist auch keine Veränderung im Laufe unsers
Monds; in seinen Entfernungen von der Erde;
in der Figur seiner Bahn, die sich bald einer Ellipse,
bald einem Zirkel nähert; und in allen seinen übrigen Abweichungen zu gedenken, die sich nicht daraus herleiten und beweisen lasse.

Wir wollen indeß, um diesem Beweise desto
größere Stärke zu geben, den Lauf unsers Monds,
weil er uns so nahe ist, nochmals genau betrachten,
und sehen, ob er sich wirklich nach den Gesetzen der
beyden vereinigten Kräfte richte, und ob die Abweichungen, die er auf seiner Bahn macht, eine
nothwendige Folge derselben sind.

Der Mond hat nur eine einzige gleichförmige
regelmäßige Bewegung; nämlich seine Umdrehung
um seine Are. Alle seine übrigen Bewegungen,

worinn

worinn er um die Erde läuft, ſind ungleich; und ſie müſſen es ſeyn, wenn das Geſetz der Gravitation wahr iſt.

Wir wollen dieſes unterſuchen.

Der Mond iſt zu einer gewiſſen Zeit, und in einem beſtimmten Punkte, der Sonne näher, als zu einer andern Zeit. Seine Maſſe bleibt aber immer eben dieſelbe.

Weil nun ſein Abſtand verändert iſt, ſo muß folglich, da die Attraktion der Sonne nach dem Quadrate des Abſtandes auf ihn wirkt, ſich ſein Lauf verändern; und er muß zu gewiſſen Zeiten geſchwinder laufen, als er durch die Attraktion der Erde allein läuft. Denn durch dieſe durchläuft er gleiche Areas in gleicher Zeit, wie wir oben bewieſen haben.

Geſetzt demnach: Es ſey A der Mond; A B N Q die Bahn des Monds; S die Sonne; und B der Ort, wo der Mond im letzten Viertel iſt. Folglich iſt er zu der Zeit eben ſo weit von der Sonne, als die Erde von der Sonne iſt. Denn der Unterſchied der ſchrägen Linie des Monds zur Sonne kann für nichts gerechnet werden. Und folglich iſt die Gravitation der Erde und des Monds gleich.

Indeſſen läuft die Erde auf ihrer jährlichen Bahn von T nach V weiter fort, und der Mond geht auf ſeiner monatlichen Bahn nach Z.

Fig. h.

K 5   In

In Z aber wird er unläugbar stärker durch die Sonne S angezogen, weil er derselben näher ist, als die Erde. Sein Lauf wird also von Z nach N beschleunigt, und seine Bahn verändert. Aber wie wird sie verändert? Sie wird ein wenig flächer, und nähert sich von Z nach N einer geraden Linie. Folglich giebt die Attraktion dem Laufe und der Form der Ellipse, worinn sich der Mond bewegt, jeden Augenblick eine veränderte Figur.

Hingegen muß, aus eben derselben Ursache, sein Lauf verzögert und die Figur seiner Bahn verändert werden, wenn er von der Conjunktion in N zu seinem ersten Viertel Q zurückgeht. Denn so wie er von seinem letzten Viertel seinen Lauf beschleunigte, und seine Bahn in Z flächer wurde; so muß er auf die nämliche Art seinen Lauf verzögern, wenn er von der Conjunktion zu seinem ersten Viertel wieder heraufgeht.

Denn da er, während der Zeit er von diesem ersten Viertel zum Vollmond hinaufsteigt, weiter von der Sonne ist, folglich weniger von derselben angezogen wird; so senkt er sich destomehr zur Erde. Dadurch beschleunigt er abermals seinen Lauf, und der Bogen, den er beschreibt, flächet sich auf eben die nämliche Art wieder ein wenig ab, als vorher bey der Conjunktion. Und das ist die Ursache, woher der Mond in seinen Vierteln weiter von uns ist, als in der Conjunktion und Opposition.

Es

Es müßte alſo der Bogen, den er beſchreibt, Fig. ein Oval, ohngefähr von der Figur i ſeyn, weil i. die Sonne, der er jeden Augenblick näher oder ferner iſt, jeden Augenblick die Figur ſeines Laufs verändert.

So mußte es nach den Geſetzen der Gravitation ſeyn; und nun lehrt uns die Erfahrung, daß die Bahn des Monds wirklich eine ſolche Figur habe.

Der Mond hat ſein Apogeum und ſein Perigeum, ſeine große und ſeine kleinſte Weite von der Erde: allein die Punkte dieſer Weiten ſind veränderlich. Er hat ſeine Knoten, oder Punkte, wo ſeine Bahn die Bahn der Erde ſchneidet: allein dieſe Knoten müſſen ſich auch verändern.

Er hat ſeinen Aequator, der ſich zum Aequatore der Erde neigt: allein dieſer Aequator, der bald mehr bald weniger angezogen iſt, muß ſeine Neigung ändern. Er folgt der Erde, ohngeachtet aller dieſer Veränderungen, und begleitet ſie auf ihrem jährlichen Laufe.

Nun iſt aber die Erde im Winter der Sonne 600000 Meilen näher als im Sommer. Was wird die Folge davon ſeyn? Wenn wir ſeine übrigen Abweichungen auch nicht rechnen.

Die Anziehungskraft der Erde wirkt im Sommer mit einer vollern ungeſtörtern Kraft auf den
Mond

Mond, und er vollendet seinen monatlichen Lauf ein wenig geschwinder.

Im Winter hingegen wird die Erde selber ein wenig stärker von der Sonne angezogen; und weil sie dadurch geschwinder geht, als im Sommer: so wird der Lauf des Monds ein wenig verzögert. Folglich müssen seine Wintermonate ein wenig länger seyn, als seine Sommermonate.

Und da die Erfahrung auch dieses bestätigt: so ziehen wir nun aus den Ungleichheiten, die der Mond durch die Gesetze der Attraktion und Centrifugalkraft auf seiner Bahn beobachtet, den Schluß: daß zwey benachbarte Planeten, die groß genug sind, um merklich auf einander zu wirken, nimmermehr in zirkelrunden Kreisen, und selbst nicht einmal in regelmäßigen Ellipsen um die Sonne laufen können.

Wir finden auch, daß die Bahnen des Jupiters und Saturns eine Abänderung leiden, wenn sie mit einander in Conjunktion sind. Denn wenn sie sich so nahe als möglich, und von der Sonne am weitesten sind: so vermehrt sich ihre gegenseitige Gravitation, und die Attraktion der Sonne vermindert sich.

Da nun diese vermehrte, und, nach dem Verhältniß der Weite, verminderte Gravitation der Bahn der meisten Planeten eine irregulaire elliptische

ſche Figur bezeichnet; ſo iſt das Geſetz der Gravitation nicht die Folge des Laufs der Planeten, ſondern ihre Bahn, die ſie beſchreiben, iſt eine Folge der Gravitation. Und wenn dieſe Gravitation nicht im umgekehrten Verhältniß des Quadrats der Diſtanzen wirkte; ſo könnte das Weltgebäude nicht in ſeiner gegenwärtigen Ordnung beſtehen.

Daß die Bahn der Monde des Jupiter und Saturns ſich mehr der Runde eines Zirkels nähert, rührt daher, daß ſie ſo große Planeten zum Mittelpunkte haben, und ſo weit von der Sonne ſind. Aus der Urſache kann die Wirkung der Sonne den Lauf ihrer Monde nicht ſo ſtark abändern, als den Lauf des unſrigen. Ein abermaliger Beweis, daß die Gravitation ein nothwendiges Geſetz bey der Einrichtung der Welt geweſen iſt und ſeyn mußte.

Es iſt auch zu unſern Zeiten kein vernünftiger Aſtronom mehr, der nicht die von Kepler entdeckten, und von Newton bewieſenen Geſetze der Bewegung als wahr annähme, und der nicht den Geiſt dieſer großen Männer bewundere: zugleich aber auch die Weisheit des großen Urhebers der Natur mit der tiefſten Demuth erkenne und verehre.

Das

Das siebente Kapitel.

Beschreibung der Centrifugalmaschine, und der Experimente, die mittelst derselben gemacht werden.

Anmerkung. Ich ließ mir, diese Maschine vor einiger Zeit aus London kommen, und zwar von den berühmten Mechanicis Nairne und und Blunt, nach der Beschreibung und dem Abdrucke in Fergusons Vorlesungen. Die Zeit, die ich wider Vermuthen auf ihre Ankunft warten mußte, wurde durch die angenehme Bemerkung ersetzt, daß der gelehrte Herr Nairne von der Fergusonschen Einrichtung gänzlich abgegangen war, und diese Maschine von neuem so umgearbeitet hatte, daß sie nicht nur in Ansehung der äußern Form jetzt weit bequemer, sondern auch nach einem neuen Verhältnisse berechnet ist: mithin die Experimente dadurch deutlicher, zuverläßiger und einfacher gemacht werden können.

In Ansehung der Schönheit und Accuratesse der Arbeit hat sie nicht ihres gleichen, und ist ein abermaliger Beweis der bekannten Geschicklichkeit des Hrn. Nairne. Ich werde daher die Beschreibung dieser Maschine nicht nach der Fergusonschen, sondern nach der meinigen geben.

A. A.

Beschreibung der Centrifugalmaschine. 159

A. A. ist ein dreyeckigtes Gerüste von Holz, Tab.
worauf in jedem Winkel ein perpendikulär stehender V.
stählerner Zapfen, von ohngefähr 4 Zoll Höhe, be; fig.
festiget ist. Zween von diesen Zapfen stehen unbe; 1.
weglich; der dritte aber ist mit einer Stellschraube
versehen, und kann, nachdem es nöthig ist, vor;
wärts oder rückwärts festgeschroben werden. Auf
den beyden ersten Zapfen laufen zwo hölzerne Schei;
ben, d. d. von 2 Fuß im Durchmesser, in horizon;
taler Richtung. Unter einer jeden von diesen sind
zwo kleinere Scheiben angebracht, wovon die eine
ganz genau doppelt so groß ist als die andere. Um
beyde geht eine Rinne, worinn eine Schnur einge;
legt wird. Auf dem dritten Zapfen läuft eine klei;
nere Scheibe e, um welche ebenfalls rund herum
eine Rinne geht. Diese letzte hat auf ihrer Ober;
fläche einen Handgriff, an welchem sie herumge;
drehet werden kann; und wodurch, wenn man die
Schnur sowohl um diese, als um die kleinen, unter
den großen befestigten Scheiben, mittelst der Stell;
schraube spannt, den beyden großen Scheiben eine
rundlaufende Bewegung mitgetheilt wird. Eine jede
von diesen letzten hat im Mittelpunkte eine doppelte
Schraube, welche auswendig eine Schraube und in;
wendig eine Schraubenmutter ist. Auf der ersten
können zween Träger M S x und N T z befestigt
werden. Diese sind von Holz gemacht, und haben
in der Mitte zwo in die Höhe stehende viereckte mes;
singene Stangen, zwischen welchen eine länglichte

mes;

meßingene Platte liegt, und oben ein meßingener Querriegel. Jeder Träger hat noch überdem, seiner ganzen Länge nach, eine kleine meßingene Stange x. und w., welche an den Enden befestigt und eingeschroben ist. Wenn man diese Schrauben löset; so kann man die Stangen herausnehmen, und auf jede derselben eine meßingene Kugel u. und v. schieben. Durch diese sind zwey Löcher gebohrt, durch deren eins die Stange, worauf die Kugel hin- und hergeleitet: und durch das andere eine starke seidene Schnur gehet, welche nach jeder erforderlichen Länge, um einen auf der Kugel befindlichen Knopf befestigt wird. Das andere Ende der Schnur läuft über eine kleine Rolle in der Mitte des Trägers; von da durch einen Sockel in der länglichten Platte aufwärts: dann durch ein Loch in der Mitte des obern Querriegels, wo sie abermals über eine kleine Rolle geht: darauf niederwärts bis zum obern Ende des Sockels, wo sie zuletzt festgeknüpft wird. Die länglichten Platten haben an ihren Enden vierechte Einschnitte oder Fugen, damit sie auf den Stangen der Träger auf- und niedergleiten können. Wenn daher die Kugeln und Platten auf solche Art mittelst der Schnur vereinigt sind; so siehet man leicht, daß, wenn die Kugeln auswärts oder gegen das Ende ihrer Träger angezogen werden, die länglichten Platten, gegen den obern Querriegel in die Höhe gehen.

gehen. Jeder Träger iſt vom Mittelpunkt an in
12 Theile eingetheilt.

Noch ſind dabey verſchiedene meßingene Gewichte a. von 1, 2, 3, 6 und zwölf Unzen, um
ſolche nach Beſchaffenheit der Experimente zu gebrauchen. Dieſe Gewichte ſind rund, und haben
in der Mitte ein Loch, und einen Einſchnitt, damit
ſie auf die Axe der Platte geſchoben, und die ſeidene
Schnur frey dadurch gehen könne.

Die Experimente, ſo man mit dieſer Maſchine
macht.

1) Man nehme den Träger M. x. weg, und
hänge eine ſeidene Schnur, an welcher eine
elfenbeinerne Kugel befeſtigt iſt, über den in
der Mitte der Scheibe eingeſchrobenen Stift.
Dann drehe man den Handgriff; ſo ſieht man,
daß indem die Kugel auf der Scheibe liegt,
ſie ſich nicht unmittelbar mit der in die Runde
laufenden Scheibe zu bewegen anfange; ſondern ſich bemühe in ihrem Stande der Ruhe
zu verbleiben. Fährt man fort zu drehen,
bis die Scheibe der Kugel den Grad ihrer
eigenen Geſchwindigkeit mittheilt; ſo wird
man bemerken, daß die Kugel auf einer Stelle
der Scheibe liegen bleibt; in eben derſelben
Geſchwindigkeit mit ihr herumläuft, und keine
relative Bewegung darauf macht: eben ſo, als
jedes andere Ding auf der Oberfläche der Erde
frey liegt, und niemals von ſeiner Stelle rückt.

ob ihm gleich die Bewegung der Erde mitge=
theilt worden. Sobald man aber die Scheibe
schleunig fest hält, wird die Kugel in der
Runde herumlaufen, bis die Reibung ihre
Bewegung endigt.

Dieß beweiset, daß die Materie, wenn sie ein=
mal in Bewegung gebracht worden, stets fort=
fahren würde sich zu bewegen, so lange sie
keinen Widerstand findet, der sie aufhält.
Eben als wenn jemand in einem Boote steht:
ehe es anfängt fortzugehen, kann er fest
stehen: in dem Augenblicke aber, wenn selbi=
ges abgeht, ist er in Gefahr nach der Seite
hinzufallen, wovon es weggeht; weil er, als
Materie, von Natur keinen Trieb hat sich zu
bewegen. Sobald er aber in dem Boote fort=
geführet wird, und es geht noch so geschwinde,
nur daß es gerade und eben gehe; so kann er
so fest stehen, als auf ebener Erde. Und,
wenn das Boot gegen etwas stößt; so wird
er nach der Seite, wo es anstößt, hinfallen,
vermöge des Triebes, den er als Materie hat,
die Bewegung, worinn ihn das Boot gebracht
hat, zu behalten.

2) Man lege die Kugel nahe an den Mittel=
punkt, und drehe die Kurbe; so wird die Kugel
mit der Scheibe immer rund gehen, sich nach
und nach weiter vom Mittelpunkte entfernen,

und

und die Schnur nach sich ziehen. Dieses beweiset: daß alle Körper, die in einem Kreise
laufen, eine Neigung haben, aus diesem
Kreise wegzufliegen; und daß eine gewisse
Kraft aus dem Centro der Bewegung auf sie
wirken müsse, die sie daran verhindert. Hält
man die Maschine stille; so wird die Kugel
zwar noch einige Zeit fortfahren zu laufen;
allein nach und nach wird die Reibung solches
vermindern, und die gedrehte Schnur sie immer näher zum Mittelpunkte ziehen. Dieses
beweiset, daß, wenn die Planeten in ihrem
Laufe um die Sonne einen Widerstand anträfen; so würde die Attraktion der Sonne
sie in jedem Umlaufe näher anziehen, bis sie
zuletzt auf sie fielen.

3) Man mache an einer zweyten Kugel eine längere Schnur fest, und ziehe solche durch ein in
einer glatten Tafel gebohrtes Loch, halte mit
der einen Hand die Schnur unter der Tafel fest,
und werfe mit der andern die Kugel gleichsam
im rechten Winkel, in der Runde auf die Tafel;
so wird sie im Kreise herumlaufen. Beobachte
alsdann, mit welcher Geschwindigkeit sie läuft.
Nun ziehe man die Schnur nach und nach an;
so wird man sehen: daß, je näher die Kugel
dem Mittelpunkte kommt, je schneller wird sie
herumlaufen: eben so als die Planeten, die

L 2   der

der Sonne näher sind, schneller herumlaufen, als die entfernten: und nicht deswegen schneller, weil sie kleinere Zirkel beschreiben; sondern weil sie wirklich geschwinder in dem ihnen angewiesenen Kreise laufen.

4) Jetzt nehme man die Kugel weg, und schraube die Träger ins Centrum der runden Scheiben. Schiebe alsdann auf beyde Träger zwo Kugeln von gleichem Gewichte: befestige sie an ihren Schnüren in gleicher Weite vom Mittelpunkte, und lege auf beyde Platten gleiche Gewichte. Ziehe hierauf die Schnur über die Rinnen der untern kleinen Scheiben, wodurch den beyden obern Trägern, da die Rinnen gleiche Durchmesser haben, gleiche Geschwindigkeit mitgetheilet wird. Nun fange man an die Kurbe zu drehen; und man wird finden, daß die Kugeln gegen die Enden der Träger abfliegen, und die Gewichte einer jeden Platte zu gleicher Zeit in die Höhe ziehen. Dieses beweiset: daß, wenn Körper von gleichem materiellen Inhalt, in gleichen Kreisen, mit gleicher Geschwindigkeit herumlaufen, ihre Centrifugalkräfte auch gleich sind.

5) Ziehe man anstatt der beyden einander gleichen Kugeln, eine von 6 Unzen auf den ersten Träger, und befestige solche auf den ⅓ten Theil des Abstandes vom Centro; und eine von 1 Unze

auf

auf den zweyten Träger, in der ganzen Entfernung; folglich iſt die große Kugel, welche
6mal ſchwerer als die andere iſt, nur den ⅙ten
Theil vom Centro entfernt, und läuft in einem
Kreiſe der den ⅙ten Theil der kleinen ausmacht.
Nun lege man Gewicht von gleicher Schwere
auf die Platten, und drehe die Maſchine; ſo
werden die Kugeln in gleicher Zeit ihren Kreis
durchlaufen: nur wird die kleine, weil ſie ſich
in einem Kreiſe bewegt, deſſen Radius 6mal
größer iſt, 6mal geſchwinder laufen, und die
Gewichte werden zu gleicher Zeit in die Höhe
gezogen werden. Dieſes beweiſet: daß die
Centrifugalkräfte umlaufender Körper, oder ihre
Neigung aus den Kreiſen, die ſie beſchreiben,
wegzufliegen, multiplicirt mit ihrem materiellen
Inhalt, mit ihrer Geſchwindigkeit oder ihrem
Abſtande vom Centro ihrer Kreiſe in genauem
Verhältniſſe ſtehen. Denn geſetzt: die große
Kugel von 6 Unzen ſey 2 Zoll vom Centro der
Axe; ſo iſt das Gewicht mit der Diſtanz mul-
tiplicirt, 12: und die kleine von 1 Unze ſey
12 Zoll; ſo beträgt ſolches ebenfalls 12. Da
ſie nun in gleicher Zeit umlaufen; ſo iſt ihre
Geſchwindigkeit wie ihr Abſtand vom Centro,
nämlich wie 1 zu 6.

Sind ſie hingegen in gleicher Weite vom Centro
befeſtigt; ſo bewegen ſie ſich mit gleicher Geſchwindigkeit. Wenn alsdann auf die Platte

der

der großen Kugel 6mal so viel Gewicht als auf die Platte der kleinen gelegt wird; so ziehen sie ihr beyderseitiges Gewicht ebenfalls zu gleicher Zeit in die Höhe. Dieses beweiset: daß die große Kugel, weil sie 6mal schwerer ist als die kleine, auch eine 6mal stärkere Centrifugalkraft habe, wenn sie beyde einen gleichen Zirkel mit gleicher Geschwindigkeit durchlaufen.

6) Wenn Körper von gleichem Gewichte in gleichen Kreisen, mit ungleicher Geschwindigkeit laufen; so sind ihre Centrifugalkräfte wie die Quadrate ihrer Geschwindigkeit. Dieses Gesetz durch ein Experiment zu beweisen, so befestige man zwo Kugeln von gleicher Schwere, in gleicher Weite von ihrem Centro; und streife die Schnur der kleinen Scheibe um die schmale Rinne, deren Umkreis nur halb so groß ist, und unter der andern Scheibe um die große Rinne. Lege hierauf auf die eine Platte 4mal so viel Gewicht als auf die andere; so werden die Gewichte beyder Platten zu gleicher Zeit in die Höhe steigen. Dieses beweiset, daß eine doppelte Geschwindigkeit in dem nämlichen Kreise einer vierfachen Attraktion im Centro des Kreises ganz genau das Gleichgewicht halte. Denn die Gewichte der Platten sind wie die anziehenden Kräfte der Mittelpunkte anzusehen, welche auf die umlaufenden Kugeln wirken.

wirken. Und da dieſe ſich in gleichen Kreiſen
bewegen; ſo ſind ſie nicht anders zu betrachten, als ob ſie beyde in einem und demſelben
Zirkel liefen.

Oder man nehme einen der beyden Träger, und
ſchraube ihn zuerſt auf die Scheibe, deren
Schnur in der untern großen Rinne läuft.
Befeſtige die Kugel auf 4 Zoll vom Centro,
und lege 3 Unzen Gewicht auf die Platte;
ſo wird, wenn man die Maſchine rund dreht;
die Kugel ab, und das Gewicht in die Höhe
fliegen. Hierauf ſchraube man den Träger,
ſo wie er nun iſt, auf die andere Scheibe,
wo die Schnur in der kleinen Rinne, folglich
die Scheibe mit doppelter Geſchwindigkeit rund
läuft: und lege anſtatt der vorigen 3 Unzen,
12 Unzen auf die Platte; ſo wird dieſes Gewicht ebenfalls in die Höhe fliegen.

Ich muß bey dieſer Gelegenheit einen Einwurf
widerlegen, der mir einigemal gemacht worden,
und der vielleicht einem oder dem andern Leſer
gleichfalls beyfallen möchte; man ſagt nämlich:
es könne hierdurch nicht bewieſen werden, daß eine
doppelte Centrifugalkraft einer vierfachen Attraktion
das Gleichgewicht halte, weil das Gewicht von
12 Unzen willkührlich angenommen, und die Platte
nicht höher gezogen werden könnte; ein anders
wäre es, wenn das Gewicht frey im Gleichge-

L 4   wicht

wicht hängen bliebe. Allein, wie eines Theils eine
solche Maschine schwerlich zu finden seyn möchte;
so ist es an der andern Seite Beweises genug:
daß, wenn das Experiment mit der erforderlichen
Aufmerksamkeit und Genauigkeit gemacht wird,
die Kugel mit der doppelten Centrifugalkraft, 12
Unzen, dann aber gar nicht mehr zieht, so bald man
noch eine Unze dazu legt, daß es 13 werden.
Folglich liegt in der Schwere von 12 Unzen das
Verhältniß gegen die Centrifugalkraft. Denn einfache Geschwindigkeit,

$$4 \text{ Zoll mit } 3 \text{ Unzen} = 12; \text{ doppelte} — —$$
$$4 \text{ Zoll mit } 12 \text{ Unzen} = 48.$$

7) Wenn Körper von gleichem Gewichte auf solche
Art in ungleichen Kreisen laufen, daß die Quadrate der Zeit ihres Umlaufs den Cubis ihrer
Entfernung vom Centro ihres Kreises gleich sind;
so sind ihre Centrifugalkräfte wiederum wie die
Quadrate ihres Abstandes von ihren Centris.
Dieses zu beweisen, lasse man die Schnur bleiben wie sie ist, und mache den Abstand der einen
Kugel, zwey Abtheilungen des Trägers gleich,
und den Abstand der andern $3\frac{1}{5}$ Theil. Weil
nun die Kugeln von gleichem Gewichte sind; so
macht die eine zween Umgänge, wenn die andre
einen macht; so, daß wenn wir setzen: die eine
komme in einer Sekunde herum, die andere in
zwo Sekunden herum geht, davon 1 und 4 die
Qua-

Quadrate sind. Denn 1 mal 1 ist 1, und 2 mal
2 ist 4. Daher ist das Quadrat der Zeit des
Umlaufs der einen Kugel viermal in dem Quadrate der andern enthalten. Nun ist aber der
Abstand der einen Kugel 2, der Cubus 8, und
der Abstand der andern $3\frac{1}{6}$, davon der Cubus
beynahe 32, worinn 8 viermal enthalten ist.
Folglich sind die Quadrate der beyden Kugeln
gegen einander, wie die Cubi ihrer Entfernung
vom Centro ihrer Kreise. Wenn daher das Gewicht der einen Platte 4 Unzen, gleich dem
Quadrate 2 des Abstands der einen Kugel vom
Centro; und das Gewicht der andern 10 Unzen,
als dem Quadrate von beynahe $3\frac{1}{6}$ des Abstandes
der andern, schwer ist; so wird man finden:
daß beym Umdrehen beyde Kugeln ihre Gewichte
zu gleicher Zeit in die Höhe ziehen.

Dieses bestätiget die berühmte Observation
Keplers: daß die Quadrate der Zeiten, in welcher die Planeten um die Sonne laufen, und
die Cubi ihrer Entfernung von der Sonne, in
gleicher Proportion stehen: und daß wiederum
die Attraktion der Sonne, wie die Quadrate des
Abstandes vom Centro derselben sich verhalte.
D. i. im doppelten Abstande ist die Attraktion
viermal geringer: im dreyfachen neunmal: im
vierfachen sechzehnmal: und so weiter bis zum
entferntesten Theil unsers Weltsystems.

L 5 8) Man

8) Man ziehe die Schnur von der kleinen Scheibe wieder ab, und laſſe ſie auf den beyden großen. Nehme auch den Träger weg, und ſetze an deſſen Stelle die Maſchine A. B. darauf, deſſen Ende e. f. zu einem Winkel von 30 oder 40 Grad über die Horizontalfläche erhoben iſt. Auf der obern Seite dieſer Maſchine ſind vier Glasröhren a. b. c. d., ſo an beyden Enden veſt zugemacht ſind. Die beyden erſten ſind ¾ voller Waſſer, und in der Röhre a. iſt ein Stück geſchliffen Glas, welches natürlicherweiſe ans Ende a. niederfällt, weil es ſchwerer iſt als ſein Volumen Waſſer. In der Röhre b. iſt ein kleiner Kork, der oben ſchwimmt, weil er leichter iſt. In der dritten Röhre iſt etwas Queckſilber, und in der vierten iſt theils Oel, theils Waſſer. So lange die Scheibe mit dieſer auf ihr befeſtigten Maſchine ſtille ſteht: ſo lange liegt das Glas auf dem Boden der Röhre a, und der Kork ſchwimmt in der Röhre b. oben auf dem Waſſer. Sobald man aber die Tafel zu drehen anfängt; ſo wird das in den Röhren enthaltene ans obere Ende derſelben hinauffliegen, (weil ſie vom Centro der Bewegung am weiteſten entfernt,) und zwar mit deſto größerer Kraft, je ſchwerer es iſt. Folglich fliegt das Glas in der einen Röhre ganz nach oben, und nimmt ſein Volumen allda ein, weil es ſchwerer iſt als das Waſſer. Hingegen fliegt in der andern Röhre das Waſſer nach oben,

und

fig.
2.

und treibt den Kork von da weg, weil es, ver=
möge ſeiner Schwere, eine größere Centrifugal=
kraft hat, als der Kork. In der dritten Röhre
ſtiegt das Queckſilber, als ein ſchwerer Körper,
ſofort oben hinauf; und in der vierten iſt eine
allgemeine Gährung, weil das Waſſer ſich durch
das Oel durcharbeitet, um in die Höhe zu kom=
men. Dieſes beweiſet die Ungereimtheit des
Carteſianiſchen Lehrſatzes: daß die Planeten ſich
um die Sonne in lauter Wirbeln bewegen.
Denn, iſt der Planet ſchwerer oder dichter als
das Volumen ſeines Wirbels; ſo wird er darinn
immer weiter von der Sonne abſtiegen. Iſt er
weniger dicht als ſein Wirbel; ſo wird er zuletzt
auf den unterſten Theil deſſelben, an die Sonne
herabkommen. Und wofern nicht der ganze Wir=
bel mit etwas, gleich einem großen Walle um=
geben wäre; ſo würden zuletzt Planeten und
alles mit einander zuſammen wegfliegen. So
lange aber Schwere oder Anziehungskraft da iſt,
ſo iſt keine Möglichkeit dazu. Und wenn die
aufhörte; ſo würde ein Stein, den man in die
Höhe wirft, nimmer wieder zur Erde zurück=
kommen.

9) Wenn ein Körper auf der Scheibe ſo geſtellet
wird, daß ſein Centrum Gravitatis gerade über
dem Centro der Scheibe iſt; ſo wird er nicht
vom Centro wegrücken: ſie werde noch ſo ſchnell
bewegt, weil alle Theile des Körpers um ſein

Cen=

Centrum Gravitatis im Gleichgewicht sind. Und
da dieses im Centro der Bewegung ruhet; so ist
die Centrifugalkraft aller Theile des Körpers in
gleicher Entfernung vom Mittelpunkte: folglich
wird er immer auf seiner Stelle bleiben. Wenn
aber das Centrum Gravitatis nur ein wenig aus
dem Centro der Bewegung gestellt wird, und man
die Maschine geschwind herumdrehet; so fliegt
der Körper nach der Seite hin, wo sein Centrum
Gravitatis liegt. Dieses zu beweisen, nehme
man die Stange C. mit ihrer kleinen Kugel B.
von der Halbkugel A. weg, und stelle die letzte so,
daß ihr Centrum mit dem Centro der Scheibe
zusammentrifft: drehe alsdann die Scheibe so
geschwinde man will; so wird man sehen, daß
die Halbkugel unverrückt liegen bleibt. Sobald
man sie aber ein wenig über das Centrum hinaus-
schiebt; so wird sie wegfliegen. Nun schraube
man die Stange mit der kleinen Kugel wieder
an die Halbkugel, wodurch das Ganze ein Körper
wird, dessen Centrum Gravitatis in d. ist, und
setze alsdann die in der flachen Seite der Halbkugel eingegrabene Rinne auf das Centrum; so
wird man sehen, daß die Centrifugalkraft der
kleinen Kugel so stark sey, daß, ob sie gleich nur
1 Unze wiegt, sie dennoch die 2 Pfund schwere
Halbkugel bis ans Ende der Rinne abzieht: ja,
sie würde solche gänzlich von der Tafel herunter-
werfen,

fig.
3.

fig.
4.

werfen, wenn der Widerſtand der Schraube ſie
nicht daran hinderte.

Dieſes beweiſet, daß, wenn die Sonne in
das wirkliche Centrum der Planetenkreiſe wäre
geſetzt worden, ſie unmöglich daſelbſt bleiben
könnte, weil die Centrifugalkraft der Planeten
ſie bald mit ſich wegführen würde; vornehmlich
alsdann, wenn verſchiedene derſelben in einer
Gegend des Himmels zuſammenträfen. Denn
die Sonne und die Planeten ſind mittelſt ihrer
wechſelſeitigen Attraktion eben ſo veſt mit einander verbunden, als die Körper A und B durch
die Stange. Ja, wenn nur ein einziger Planet
am ganzen Himmel wäre, und er liefe um eine
Sonne von noch ſo ungeheurer Größe; ſo würde
er, wofern ſie im Centro ſeines Kreiſes ſtünde,
durch ſeine Centrifugalkraft ſich ſelbſt und die
Sonne mit ſich fortreißen. Denn der größte
Körper, wenn er ſich irgendwo im leeren Raume
befindet, kann ſehr leicht bewegt werden; weil er
von ſich ſelbſt keine Gravität oder kein Gewicht
haben kann: es ſey denn, daß ein anderer Körper da ſey, der ihn anziehe. Folglich würde er,
wenn er gleich ſelbſt keine Neigung hätte, ſich
von dem Theile des Raums wegzubegeben, dennoch durch eine andere Subſtanz leicht bewegt
werden können.

10) Da

10) Da wir gesehen haben, daß die Centrifugal-kraft des leichten Körpers B. dem schweren Körper A. nicht verstattet, im Centro der Bewegung zu verbleiben, ob er gleich 24mal schwerer ist; so wollen wir nun eine Kugel von 6 Unzen mit der Kugel von 1 Unze zusammen verbinden.

Man schraube also die Gabel E. ins Centrum

fig.
5.

der Scheibe, und hänge die Kugeln A. B. mittelst der Stange auf die Gabel ins Gleich-gewicht, so, daß nunmehr auf der Gabel ihr Centrum Gravitatis ruhet, welches der einen Kugel um so viel näher ist, soviel sie die andere an Gewicht übertrifft; drehe hierauf die Ma-schine, und man wird sehen, daß beyde Kugeln, da sie um ihr Centrum Gravitatis laufen, ihr Gleichgewicht behalten, und keine mit der andern davon fliegen kann. Denn, wenn man annimmt, daß die eine Kugel 1, und die andere 6 Unzen wiegt; so wird, wenn die Stange an beyden Seiten der Gabel gleich schwer wäre, das Cen-trum Gravitatis sechsmal so weit vom Centro der einen Kugel entfernt seyn, als vom Centro der andern: folglich die eine mit einer sechsmal schnellern Centrifugalkraft herumlaufen als die andere. Dagegen wird aber der Unterschied der Schwere von 1 Unze und von 6 Unzen dieses wieder ersetzen, und folglich der eine Körper den andern zwingen, in seinem Kreise zu ver-bleiben.

Dieses

Dieses beweiset: daß sowohl Sonne als Planeten um das gemeinschaftliche Centrum Gravitatis des ganzen Weltsystems gehen müssen, damit das genaueste Gleichgewicht unter ihnen erhalten werde. Denn von sich selbst sind sie eben so unwirksam und todt als unsere beyden Kugeln: und sie haben sich auch eben so wenig von selbst in Bewegung bringen, und in ihren Kreisen erhalten können, ohne im Anfange, durch die allmächtige Hand dessen, der sie machte, bis auf den höchsten Grad der Genauigkeit geordnet und ins Gleichgewicht gesetzt zu seyn.

Vielleicht möchte hier jemand fragen: da das Centrum Gravitatis dieser Kugeln durch die Gabel muß gestützt werden, was denn das für ein Ding sey, welches das Centrum Gravitatis des Sonnensystems, und das Gewicht aller darinn befindlichen Körper stütze? und von wem denn dieses Ding wieder getragen werde? Die Antwort ist sehr leicht. Das Centrum Gravitatis unserer Kugeln muß deswegen unterstützt werden, weil sie sich gegen die Erde neigen, und also auf sie fallen würden. Die Sonne und die Planeten aber drücken nur allein gegen einander: folglich können sie auch nirgends sonst hinfallen; haben daher auch kein ander Ding nöthig ihr gemeinschaftliches Centrum Gravitatis zu unterstützen. Doch würde ihre wechselseitige Attraktion sie bald

zusam

zusammen bringen, und alles mit einander würde
zuletzt eine Masse in der Sonne werden, wo=
fern sie sich nicht um dieses Centrum Gravitatis
bewegten, und dadurch eine stete Neigung be=
hielten davon wegzufliegen. Gleichwohl würde
dieses aber dennoch geschehen können, wenn nicht
zugleich ihre Bewegung so schnell wäre, daß die
Stärke der Centrifugalkraft der Attraktion der
Sonne genau das Gleichgewicht hielte.

Es bleibt indessen immer wahr: daß, wenn
auch alles noch so bestimmt gegen einander abge=
wogen ist, die Gottheit dennoch ihre allmächtige
Hand nicht ganz von ihren Werken abziehen,
noch sie einzig und allein denen Gesetzen über=
lassen könne, die sie ihnen im Anfange bestimmte.
Denn, wenn dieses wäre; so würde die Ordnung
doch mit der Zeit aufhören, weil die Planeten
durch ihre Anziehung, ihre Bewegung gegen ein=
ander verwirren müßten; und zwar vornehmlich
zu der Zeit, wenn verschiedene von ihnen in ei=
ner Gegend des Himmels zusammen treffen, in=
dem sie die Sonne alsdann nach dieser Seite
nothwendig stärker anziehen, als wenn sie gleich=
sam rund um sie vertheilt sind. Es mußte daher
der Schöpfer es so ordnen, daß sie in diesem
Falle einen Theil eines größern Kreises um das
gemeinschaftliche Centrum Gravitatis beschreiben,
sonst wäre das Ebenmaß alsobald zerstöhret.

Und

Und da dieſes ſich nimmer von ſelbſt wieder her-
ſtellen kann; ſo würde am Ende das ganze Syſtem
zuſammenfallen, und ſich mit der Sonne zu einer
Maſſe vereinigen.

11) Man ſtelle anſtatt der Gabel und der Kugeln Fig.
die Maſchine A B auf die Scheibe, und befeſtige 6.
ſie im Centro der Scheibe.   Auf dieſer Maſchine
ſind zwo Kugeln E, D von ungleicher Größe durch
einen Metalldrath mit einander verbunden, und ſo
gemacht, daß ſie auf der, auf der Maſchine befeſtigten Stange hin und her geſchoben werden können.
Man ſchiebe nun die Kugeln ſo, daß ihr Centrum
Gravitatis gerade über dem Centro der Scheibe
ſtehe, und drehe ſie ſo geſchwind man will; ſo
wird man ſehen, daß die Kugeln ſich nicht ver-
rücken, ſondern daß die eine die andre durch
die Kraft des Gleichgewichts zurückhalte.   Sobald aber die kleine Kugel nur ein wenig gegen
das Ende der Maſchine angezogen wird; ſo zieht
ſie das Centrum Gravitatis vom Centro der Bewegung mit ſich: und alsdann wird beym Umdrehen die kleine Kugel mit beträchtlicher Stärke
gegen dieſes Ende der Maſchine anfliegen, und
die große Kugel nach ſich ziehen.   Schiebt man
im Gegentheil die große Kugel nach der andern Seite über das Centrum Gravitatis hinaus,
und drehet die Scheibe; ſo fliegt die große Kugel
ab, ſtößt mit noch größerer Gewalt gegen das

Ferguſ. Aſtron. v. Kirchh.   M   an-

andere Ende der Maschine an, und zieht die
kleine nach sich.

12) Das Experiment mit der Maschine Fig. 7.
zum Beweise der Fluth und Ebbe soll im zwölften Kapitel, wo von dieser Materie gehandelt
wird, beschrieben werden.

Das achte Kapitel.
Natur und Eigenschaften des Lichts.

Das Licht besteht aus unbeschreiblich kleinen materiellen Partickeln, welche aus einem leuchtenden
Körper hervorgehen, und die, indem sie unsre
Augen berühren, in uns den Begriff vom Licht erregen *). Daß sie so außerordentlich klein sind,
ist eine wohlthätige Einrichtung des Schöpfers.
Denn wären sie nur so groß als die kleinsten Partickeln Materie, die wir mit unsern besten Mikro-
scopen entdecken können; so würden sie, anstatt uns
zu nützen, uns bald durch ihre Kraft, die von ihrer
unermeßlichen Geschwindigkeit herrührt, des Ge-
sichts

---

*) Der berühmte Euler behauptet, daß die Fortpflan-
zung der Lichtstralen auf eben die Art bewirkt
werde, als die Fortpflanzung des Schalles: nur
mit so viel größerer Geschwindigkeit. Folglich sie
kein Ausfluß aus einem leuchtenden Körper, im
eigentlichen Verstande, wären.

sichts berauben; indem diese Geschwindigkeit mehr
als eine Millionmal schneller ist als die Geschwindigkeit einer Kanonenkugel. Und wenn daher die
Particeln des Lichts so groß wären, daß eine Million derselben die Größe eines gemeinen Sandkorns
hätte; so dürften wir uns eben so wenig unterstehen, unsere Augen dem Lichte zu öffnen, als eine
mit Sand geladene Kanone uns in die Augen ab-
feuern zu lassen.

Wenn diese kleinen Theilchen von der Sonne
oder von einem Lichte ausfließen, und auf einen
Körper fallen, von dem sie auf unsere Augen zurückgeworfen werden; so erregen sie in unsern Gemüthern eine Vorstellung von diesem Körper, durch
ein Gemälde, so sie von ihm auf der Netzhaut in
unserm Auge abbilden. Und da Körper von allen
Seiten gesehen werden können; so wird das Licht
auch in allen Richtungen von ihnen zurückgeworfen.

Ein Lichtstral ist ein ununterbrochener Strom
dieser Particeln, der von einem sichtbaren Körper
in einer geraden Linie ausfließt. Daß diese Stralen
sich in geraden und nicht in krummen Linien bewegen,
ausgenommen wenn sie gebrochen worden, ist daraus
abzunehmen, daß sie durch die Oeffnung einer krummen Röhre nicht sichtbar, und auch alsdann nicht
zu sehen sind, wenn ein anderer Körper dazwischen
kommt. So werden z. B. die Firsterne durch die
Dazwischenkunft der Planeten und des Mondes;

die

die Sonne ganz oder zum Theil durch den Mond,
Merkurius und Venus unsern Augen entzogen.
Daß sie sich aber nicht untereinander vermischen, oder
auf ihren Wegen verwirren, wenn sie aus verschiede=
nen Körpern rund herum ausfließen, erscheinet deutlich
aus folgendem Experimente: Man bohre in eine
dünne Metallplatte ein kleines Loch, stelle diese
Platte vor eine Reihe brennender Lichter auf einem
Tische, und halte alsdann einen Bogen Papier
oder Pappe in einer kleinen Entfernung hinter der
Platte; so werden die Stralen aller Lichter, die
durch das Loch fließen, eben so viele helle Flecken
auf das Papier bilden, als Lichter davor gesetzt sind:
und jeder Flecken wird so groß und so deutlich seyn,
als wenn nur ein einziges Licht da wäre. Dieses
beweiset, daß die Stralen sich einander in ihrer
Bewegung nicht hindern, ob sie sich gleich zusammen
in dem Loche kreuzen.

Das Licht vermindert sich nach dem Verhältniß der
Quadrate des Abstands der Planeten von der Sonne.
Man kann solches durch folgende Figur beweisen.

Tab.
VI.
fig.
I.

Man lasse das Licht, das von dem Punkte A
ausfließt, und durch das viereckigte Loch B geht,
auf eine Fläche C fallen, die der Fläche des Lochs
parallel ist; oder noch besser; man lasse die Figur C
den Schatten von der Fläche B seyn: und wenn
die Weite C doppelt so groß als B ist; so wird die
Länge und Breite des Schattens der Fläche C dop=
pelt

pelt so groß seyn als die Fläche B; und dreyfach,
wenn A D das dreyfache von A B ist u, s. w.,
welches man leicht durch den Schein des Lichts, das
man in A stellt, untersuchen kann. Weil nun die
Oberfläche des Schattens C in der Entfernung A C
als das doppelte von A B in vier Quadrate, und in
dreyfacher Entfernung, in 9 Quadrate, wovon jedes dem Quadrate B gleich ist, verbreitet wird; so
folgt: daß das Licht, welches auf die Fläche B fällt,
und indem es in doppelter Entfernung weiter geht,
einen vierfach größern Raum erleuchtet, in jedem
Theile dieses Raums viermal dünner seyn muß,
in dreyfacher Entfernung neunmal; in vierfacher
sechzehnmal, als es zuerst war u. s. f., gleich der
Vermehrung der vierecten Oberflächen B, C, D, E
die in den Weiten A B, A C, A D, A E gestellt worden. Woraus der allgemeine Grundsatz
fließt: daß die Dichtigkeit und Vielheit des Lichts,
das auf eine gegebne Fläche fällt, in gleichem Verhältnisse vermindert wird, als die Quadrate der Entfernung dieser Fläche von dem leuchtenden Körper
zunehmen: und daß es im Gegentheile in dem
Verhältnisse zunehme, als diese Quadrate vermindert werden.

Je mehr die Scheiben des Monds und der Planeten durch ein Fernglas vergrößert werden; je blaß-
ser ist ihr Schein: weil das Fernglas die Quantität
des Lichts nicht in dem Maaße vergrößern kann,
als es die Oberfläche vergrößert. Denn da es die-

M 3

selbe

selbe Quantität Licht über eine so viel größere Oberfläche verbreitet, als man mit bloßen Augen sieht;
so muß dieses auch, wenn es durch ein Fernglas
fällt, ganz genau so viel dünner seyn, als wenn es
mit bloßen Augen gesehen wird.

Wir haben im Anfange dieses Kapitels gesagt:
daß die Geschwindigkeit der Lichtstralen mehr als
eine Millionmal größer sey, wie die Geschwindigkeit einer Kanonenkugel. Jetzt wollen wir versuchen, diese erstaunliche Geschwindigkeit sowohl als
die Fortpflanzung des Lichts leicht und faßlich zu
beweisen.

Man hat durch wiederholte Beobachtungen gefunden: daß, wenn die Erde zwischen der Sonne
und dem Jupiter steht, die Trabanten desselben
$8\frac{1}{4}$ Minuten früher verfinstert werden, als es nach
den Tabellen geschehen sollte: und daß, wenn sie
an der gegenüberstehenden Seite ist, solches $8\frac{1}{4}$
Minuten später geschehe, als die Tabellen es angeben. Hieraus folgt also unläugbar: daß die Bewegung des Lichts nicht im Augenblick geschehe,
weil selbiges $16\frac{1}{2}$ Minuten Zeit gebraucht, durch
eine Weite zu gehen, die dem Durchmesser der
Erdbahn, oder 36 Millionen gleich ist. Folglich
fliegen die Lichttheilchen in jeder Sekunde 36364
Meilen, welches über eine Millionmal geschwinder
ist, als eine Kanonenkugel fliegt. Da nun das Licht
der Sonne in $16\frac{1}{2}$ Minuten die Bahn der Erde
durchläuft; so muß es in $8\frac{1}{4}$ Minuten von der
Sonne

Sonne zu uns kommen. Wenn also die Sonne vernichtet wäre; so würden wir sie noch $8\frac{1}{4}$ Minuten nachher sehen: und wenn sie aufs neue erschaffen wäre; so würde sie schon $8\frac{1}{4}$ Minuten da gewesen seyn, bevor wir sie erblicken.

Um diese fortschreitende Bewegung des Lichts zu erklären, nehme man an: daß A und B die Erde auf zwo verschiedenen Stellen ihrer Bahn sey, und daß ihre Entfernung von einander 18 Millionen Meilen, oder dem Abstande der Sonne S von der Erde gleich sey; so ist klar: daß, wenn die Bewegung des Lichts im Augenblick geschähe, so würde der Trabant 1, einem Beobachter in A in eben demselben Augenblicke in den Schatten des Jupiters F F zu treten scheinen, als einem andern in B. Da man aber durch vieljährige Observationen gefunden, daß, wenn die Erde in B ist, die Eintretung des Trabanten in den Schatten $8\frac{1}{4}$ Minuten früher gesehen werde, als wenn sie in A steht; so hat man daraus bewiesen: daß die Bewegung des Lichts nicht augenblicklich, wie man bis dahin geglaubt hatte, sondern stufenweise geschehe. Es ist leicht zu berechnen, in wie viel Zeit die Erde sich von A nach B bewege; den die Sehne von 60 Grad ist in jedem Zirkel dem halben Durchmesser desselben Zirkels gleich. Da nun die Erde durch alle 360 Grade ihrer Bahn in einem Jahre läuft; so läuft sie durch 60 dieser Grade in ohngefähr

Fig. 2.

M 4

61 Tagen. Wenn also an einem gegebenen Tage,
z. E. den ersten Junius, die Erde in A ist; so ist
sie den ersten August in B, und da die Sehne,
oder die gerade Linie A B dem Radio der Bahn der
Erde D S gleich ist; so ist sie folglich auch dem
Abstande der Sonne von der Erde A S gleich.

So wie sich die Erde von D nach C durch die
Seite ihrer Bahn A B bewegt; so nähert sie sich
dem Lichte der Jupiters Trabanten: und dieses verursacht eine scheinbare Beschleunigung der Verfinsterung derselben. Und so wie sie sich durch die andere
Hälfte H ihrer Bahn von C nach D bewegt; so
tritt sie weiter von ihrem Lichte zurück: und solches
verursacht eine anscheinende Verzögerung ihrer Verfinsterungen; weil das Licht alsdann längere Zeit
gebraucht ehe es die Erde erreicht.

Daß diese Beschleunigung oder Verzögerung der
Verfinsterungen des Jupiters Trabanten, nach dem
Maaße die Erde sich nähert oder zurückgeht, nicht
von einer Ungleichheit, die von ihrer Bewegung in
eccentrischen Kreisen herrührt, verursacht werde,
ist daraus klar: daß es sie alle gleich trifft, sie mögen verfinstert werden in welchem Theile ihrer Kreise
sie wollen: zudem, da sie in jedem Jahre ihre
Kreise oftmals durchlaufen, und ihre Bewegungen
auf keine Weise der Bewegung der Erde angemessen
oder verwandt sind. Es muß daher ein Phänomen,
das nicht von der wirklichen Bewegung der Jupiters
Traban-

Trabanten, sondern so natürlich von der Bewegung der Erde abgeleitet werden kann, und so sehr mit selbiger zutrifft, auch dieser zugeschrieben werden. Zugleich giebt dieses auch noch einen sehr guten Beweis von der jährlichen Bewegung der Erde.

Einer Einwendung, die hier gemacht werden könnte, müssen wir zuvorkommen.

Man könnte sagen: ja, wenn wir auch zugeben, daß diese geschwinde Fortpflanzung des Lichts in Ansehung der Sonne ihre Richtigkeit habe, da die Stralen derselben unmittelbar zu uns kommen; so ist dieses dennoch in Ansehung der Jupiters Trabanten nicht erwiesen, weil wir deren Licht nur durch den Wiederschein sehen. Wer beweist uns also, ob das wiederscheinende Licht sich mit derselben Geschwindigkeit fortpflanze, als das unmittelbar ausfließende Licht?

Wir antworten:

Flöße das Licht nicht eben so schnell von dem Planeten wieder ab, als es ihm zufließt; so müßte nothwendig nach und nach eine Anhäufung des Lichts auf ihm entstehen, und wir müßten ihn jede Nacht heller werden sehen. Flöße hingegen das Licht schneller von ihm ab, als es ihm zufließt; so müßte er jede Nacht dunkler werden. Von beyden geschieht aber nichts, sondern sein Glanz ist immer derselbe.

M 5 Noch

Noch eine Einwendung möchte gemacht werden. Werden denn aber alle Stralen, die die Sonne auf den Planeten wirft, wieder zurückgeworfen; und können nicht ein großer Theil derselben durch die Materie, daraus er besteht, verschlungen werden? Und wenn dieses wäre, schwächt es denn nicht den Beweis?

Ganz und gar nicht. Woferne nämlich die verschluckten Stralen eine stete Proportion zu der ganzen Zahl der Stralen behalten, die den Planeten in einer ununterbrochenen Folge erleuchten. Und dies ist unstreitig der Fall. Denn die Theile der Oberfläche des Planeten, die in diesem Augenblick die Stralen, entweder zurückwerfen, oder verschlukken, werden es in dem nächstfolgenden auch thun: und es wird folglich einerley Verhältniß zwischen den zurückgeworfenen und verschluckten Stralen, oder vielmehr zwischen denselben und der ganzen Masse des Lichts, das auf den Planeten zufließt, erhalten werden müssen.

Wie aber, wenn einige Theile der Oberfläche des Planeten entweder durch Dürre mehr gehärtet, oder durch Nässe mehr erweicht werden, wie auf unserer Erde geschieht. Oder sie wären sonst noch auf eine oder die andere Art fähig, die Sonnenstralen zu dieser und jener Zeit mehr zu verschlucken, oder zurückzuwerfen; würde das nicht die Proportion verändern?

Wenn

Wenn wir in der Vergleichung mit unſerer Erde hierüber urtheilen ſollen, wo die Abwechſelung von Trockne und Näſſe, Härte und Weiche, Glätte und Rauhigkeit ihrer Oberfläche, in ſoferne ſie von der Veränderung der Witterung entſtehen, und in ſo ferne man ſie über die Hälfte unſerer Erdkugel durchs ganze Jahr mit einander vergleicht, ſich, wo nicht ganz genau, doch beynahe das Gleichgewicht halten; ſo dürfen wir behaupten, daß ſich eben daſſelbe auch auf den übrigen Planeten ereigne, und alſo dadurch die oberwähnte Proportion nicht werde merklich verändert werden.

Das neunte Kapitel.

Von der Atmoſphäre.

Wenn ein Lichtſtral aus einem Medio *) in ein anders übergeht; ſo wird er gebrochen, oder mehr oder weniger von ſeinem erſten Wege abgelenket, je nachdem er mehr oder weniger ſchief auf die brechende Oberfläche fällt, die beyde Media theilt. Dieſes kann durch verſchiedene Experimente bewieſen

*) Unter Medium verſtehen wir hier einen durchſichtigen Körper, oder ein jedes Ding, durch welches die Lichtſtralen fallen können, als: Waſſer, Glas, Demanten, Luft; und ſelbſt ein luftleerer Raum wird oft ein Medium genannt.

ſen werden, wovon wir nur drey zum Beyſpiele anführen wollen.

1) Man werfe ein Stück Geld in ein Becken, und gehe ſo weit zurück, bis der Rand des Beckens das Stück Geld eben bedeckt, oder dem Auge verbirgt. Dann halte man den Kopf unbeweglich ſtille, und laſſe eine andere Perſon das Becken allmählig mit Waſſer fül- len; ſo wird man nach dem Maaße, wie das Waſſer ſteigt, das Stück Geld immer mehr und mehr erblicken, und wenn das Becken voll iſt, es ganz ſehen können, gleich als wenn es bis zur Oberfläche des Waſſers gehoben wäre. Denn der Geſichtsſtral, der, ſo lange das Becken ledig, gerade war, wird nun auf der Oberfläche des Waſſers gebrochen, und fällt einwärts nieder. Oder mit andern Worten: der Stral, der von dem Rande des Beckens, ſo lange es ledig war, in gerader Linie heraus und über das Auge hinaufgieng, iſt nun nie- derwärts gebogen, und geht, ſtatt vorher in gerader Linie, nunmehr winkelförmig; fällt herunter ins Auge, und macht das Objekt ſicht- bar. Oder:

2) Man ſtelle das Becken ſo, daß die Sonne ſchief darauf ſcheine, und bemerke die Stelle, wo der Schatten des Randes auf den Boden des Beckens fällt: dann fülle man es mit
Waſ

Waſſer; ſo wird der Schatten weiter rückwärts fallen.   Dieſes beweiſet: daß die Lichtſtralen, wenn ſie ſchief auf die Oberfläche des Waſſers fallen, gebrochen und niederwärts gebogen werden.

Je gerader die Lichtſtralen auf ein Medium fallen, je weniger werden ſie gebrochen.   Und wenn ſie perpendikulär darauf fallen; ſo werden ſie gar nicht gebrochen.   Denn, je höher die Sonne beym letzten Experimente ſteigt, je geringer wird der Unterſchied ſeyn, wo der Rand des Schattens in dem ledigen und geſüllten Becken hinfällt.   Wenn alſo

2) Ein Stock queer über das Becken gelegt wird, und man läßt die Sonnenſtralen mittelſt eines Spiegels perpendikulär darauf fallen; ſo wird der Schatten des Stocks auf eine und eben dieſelbe Stelle fallen, das Becken mag ledig oder voll ſeyn.

Je dichter ein Medium iſt: je mehr wird das Licht gebrochen, wenn es dadurch geht.

Die Erde iſt mit einer dünnen flüßigen Materie, die man Luft oder Atmosphäre nennt, umgeben. Dieſe drückt gegen die Erde, und geht mit derſelben in ihrer täglichen Bewegung und in ihrem jährlichen Laufe um die Sonne herum.   Dieſes Fluidum iſt von einer elaſtiſchen oder ausdehnenden Natur.

Und

Und da ihre untern Theile von dem ganzen Gewichte der auf ihnen liegenden obern Luft gedrückt werden; so werden sie zusammengepreßt. Folglich ist die Luft an der Oberfläche der Erde am dichtesten, wird aber, nach dem Maaße sie höher ist, immer dünner. Es ist bekannt, daß die Luft an der Oberfläche der Erde einen Raum einnimmt, der ohngefähr 1200mal größer ist, als Wasser von gleichem Gewichte. Daher ist eine cylinderförmige Säule Luft von 1200 Fuß Höhe eben so schwer, als ein Cylinder Wasser von gleichem Durchmesser, und 1 Fuß Höhe. Hingegen ist ein Cylinder Luft, der bis zur obersten Höhe der Atmosphäre reicht, mit einem Cylinder Wasser von 32 Fuß Höhe von gleichem Gewichte.

Die Dichtigkeit der Luft steht mit der Kraft, die sie zusammenpreßt, im Verhältniß. Da nun die Luft in den obern Theilen der Atmosphäre weniger gepreßt wird, als nahe an der Erde; so dehnt sie sich aus, und wird folglich dünner, als an der Oberfläche der Erde. Man hat durch Versuche und Berechnungen gefunden, daß, wenn die Höhen der Luft in arithmetischer Proportion genommen werden, die Verdünnung derselben in geometrischer Proportion zunehme: so, daß ein Zoll der Luft, worinn wir leben, in einer Höhe von 120 Meilen so sehr verdünnet seyn würde, daß er einen Raum ausfüllete, der dem Durchmesser der Bahn des Saturns gleich wäre. Und ob wir gleich in dem

vor=

vorhergehenden gesagt haben, daß der Mond sich nicht in einem absolut freyen und unwiderstehenden Medio bewege; so ist dennoch die Luft bis zur Höhe seiner Bahn schon so viele Millionenmal verdünnet, daß sie seiner Bewegung nicht widerstehen kann, und eine Abänderung seines Laufs in vielen Jahrhunderten nicht zu merken ist.

Die Schwere der Luft an der Oberfläche der Erde kann man durch die Experimente der Luftpumpe, und durch die Höhe des Quecksilbers in der Barometerröhre beweisen. Denn der Merkurius steigt in einer luftleeren Röhre durch den Druck der Atmosphäre und zwar in seiner mittlern Höhe auf 29½ Zoll. E. M. Wenn nun eine solche Röhre einen Quadrat zoll weit ist, und der Merkurius 29½ Zoll hoch darinn stehet; so wiegt dieser 15 Pfund. Folglich drückt die Atmosphäre gleich einer Kraft von 15 Pfund auf jeden Quadratzoll der Oberfläche der Erde. Nach diesem Verhältnisse wird ein Mensch von mittler Größe, dessen Körper ohngefähr 14 Quadratfuß Oberfläche hat, rund herum von einer Last von 30240 Pfund zusammen gepreßt. Weil aber dieses ungeheure Gewicht an allen Seiten gleich ist, und die in unserm ganzen Körper vertheilte Luft demselben das Gleichgewicht hält; so wird es nicht von uns empfunden.

Die Luft ist oft so beschaffen, daß wir uns matt und unlustig befinden, und gewöhnlich glau-

ben

ben wir, daß sie alsdann zu schwer auf uns liege.
Allein, daß sie dann zu leicht sey, erhellet eines
theils aus dem Fallen des Queckſilbers im Barome-
ter, anderntheils aus der durchgängigen Bemerkung,
daß sie zu der Zeit nicht ſtark genug iſt die Dünſte
zu heben, woraus die Wolken entſtehen. Denn ſobald die Wolken in die Höhe ſteigen, muß die Luft
um uns elaſtiſcher und ſchwerer geworden ſeyn:
folglich hält sie der Ausdehnung der Luft in unſerem
Körper das Gleichgewicht; ſpannt unſere Blutge-
fäße und Nerven und macht uns heiter und frölich.

Daß der Himmel uns am Tage helle ſcheint,
rührt einzig und allein von der Atmoſphäre her.
Denn ohne dieſelbe würde nur der Theil des Himmels helle ſcheinen, wo die Sonne ſteht. Und,
wenn wir ohne Luft leben könnten; ſo würde, wenn
wir unſern Rücken der Sonne zukehrten, der ganze
Himmel uns eben ſo dunkel ausſehen, als bey der
Nacht, und die Sterne würden uns eben ſo helle
ſcheinen. Alsdann hätten wir aber auch keine
Dämmerung, ſondern einen ſchleunigen Uebergang
vom hellſten Sonnenſchein zur dickſten Finſterniß,
und umgekehrt: welches außerordentlich unbequem
und unſern Augen höchſt ſchädlich ſeyn würde.
Dagegen genießen wir nun, mittelſt der Atmoſphäre,
das Licht der Sonne, welches von den Partikeln
der Luft zurückgeworfen wird, eine Zeitlang nachher,
wenn ſie untergegangen, und vorher, ehe ſie aufge-

gangen

gangen ist. Denn wenn die Erde durch ihre Um=
drehung unsern Augen das Licht der Sonne entzo=
gen; so wird die Atmosphäre, weil sie höher ist wie
wir, noch von derselben beschienen, und verliert,
wenn die Sonne 18 Grade unterm Horizont ist,
erst gänzlich das Licht derselben, da alsdann die
ganze Atmosphäre über uns dunkel wird. Man hat
aus der Dauer der Dämmerung die Höhe der At=
mosphäre berechnet, und gefunden, daß sie ohnge=
fähr, so weit sie Dichtigkeit genug hat, einiges Licht
zurückwerfen, 9 Meilen betrage. Selten aber ist
sie höher als eine halbe Meile dicht genug die Wol=
ken zu tragen.

Durch die Brechung der Sonnenstralen mit=
telst der Atmosphäre sehen wir die Sonne bey hel=
lem Wetter früher, ehe sie aufgegangen, und spä=
ter als sie untergegangen ist. Zu gewissen Jahrs=
zeiten sehen wir die Sonne 10 Minuten länger über
dem Horizont, als wir sie sehen würden, wenn gar
keine Atmosphäre wäre.

Dieses zu erklären sey I E K ein Theil der Tab.
Oberfläche der Erde von der Atmosphäre H G F C VI.
bedeckt; und M p o sey der sichtbare Horizont ei= fig.
nes Beobachters in M. Wenn die Sonne in A 3.
wirklich unterm Horizont ist; so fällt ein Lichtstral
von ihr A p in gerader Linie auf die Oberfläche der
Atmosphäre in p, und wird daselbst, weil er in ein
dichter Medium tritt, von seiner graden Richtung
A p d G abgelenkt und zum Auge des Beobachters

Fergus. Astron. v. Kirchh.   N   in

in M niedergebogen. Dieſer ſieht alsdann die Sonne in der Richtung des gebrochenen Strals M d e, der überm Horizont liegt, und die Sonne in B zeiget, wenn er bis zum Himmel ausgezogen iſt.

Je höher die Sonne ſteigt, je weniger werden ihre Stralen gebrochen, weil ſie nicht ſo ſchief auf die Oberfläche der Atmoſphäre fallen. Wenn daher die Sonne in der Richtung der fortgeführten Linie M f L iſt; ſo iſt ſie der Oberfläche der Erde in M beynahe ſo perpendiculär, daß ihre Stralen nur wenig gebogen ſind. Die Sonne iſt in ihrem mittlern Abſtande von der Erde nur $32\frac{1}{4}$ Minuten breit, und die horizontale Brechung ihrer Stralen iſt $33\frac{3}{4}$ Minuten. Da nun dieſes mehr iſt als die Größe ihres ganzen Durchmeſſers; ſo ſehen wir ihren Diſcum alsdann ſchon völlig, wenn ihr oberſter Rand über den Horizont herauftritt;

Steht ſie 10 Grade hoch; ſo iſt die Refraktion nicht völlig 5 Minuten.

Steht ſie 20 Grade hoch; ſo iſt die Refraktion nur 2 Minuten 26 Sekunden.

Steht ſie 30 Grade hoch; ſo iſt die Refraktion von 1 Minute 32 Sekunden.

und zwiſchen dieſer von 30 Graden und der Scheitelhöhe, oder dem Zenith iſt die Refraktion kaum merklich.

Um

Um bey allen Observationen die wahre Höhe der Sonne, des Monds, und der Sterne zu haben, muß die Refraktion von der beobachteten Höhe abgezogen werden. Allein die Größe der Refraktion ist nicht immer dieselbe; weil die Hitze die brechende Kraft und die Dichtigkeit der Luft vermindert, und die Kälte beyde vermehrt. Daher kann keine Tabelle ganz genau zu allen Jahrszeiten, und selbst nicht einmal zu allen Tagszeiten für einen bestimmten Ort, vielweniger für alle Himmelsgegenden gelten. Man hat bemerkt, daß die horizontale Refraktion beym Aequator ohngefähr ein Drittel geringer sey als zu Paris. Und von einer außerordentlichen Refraktion der Sonnenstralen durch eine sehr strenge Kälte hat man durch die berühmte Observation der Holländer, die im Jahre 1596 auf Nova Zembla überwinterten, das merkwürdige Exempel: daß nach einer dreymonatlichen Nacht die Sonne ihnen 17 Tage früher aufgieng, als sie nach ihrer Rechnung auf der beobachteten Polushöhe von 76 Grad hätte thun müssen: welches keiner andern Ursache, als der außerordentlichen Refraktion der Sonnenstralen, die durch die kalte dicke Luft des Klimatis giengen, zugeschrieben werden kann.

Kepler rechnet, daß die Sonne noch 5 Grade hat unterm Horizonte seyn müssen, als sie ihnen zuerst erschien: und folglich ist die Brechung ihrer Stralen neunmäl größer gewesen als bey uns.

Die

Tab.
VI.
fig.
4.
Die Sonne und der Mond scheinen bey ihrem
Auf- und Untergange oval zu seyn; gleich F C G D.
Die Ursache hiervon ist diese: da die Refraktion
nahe am Horizont größer als in einer gewissen Höhe
über demselben ist; so erscheinet der untere Rand
mehr gehoben als der obere. Dieses hat aber keinen merklichen Einfluß auf den horizontalen Durchmesser c d, der durchgehends gleich gehoben wird,
sondern nur auf den verkürzten vertikalen f g.
Ist hingegen die Refraktion so geringe, daß sie
fast unmerklich wird; so erscheinen uns die
Sonne und der Mond vollkommen rund, als
A E P H.

Die tägliche Erfahrung lehret: daß die Gegenstände, die wir am deutlichsten erkennen, diejenigen
sind, die uns am nächsten liegen. Wenn wir also
folglich diese oder jene Entfernung blos nach unserer
Einbildungskraft schätzen wollen; so scheinen uns
diejenigen Gegenstände, die wir helle sehen, näher
zu seyn, als die wir nicht so helle sehen: und eben
so verschieden erscheinen uns dieselben Gegenstände,
wenn wir sie zu einer Zeit helle und deutlich, zur
andern Zeit aber dunkel und verwirrt sehen, wenn
gleich der Abstand immer eben derselbe ist. Und
wenn auch in beyden Fällen der Winkel, unter welchem wir einen Gegenstand erblicken, von gleicher
Größe ist; so erregt doch natürlicherweise unsere
Einbildungskraft in uns eine Vorstellung eines
größern Zwischenraums zwischen uns und denjenigen

gen Gegenständen, die uns dunkler und undeutli;
cher erscheinen, als denjenigen, die uns unter den;
selben Winkeln heller erscheinen: vornehmlich, wenn
es solche Gegenstände sind, denen wir uns niemals
nähern, und ihre wirkliche Größe augenscheinlich
haben beurtheilen können.

Es ist aber nicht das verwirrte oder klare An;
sehen eines Gegenstandes allein, wodurch wir in
Beurtheilung der Größe desselben betrogen werden
können; sondern auch selbst alsdann urtheilen wir
oft falsch, wenn wir ihn im gleichen Grade der
Klarheit und unter gleichen Winkeln sehen: ja so;
gar, wenn es Gegenstände sind, deren gewöhnliche
Größe uns bekannt ist, als z. B. Häuser, Bäume
oder dergleichen. Zum Beweise mag folgendes
dienen: Wenn jemand auf einem etwas niedrigen
Grunde steht, und an der andern Seite eines sehr
breiten Flusses ein Haus siehet, so, daß er weder
den Fluß sehen noch zuvor wissen kann, daß er das
zwischen fließt, weil das disseitige Ufer den Fluß
verbirgt, und ihm das jenseitige Ufer mit dem dissei;
tigen zusammenzuhängen scheint; so verliert er die
Vorstellung einer Weite, die der Breite des Flusses
gleich ist, und das Haus dünkt ihm klein zu seyn,
weil er es für näher hält, als es wirklich ist.
Wenn er aber auf eine Höhe tritt, von welcher er
den Fluß sowohl als den vorliegenden Grund sehen
kann; so entdeckt er, ob er gleich nicht weiter von
dem Hause ist als vorher, daß das Haus in einer

N 3   größ

größern Entfernung sey, als er sich einbildete; und folglich scheint es ihm nun größer zu seyn als zuvor. In beyden Fällen sieht er das Haus unter demselben Winkel, und es macht weder im erstern noch im letztern Falle ein größeres Bild auf der Netzhaut seines Auges.

Die Sonne und der Mond scheinen, wenn sie unten am Horizont sind, größer zu seyn, als wenn sie in einer beträchtlichen Höhe darüber stehen. Ob wir nun gleich wissen, daß sie in so großen Weiten von der Erde sind; so deucht uns doch oftmals, sie schwebten nur auf der Oberfläche unserer At-

fig. mosphäre H G f F C ein wenig höher als die
3. Wolken, von welchen diejenigen in G gerade über unsern Köpfen in M uns näher sind als die in I oder p am Horizont I M p. Wenn daher die Sonne oder der Mond am Horizont in p erscheinen; so sehen wir sie nicht nur in einer Gegend des Himmels, die wirklich weiter von uns ist, als wenn sie in einer beträchtlichen Höhe in f stehen; sondern wir sehen sie auch durch eine größere Menge Luft und Dünste in p als in f,: hier haben wir also zwo Erscheinungen, die sich beyde vereinigen, unsere Einbildungskraft zu täuschen, und uns die Entfernung der Sonne und des Monds bey ihrem Auf- und Untergange in p größer vorzustellen, als wenn sie ungleich höher in f stehen. Denn erstlich scheinen sie uns an einer Stelle der Atmosphäre in p zu seyn, die wirklich weiter als f von einem Be-

obach-

obachter in M ist: zweytens sehen wir sie in p
durch ein gröberes Medium als in f; welches, da
es ihren Glanz vermindert, uns bewegt zu glauben,
daß sie weiter von uns wären. Und ob sie gleich
in beyden Fällen unter einem und ebendemselben
Winkel gesehen werden; so urtheilen wir doch natürlicherweise, daß sie am größesten seyn müßten,
wenn sie am weitesten von uns sind: eben wie das
obgemeldete Haus, da wir es von einer Höhe sahen,
uns weiter entfernt und größer zu seyn schien, als da
wir es von einem niedrigen Grunde erblickten.

Daß der Mond unter keinem größern Winkel
erscheine, er sey am Horizont oder im Meridian:
davon kann ein jeder sich selbst überzeugen. Man
nehme einen großen Bogen Papier, und rolle ihn
in Form einer Röhre in solchem Umfang zusammen,
daß das Bild des Monds, wenn man ihn bey seinem Aufgange dadurch betrachtet, genau die Röhre
fülle. Nun binde man einen Faden um das Papier,
damit es in derselben Form bleibe: und betrachte
den Mond abermals dadurch, wenn er im Meridian
steht, und so viel kleiner zu seyn scheint; so wird
man finden, daß er die Röhre eben so, wo nicht
gar mehr, füllet, als da er erst aufgieng.

Wenn der Mond im Perigäo, oder in seinem
kleinsten Abstande von der Erde ist; so sieht man ihn
unter einem größern Winkel, und folglich scheint er
alsdann größer, als wenn er zu anderer Zeit voll ist.

N 4   Und

Und wenn die Gegend der Atmosphäre, wo er alß=
dann aufgeht, mehr als gewöhnlich mit Dünsten
angefüllt ist; so scheint er so viel dämmeriger.
Folglich halten wir ihn noch um so viel größer,
weil wir ihn in einer ungewöhnlichen Entfernung
zu seyn glauben: da wir wissen, daß kein Gegen=
stand in einer großen Weite groß scheinen kann,
wenn er nicht wirklich groß ist.

Das zehnte Kapitel.

Von den Ursachen der verschiedenen Länge der Tage und Nächte, und der Abwechse= lung der Jahreszeiten.

Ob wir gleich voraus setzen, daß unsere Leser be=
reits mit den vornehmsten Eintheilungen und Zirkeln
einer Erdkugel oder des Globi bekannt sind; so wol=
len wir dennoch zum Ueberfluß sie hier nochmals
benennen.

Der Aequator ist der große Zirkel, welcher die
Erde in zwo Hälften, die nördliche und südliche
theilet.

Die Tropici sind zween kleinere Zirkel, dem
Aequator parallel, und auf beyden Seiten 23$\frac{1}{2}$
Grade von ihm entfernt. Unter einem Grade ver=
stehen wir hier den 360sten Theil eines jeden
großen Zirkels, der die Erde in zwey gleiche Theile
theilt. Der Tropicus des Krebses liegt an der
Norder=

Norderſeite des Aequators; und der Tropicus oder Wendezirkel des Steinbocks an der Süderſeite deſ= ſelben.

Der arktiſche oder nordliche Zirkel hat den Nord= pol zum Mittelpunkte, und iſt eben ſo weit vom Nordpol, als die Tropici vom Aequator oder der Linie entfernt. Und der antarktiſche oder ſüdliche Zirkel iſt eben ſo weit vom Südpole.

Die Pole ſind die nordlichen und ſüdlichen Punkte des Globi: und deswegen werden alle Oer= ter, die auf einer oder der andern Seite des Aequa= tors liegen, nordlich oder ſüdlich genannt, nachdem ſie dieſem oder jenem Pole näher ſind. Die Axe der Erde iſt eine gerade Linie, die durch den Mittel= punkt der Erde mit dem Aequator perpendiculär geht, und ſich auf der Oberfläche derſelben in beyden Polen endigt. In Anſehung der Himmelskörper iſt es nur eine in Gedanken angenommene Linie: bey un= ſern künſtlichen Erd= und Planetenkugeln aber iſt es eine kleine metallene Stange, um welche die Kugeln herumgedrehet werden können.

Die numerirten Zirkel 1, 2, 3, 4 ꝛc. ſind:

Die Meridiane oder Mittagslinien aller Orten durch welche ſie gehen. Und wir müſſen annehmen, daß viele tauſende derſelben auf der Kugel gezogen ſind; weil jeder Ort, er liege noch ſo wenig weiter nach Oſten oder Weſten als ein anderer, einen von dieſem Orte unterſchiedenen Meridian hat.

N 5 Alle

Alle Meridiane laufen in den Polen zusammen: und wenn der Mittelpunkt der Sonne, in ihrer scheinbaren Bewegung um die Erde, über einen Meridian geht; so ist es an allen Oertern, die unter demselben Meridian liegen, oder mit den beyden Polen und der Sonne in einer Ebene sich befinden, Mittag.

Die breite Strecke, die zwischen den Tropicis liegt, und gleich einem Gürtel rund um die Kugel geht, wird die heisse Zone genannt, deren Mitte der Aequator ist.

Die Strecke zwischen dem Tropico des Krebses und dem arktischen Zirkel, heißt die nordliche temperirte (gemäßigte) Zone. Die andre zwischen dem Tropico des Steinbocks und dem antarktischen Zirkel, ist die südliche temperirte Zone.

Die beyden runden, durch die Polarzirkel begränzten Strecken, sind die beyden kalten Zonen: und werden nordlich oder südlich genannt, nach dem Pole, welcher der Mittelpunkt der einen oder andern ist.

Nach dieser allgemeinen Erklärung wollen wir nun ein Experiment beschreiben, mittelst welchem man sich einen vollkommenen Begriff von der täglichen und jährlichen Bewegung der Erde, und der daraus herrührenden Abwechselung der Tage und Nächte, so wie der Jahrszeiten, machen kann, in wie fern sie durch diese zwiefache Bewegung der Erde verursacht werden.

Man

Man hänge eine kleine Erdkugel von ohngefähr
3 Zoll im Durchſchnitt an einen langen Faden von
gedreheter Seite, da wo der Nordpol der Kugel iſt.
Alsdann ſtelle man einen großen Reifen ſchräg auf
einen Tiſch, ſo daß er mit der Fläche des Tiſches
einen Winkel von 23½ Graden macht, die Ekliptik
vorzuſtellen. Hierauf ſetze man im Mittelpunkte
deſſelben ein brennend Licht, die Sonne anzudeu=
ten: und hänge die Kugel nahe an der inwendigen
Seite des Reifen; ſo wird, wenn der Tiſch wage=
recht ſteht, der Aequator mit der Tafel parallel,
von dem Reifen in einem Winkel von 23½ Grad
durchſchnitten, und die eine Hälfte deſſelben ober=
halb, und die andere unterhalb dem Reifen ſeyn.
Das Licht aber wird die eine Hälfte der Kugel er=
leuchten, auf eben die Art als die Sonne die eine
Hälfte der Erde erleuchtet, während daß die andere
im Dunkeln iſt. Darauf drehe man den Faden von
der rechten zur linken Hand, damit die Kugel eben
denſelben Weg, d. i. von Weſten nach Oſten laufe.
So wie ſich nun die Kugel um ihre Axe oder den
Faden drehet: ſo werden die Stellen ihrer Ober=
fläche regelmäßig durch Licht und Dunkel gehen,
und bey jeder Umdrehung gleichſam eine Abwechſe=
lung von Tag und Nacht haben. Indem ſie nun
fortfährt auf die Art herumzulaufen: ſo führe man
ſie bey dem Faden langſam an dem Reifen herum,
und zwar ebenfalls von Weſten nach Oſten: welches
die Bahn iſt, worinnen ſich die Erde durch den
Thier=

Thierkreis jährlich um die Sonne bewegt: und man
wird sehen, daß während der Zeit die Kugel in
dem untersten oder niedrigsten Theile des Reifen ist,
das Licht (weil es nordlich vom Aequator) stets
den Nordpol bescheine: und daß alle nordlichen
Gegenden durch einen geringern Theil Schatten als
Licht gehen: und zwar desto geringer, je weiter sie
vom Aequator entfernt sind. Folglich sind ihre Tage
länger als ihre Nächte.

Kommt die Kugel auf den Punkt, wo die Mitte
zwischen dem niedrigsten und höchsten Theile des
Reifen ist; so steht das Licht dem Aequator gerade
gegen über, und erleuchtet die Kugel von Pol zu Pol.
Alsdann geht jeder Theil derselben, so wie sie rund
lauft, durch eine gleiche Portion Licht und Schatten; und folglich ist auf der ganzen Kugel Tag und
Nacht von gleicher Länge. So wie nun die Kugel
sich dem höchsten Theile des Reifen nähert; so kommt
das Licht an die Süderseite des Aequators, und bescheinet, nach dem Maaße sie höher kommt, immer
mehr und mehr den Südpol; läßt also den Nordpol
um so viel in Schatten, um so viel der Südpol erleuchtet wird, und machet gegen Süden die Tage
länger und die Nächte kürzer; so wie das Gegentheil an der nordlichen Seite des Aequators geschiehet, bis sie zu dem höchsten Punkt kommt, wo alsdann in Süden die längsten Tage, und die kürzesten Nächte, in Norden aber das Gegentheil ist.
Wenn sie von da weiter vorwärts und wieder her-

unter

unter geht; ſo tritt das Licht vom Südpol immer mehr zurück, und nähert ſich dem Nordpol: dadurch verlängern ſich die nordlichen Tage, und die ſüdlichen verkürzen ſich in gleichem Verhältniß. Kommt ſie nun abermals auf den zweyten Mittelpunkt, zwiſchen dem höchſten und niedrigſten Theile des Reifen; ſo ſteht das Licht wiederum dem Aequator gegen über, und erleuchtet die Kugel von Pol zu Pol. Alsdann iſt aufs neue (ausgenommen unmittelbar unterm Pole) gleich viel Licht, und gleich viel Schatten auf der ganzen Kugel; und folglich Tag und Nacht gleich.

Theilet man den Reifen in 12 gleiche Theile, und bezeichnet jeden mit einem der Zeichen des Thierkreiſes, ſo daß man mit dem Krebſe auf dem höchſten Punkte anfängt, und von dem oſtwärts (oder dem ſcheinbaren Laufe der Sonne entgegen) rechnet; ſo wird man ſehen, wie die Sonne ihre Stelle in der Ekliptik jeden Tag zu verändern ſcheint, ſo wie die Kugel oſtwärts in den Reifen fortgeht, und ſich um ihre Axe wälzt: wenn nämlich die Erde in einem niedrigen Zeichen, als im Steinbock, ſtehet, muß die Sonne in einem hohen, als im Krebſe, gegen über erſcheinen: während der Zeit die Erde in der ſüdlichen Hälfte der Ekliptik iſt, zeigt ſich die Sonne in der nordlichen, und umgekehrt eben ſo: und je weiter ein Ort vom Aequator iſt, je größer muß der Unterſchied zwiſchen dem längſten und kürzeſten Tage ſeyn.

Matt

Man kann dieses Experiment noch auf eine andere Art machen.

Man stecke einen dünnen Metalldrath durch die Pole einer kleinen Erdkugel, und lasse die Enden ein wenig hervorragen: fasse alsdann das Ende des Nordpols, halte die Kugel senkrecht, und führe sie um ein brennend Licht herum, so, daß das Licht dem Aequator gegenüber steht, und die Kugel von Pol zu Pol erleuchtet: alsdann ist die eine Hälfte der Kugel helle, und die andere dunkel; gleich als wenn es auf der einen Seite Tag und auf der andern Nacht wäre.

Nun drehe man die Kugel, während daß man sie ums Licht herumführet, zugleich um ihre Axe; so wird man sehen, daß alle Theile ihrer Oberfläche von Norden bis Süden durch gleich viel Licht und Schatten gehen, und daß, wenn die Kugel in 24 Stunden einmal um ihre Axe gedrehet, und in einem Jahre so um das Licht herumgeführet würde, sie an allen Theilen ihrer Oberfläche von Pol zu Pol 12 Stunden Licht und 12 Stunden Dunkel durchs ganze Jahr haben müßte; folglich in dieser Lage die Tage und Nächte im ganzen Jahre von gleicher Länge wären, weil das Licht keine Bewegung von einer Seite des Aequators zur andern macht.

Jetzt neige man die Axe des Nordpols etwas gegen das Licht, und drehe die Kugel um ihre Axe; so wird man sehen, daß das Licht eben so weit

über

über den Nordpol hinüber ſcheint, als die Axe gegen das Licht geneigt iſt; und daß diejenigen Oerter der nordlichen Halbkugel, die durch den Schatten gehen, durch weniger Schatten als Licht gehen; folglich ihre Tage länger als ihre Nächte ſind.

Weil aber nunmehr das Licht, da es an der Norderſeite des Aequators iſt, dem Südpol gerade um ſo viel fehlt, als es über den Nordpol hinüber ſcheint; ſo gehen alle Oerter der ſüdlichen Halbkugel mehr durch Schatten als durch Licht; folglich ſind ihre Tage kürzer als ihre Nächte.

Nun neige man die Axe des Nordpols, ſo weit man ſie vorher gegen das Licht geſenkt hat, von dem Lichte ab, und drehe ſie abermals herum; ſo wird das Licht auf die nämliche Art den Südpol erleuchten, als es vorher den Nordpol erleuchtete, und man wird dieſelben Erſcheinungen um den Südpol bemerken, die man vorher am Nordpol wahrnahm.

Folgende Figur dient zur nähern Erklärung. Geſetzt, es ſey A B C D E F die Bahn der Erde, und I ſey die Erde, die ihren Lauf um die Sonne nach der Ordnung der Buchſtaben A B C D ꝛc. in einem Jahre vollführt. **Tab. X. fig. 2.**

Nun nehme man an, daß rund um die Erde ein großer Zirkel durch ihren Nordpol P und ihren Südpol p gezeichnet, und Q der Aequator ſey.

Dies

Diesen großen Zirkel P u, I p x, theile man in 360 Grade, und setze 23½ Grade von P nach u ab: dann ziehe man in der Weite P u vom Nordpol den Nordpolarzirkel, neige hierauf die Axe der Erde P p rechter Hand gegen die Platte, und führe die Erde l, während daß sie sich 365½mal um ihre Axe dreht, auf ihrer Bahn A B C D um die Sonne herum, doch daß ihre Axe stets 23½ Grade gegen die rechte Hand der Platte geneigt sey.

So wird man bemerken, daß, wenn die Erde in l ist, der ganze Nordpolarzirkel in den erleuchteten Theil der Erde falle, und alle nordlichen Oerter zwischen dem Aequator Q und dem Nordpolarzirkel u mehr Licht als Schatten haben; folglich die Tage allda länger und die Nächte kürzer sind, und die Sonne eben so weit nördlich vom Aequator Q abweicht, als sie rund um den Nordpol P scheint; weil, wie die gerade Linie R anzeigt, die Weite Q T, nach Norden vom Aequator, der Weite P u vom Nordpol, oder 23½ Graden, gleich ist. Das ist der Stand der Erde am 21sten Junius, wenn unsre Tage am längsten und unsre Nächte am kürzesten sind.

Jetzt beschreibe man rund um die Kugel den Zirkel T und ziehe ihn, dem Aequator parallel, 23½ Grade nordlich. Da nun die Sonne diesem Zirkel in der geraden Linie R gegenüber steht, und nicht weiter nordwärts gehen kann, sondern gleich-

gleichfam füdwärts von demfelben zurücktritt; fo
nennet man diefen Zirkel den Nördertropikus, oder
die Gränze der größten nordlichen Sonnen = Dekli=
nation vom Aequator.

So wie die Erde auf ihrer Bahn von I nach K
fortrückt; fo neigt fich ihre Are der Sonne immer
mehr füdwärts. Sie behält aber immer eine und
eben diefelbe Richtung, als da fie in I war. Hier=
durch werden die nordlichen Gegenden immer mehr
von der Sonne abgekehrt, und ihre Tage werden
folglich kürzer und ihre Nächte länger.

Kommt fie nach K; fo neigt fich ihre Are weder
zu, noch von der Sonne, fondern die Sonne ift ihr
feitwärts, fo, daß fie dem Aequator gerade gegen=
über ift, und die Erde ganz genau von Pol zu Pol
erleuchtet. Und da ihre Umdrehung alsdann alle
die Theile ihrer Oberfläche, die zwifchen beyden Pole
liegen, durch gleichviel Licht und Schatten führt;
fo find Tag und Nacht auf der ganzen Erde gleich
lang. Das ift der Stand der Erde am 23. Sep=
tember.

Geht fie nach ihrer Bahn von K nach L
weiter fort; fo wird nicht nur der Nordpol P,
fondern auch alle nordliche Gegenden immer weiter
von der Sonne abgekehrt, und alle Oerter der nörd=
lichen Halbkugel gehen durch einen größern Theil
Schatten als Licht; folglich werden ihre Tage kürzer
und ihre Nächte länger.

Kommt die Erde nach L, so ist ihr Nordpol eben so weit von der Sonne abgekehrt, als er ihr, wie sie in I war, zugekehrt stand. Folglich ist der ganze Nordpolarzirkel im Dunkeln, und die Sonne reicht, (wie die gerade Linie Y zeigt) 23½ Grade südwärts vom Aequator, bis zum Zirkel t, der der Südertropikus genannt wird; weil er die Gränze der südlichen Sonnen-Deklination ist.

Das ist der Stand der Erde am 21 December, wenn alle Oerter der nordlichen Halbkugel durch den kleinsten Theil Licht und den größten Theil Schatten gehen; oder wo bis zum Nordpolarzirkel die Tage am kürzesten und die Nächte am längsten sind; vom Nordpolarzirkel aber bis zum Pol gar kein Tag ist.

Rückt die Erde auf den Theil ihrer Bahn E F, von L nach M weiter fort, so wird ihre Axe der Sonne nach und nach seitwärts zugekehrt. Die nordlichen Gegenden treten täglich mehr ins Licht, und die Tage werden daselbst länger und die Nächte kürzer.

Kommt sie am 20sten März nach M, so ist ihre Axe abermals weder zu noch von der Sonne geneigt. Folglich ist sie dem Aequator wiederum gegenüber, bescheint die Erde von Pol zu Pol, und Tag und Nacht sind von gleicher Länge.

Geht sie endlich auf dem Theil ihrer Bahn G H von M nach I, so nähert sich der Nordpol, und alle nordliche Gegenden mehr und mehr dem Lichte.

Die

Die Tage werden daselbst länger und die Nächte kürzer. Bis sie am 20sten Junius nach I kommt, wo der Tag, vom Aequator bis zum Nordpolarzirkel, am längsten, und die Nacht am kürzesten; innerhalb dieses Zirkels aber gar keine Nacht ist.

Und auf die Art sieht man deutlich, daß die Neigung der Erdare nach einer und eben derselben Gegend des Himmels (wie in unserer Figur nach der rechten Hand) diese Ursache sey, daß sie der Sonne in unserm Sommer halben Jahre mehr oder weniger zugekehrt; und in unserm Winter halben Jahre mehr oder weniger abgekehrt stehet, und es also dadurch in der nordlichen Halbkugel Winter seyn müsse, wenn es in der südlichen Sommer ist; und umgekehrt: daß aber beym Aequator kein so merklicher Unterschied der Jahrszeiten seyn könne, weil er in der Mitte beyder Pole ist; und diese allemal durch die Gränze des Lichts und Schattens u x in gleiche Hälften getheilt wird.

Endlich sieht man auch hieraus, daß gerade unter den Polen ein halbes Jahr unaufhörlich Tag, und das andere halbe Jahr unaufhörlich Nacht seyn müsse. Oder eigentlicher zu reden, im ganzen Jahre nur ein Tag und eine Nacht seyn könne.

Da die Bahn der Erde elliptisch, und die Sonne beständig in ihrem untern Brennpunkte, welcher 300000 Meilen von dem Mittelpunkte der längern Are entfernt ist, stehet; so kommt die Erde doppelt so viel, oder 600000 Meilen, der Sonne zu einer

Zeit

Zeit im Jahre näher als zur andern. Und da uns
die Sonne im Winter unter einem größern Winkel
erscheint als im Sommer; so beweiset solches: daß
die Erde der Sonne im Winter näher sey als im
Sommer. Hier entsteht also ganz natürlich die
Frage: warum haben wir denn nicht zu der Zeit
das heißeste Wetter, wenn die Erde der Sonne am
nächsten kommt? die Antwort ist: daß die Eccentri=
cität der Erdbahn oder 300000 Meilen kein größer
Verhältniß gegen den mittlern Abstand der Erde
von der Sonne ausmacht als beynahe 17 zu 1000:
folglich dieser geringe Unterschied keine große Verän=
derung der Hitze oder Kälte in einer solchen Entfer=
nung verursachen kann. Die eigentliche Ursache ist
aber: daß die Sonnenstralen im Winter so schief
auf uns fallen, daß eine gegebene Zahl derselben,
über einen viel größern Theil der von uns bewohn=
ten Oberfläche der Erde ausgebreitet ist; und daher
jeder Punkt weniger Stralen auffängt als im Som=
mer. Zudem bringen die langen Winternächte
einen größern Grad der Kälte mit sich, als die kur=
zen Tage durch Wärme wieder ersetzen können: und
aus beyden Ursachen muß die Kälte zunehmen. Im
Sommer hingegen fallen die Sonnenstralen senk=
rechter auf uns, und kommen daher auf einen und
denselben Ort in größerer Anzahl: theilen überdem,
durch ihre anhaltende Verweilung am Tage, einen
größern Grad der Hitze mit, als in der Nacht ver=
fliegen kann.

Das

Das eilfte Kapitel.

Vom Monde.

Wenn man den Mond durch ein gewöhnliches Sehrohr betrachtet; so bemerket man, daß seine Oberfläche mit langen Strecken außerordentlich hoher Berge und tiefer Höhlen abwechselnd besetzt sey. Man hat gefunden, daß einige dieser Berge, wenn man ihre Höhe mit dem Diameter des Monds vergleichet; höher sind als die höchsten Berge auf unserer Erde. Diese Rauhigkeit der Oberfläche des Monds ist für uns von großem Nutzen: indem das durch, wie wir schon vorher angeführet, das Sonnenlicht von allen Seiten auf uns zurückgeworfen wird. Denn, wäre der Mond glatt und eben wie ein Spiegel, oder mit Wasser bedeckt; so würden wir sein Bild nur als einen hellen Punkt sehen, der uns die Augen blendete.

Da der Mond so rauh und höckerigt ist; so haben sich viele darüber gewundert, woher es komme, daß sein Rand uns nicht zackigt erscheine, und warum wir die bogenförmigen Gränzen seiner hellen und dunkeln Stellen nicht sehen können. Allein wenn wir bedenken, daß dasjenige, was wir den Rand der Mondsscheibe nennen, nicht eine einfache mit Bergen besetzte Linie (in welchem Falle wir sie unregelmäßig ausgekerbt sehen würden), sondern eine breite Zone sey, in welcher viele Berge hinter

O 3　　　　　ein-

einander dem Auge des Beobachters gegenüber lie
gen; so werden wir finden, daß die Berge in eini
gen Strecken, den Thälern in andern entgegen
stehen, und dadurch die Ungleichheiten wieder aus
füllen; so, daß der Mond uns rund erscheint.
Eben als wenn man eine Orange in der Nähe be
trachtet; so bemerkt man sehr genau, daß sie rauh
und uneben ist: vornehmlich wo die Sonne oder
ein Licht, an der dem Auge zugekehrten Seite,
schief darauf scheinet. Die Linie aber, die den sicht
baren Theil derselben begränzt, wird immer glatt
und eben aussehen.

Wenn der Mond voll ist, und in dem höchsten
oder niedrigsten Theile seiner Bahn stehet; so scheint
er nicht völlig rund zu seyn, weil wir seine ganze
erleuchtete Seite zu der Zeit nicht sehen können.
Ist er in dem höchsten Theile seines Kreises voll;
so fehlt unten ein wenig, und ist er es in dem nie
drigsten Theile; so fehlt es oben. Zwischen dem
letzten Viertel und dem Neumond sehen wir ihn oft
des Vormittags am Himmel, auch selbst, wenn die
Sonne scheint, und man hat alsdann Gelegenheit
eine angenehme Erscheinung zu beobachten. Wenn
man nämlich auf einem Thore oder andern erhabe
nen Gebäude einen kugelförmigen Knopf siehet,
und stellt sich, wenn die Sonne darauf scheint, so,
daß die höchste Oberfläche des Knopfs just die unter
ste Spitze des Horns vom Monde zu berühren
scheint; so wird man die erleuchtete Seite des
Knopfs

Knopfs ganz genau in eben derselben Figur als den Mond sehen: nämlich eben so gehörnt, und in eben der Lage gegen den Horizont geneigt. Die Ursache ist leicht zu erklären: denn weil die Sonne den Knopf in der nämlichen Richtung erleuchtet als den Mond, und beyde Kugeln sind; so hat der Mond, wenn wir in der vorgedachten Stellung stehen, mit dem Knopfe eine gleiche Richtung gegen unsre Augen, und deswegen müssen wir eben so viel von dem erleuchteten Theile des einen als des andern sehen.

Wenn der Mond gehörnt ist, so kann man zu allen Zeiten aus der Stellung seiner Hörner, die Neigung des Theils der Ekliptik gegen den Horizont, worinn er alsdann ist, finden. Denn eine gerade Linie, die die Spitzen seiner Hörner berührt, ist der Ekliptik perpendiculär. Und da der Winkel, den die Bahn des Monds mit der Ekliptik machet, von der Sonne gesehen, den Mond niemals mehr als zwey Minuten über die Ekliptik erheben, noch unter dieselbe herunterbringen kann; so kann solches auch keine merkliche Veränderung in der Stellung seiner Hörner verursachen. Wenn man daher einen Quadraten so hält, daß die eingetheilte Seite gegen das Auge gehalten wird, und zwar so weit als man ihn mit Bequemlichkeit halten kann, und dann die eine Ecke die Hörner des Monds zu berühren scheint; so wird der Bogen zwischen der Bleyschnur und dieser Ecke die Neigung des Theils der Ekliptik gegen

O 4   den

den Horizont bezeichnen: und der Bogen zwischen der andern Ecke des Quadranten und der Bley-schnur wird die Neigung einer Linie zum Horizont bezeichnen, welche die Hörner des Monds be-rühret.

Tab. VII. fig. I.

Der Mond scheint uns gemeiniglich eben so groß zu seyn als die Sonne, weil der Winkel V K A, unter welchem wir den Mond von der Erde sehen, eben so groß ist als der Winkel L K M, unter dem wir die Sonne sehen. Aus der Ursache kann uns der Mond den ganzen Discum der Sonne ver-bergen: wie es oft bey Sonnenfinsternissen geschie-het. Wäre der Mond weiter von der Erde als in A; so würde er die Sonne niemals ganz verbergen: weil er alsdann unter dem Winkel N K O er-schiene, und nur den Theil der Sonne bedeckte, der zwischen N und O liegt. Wäre er noch weiter als in X; so würde er unter dem kleinen Winkel T K W als ein Flecken in der Sonne erscheinen, und blos den Theil T W verbergen.

Daß sich der Mond in der Zeit er seine Bahn durchläuft, um seine Are drehe, ist zuverläßig zu beweisen. Denn ein Beobachter, der außerhalb der Bahn des Mondes auf einer Stelle stille stünde, würde sehen, daß ihm in der Zeit alle Seiten dessel-ben regelmäßig zugekehrt stünden. Er drehet sich um seine Are, von einem Sterne bis wieder zu demselben in 27 Tagen 8 Stunden: und von der Sonne bis wieder zu der Sonne in 29½ Tagen.

Das

Das erste nennet man die Länge seines Sterntages, und das letztere die Länge seines Sonnentages. Ein Körper, der um die Sonne liefe, ohne sich um seine Axe zu drehen, würde in jedem Umlauf einen Sonnentag haben: auf eben die Art, als wenn er in Ruhe geblieben, und die Sonne um ihn gelaufen wäre. Allein einen Sternentag könnte er, ohne sich um seine Axe zu drehen niemals haben; weil er immer dieselbe Seite gegen einen gegebenen Stern kehren würde.

Hätte die Erde keine jährliche Bewegung; so würde der Mond einen Wechsel; einen Stern; und einen Sonnentag, alles in einer und derselben Zeit vollenden. Weil aber die Erde, während der Zeit der Mond auf seiner Bahn um sie läuft, auf ihrer Bahn fortgeht; so muß der Mond schon so viel weiter auf seiner Bahn von Neumond zu Neumond laufen, so viel die Erde in der Zeit, das ist, bey nahe den zwölften Theil eines Zirkels fortgegangen ist, ehe er einen Sonnentag vollenden kann.

Am leichtesten läßt sich der periodische und synodische Lauf des Monds begreifen, wenn man sich ihn nach der Bewegung des Stunden; und Minutenzeigers einer Uhr vorstellet, wo die Scheibe in zwölf gleiche Theile oder Stunden, gleichwie die Ekliptik in zwölf Zeichen, und das Jahr in zwölf Monate getheilt ist. Nun wollen wir annehmen: die 12 Stunden wären die 12 Zeichen, der Stun-

O 5 den-

denzeiger die Sonne, und der Minutenzeiger der
Mond: dann gienge der erste in einem Jahre und
der letzte in einem Monate herum. Folglich müßte
der Mond oder der Minutenzeiger schon weiter
herumgehen, bis er die Sonne oder den Stundenzeiger einholete, um mit ihm wieder zusammen zu
treffen. Denn, weil der Stundenzeiger immer
weiter fortgeht; so kann er niemals von dem Minutenzeiger auf demselben Punkte, wo sie vorher
zusammen standen, eingeholet werden.

Gesetzt demnach, die beyden Zeiger wären, wie
sie immer sind, auf der Stunde 12 in Conjunktion;
so würden sie das erstemal 5 Minuten 27 Sekunden, 16 Tertien, 21 Quarten, $49\frac{1}{11}$ Quinten nach 1
wieder zusammentreffen; das zweytemal 10 Minuten, 54 Sekunden, 32 Tertien, 43 Quarten, $38\frac{2}{11}$
Quinten nach 2, und so fort an. Ob dieses aber
gleich eine leichte Erklärung der Sonnen- und
Mondsbewegung ist; so trifft sie doch nicht genau
mit der Zeit ihrer wirklichen Bewegung zu: weil
der Mond $12\frac{1}{3}$ Conjunktionen mit der Sonne macht,
während sie durch die Ekliptik gehet, der Minutenzeiger einer Uhr hingegen den Stundenzeiger nur
11mal einholet. Wenn daher statt des gewöhnlichen Räderwerks hinter der Zeigerscheibe die Axe
des Minutenzeigers ein Getriebe von 6 Lappen
hätte, das ein Rad von 74 Zähnen triebe, und
dieses letzte den Stundenzeiger, in jedem Umlaufe,
den er um die Scheibe macht, führte; so würde
der

der Minutenzeiger 12½ mal mit ihm in Conjunktion kommen; und es würde folglich eine artige Vorstellung abgeben, die Bewegungen der Sonne und des Monds zu zeigen, besonders wenn man auf den langsamen Zeiger eine kleine Sonne, und auf den geschwinden einen kleinen Mond befestigen ließe.

Wir wollen dieses ausführlicher erklären. Bekanntlich läuft der Mond jeden Monat um die Erde, und die Erde in einem Jahre um die Sonne; folglich muß der Mond ebenfalls mit der Erde um die Sonne laufen.

Weil aber die Erde jede Stunde 12500 Meilen auf ihrer Bahn fortläuft; so wäre es unbegreiflich, daß sie nicht davon flöge und den Mond hinter sich zurückließe, wenn wir nicht wüßten, daß der Mond in dem Kreis der Anziehungskraft der Erde liefe, und ihr also beständig folgen müßte. Denn der Stein, der in der Schleuder herumgeschwungen wird, geht immer rund herum, ich mag stille stehen, oder vorwärts, oder in einem Kreis herumgehen. Und die Kraft, die ich anwenden muß, die Schleuder zu halten und den Stein in seinen Zirkel zu begränzen, ist in allen Fällen dieselbe.

Hieraus folgt nun ferner: daß der Mond, indem er um die Erde, und zugleich mit der Erde in einem Jahre um die Sonne geht, nicht nur seinen
Kreis

Kreis von Neumond zu Neumond durchgehen, sondern auch zugleich jedesmal so viel Grade weiter
vorwärts rücken müsse, als die Erde in der Zeit
auf ihrer Bahn weiter gegangen ist, damit er wiederum mit der Sonne in Conjunktion komme.
Auf eben die Art, als der Stunden- und Minutenzeiger einer Uhr, die sich zwar um 12 Uhr einander
begegnen, eine Stunde nachher solches nicht thun,
sondern der Minutenzeiger muß nun schon so viel
weiter gehen, bis er den Stundenzeiger wieder ein-
holt, wie wir bereits im vorhergehenden angeführt
haben.

Folgende Figur wird es deutlicher machen.

Tab. Es sey A B C D E F G die Hälfte der Erd-
X. bahn; S die Sonne; A die Erde; h der neue
fig. Mond zwischen der Erde und Sonne, und i k l
3. die Bahn des Monds, auf welcher er sich, nach der
Ordnung der Buchstaben h i k l bewegt, indem er
um die Erde, diese aber mit dem Mond und seinem
(angenommenen) Kreis in einem Jahre um die
Sonne läuft.

Wenn nun die Erde in A ist, so ziehe man den
Diameter h k der Mondsbahn; so, daß wenn diese
Linie fortgeführt wird, sie gerade zum Centro der
Sonne gehe. Alsdann sieht man, daß wenn der
Mond an das Ende dieser Linie in h zwischen der
Erde und Sonne ist, es Neumond seyn müsse.

So

So wie sich die Erde weiter von a nach b, von b nach c, und von c nach d u. s. f. bewegt, bleibt oberwähnter Diameter k h, k h, k h, k h allemal der ersten Richtung parallel, die er hatte, wie die Erde in A war. Das ist: er bleibt der Grundlinie H I, der Figur, perpendikular. Folglich, wenn er einmal gegen einen Firstern zeigt, so bleibt der Punkt h immer zwischen der Erde und demselben Stern, weil der Abstand des Firsterns so unermeßlich groß ist, daß der ganze Diameter der Erdbahn dagegen nur ein Punkt ist.

In der Zeit nun, daß der Mond in der Richtung h i k l h abermals von h nach h herumkommt, ist er seine Bahn völlig rund gegangen. Dieses würde er immer von einem Neumond zum andern thun, wenn die Erde stets in A bliebe. Weil sie aber zwischen der Zeit des ersten und des darauf folgenden Neumonds auf ihrer Bahn von a nach b fortgerückt ist; so folgt, daß wenn der Neumond in m; die Erde in b ist, er also schon so viel weiter, als die Weite h m beträgt, auf seiner Bahn von h nach h hat fortgehen müssen. Und da alle Zirkel, sie seyn groß oder klein, 360 Grade enthalten; so hält die Weite h m, die der Mond von seinem ersten Neumond in h bis zu seinem zweyten in m, mehr als die Länge seiner Bahn durchgegangen ist, ganz genau eben so viele Grade und Theile eines Grads, als die Erde während der Zeit auf ihrer Bahn von a nach b fortgerückt ist.

Beym

Beym zweyten Neumond, von h an, ist die Erde in c und der Mond in n. In der Zeit ist er seine Bahn zweymal durchgegangen; und noch so viel mehr, als der Theil seiner Bahn von h nach n ausmacht, welches eben so viel Grade sind, als der Theil der Erdbahn a b c beträgt. Und so ferner durch die ganze Figur. Doch es ist noch ein Umstand zu bemerken, den wir erklären müssen.

Man sieht, daß in der Figur sechs Mondwechsel, als von h nach m, nach n, nach o, nach p, nach q, nach r, gezeichnet sind. — Man bemerkt aber beym letzten Neumond, daß die Erde nicht völlig die Hälfte um die Sonne rund gegangen sey, indem die letzte Conjunktionslinie S r G nicht genau mit der ersten A h S zusammentrifft.

Das muß sie auch nicht. Denn wenn sie richtig gezogen ist; so muß sie um $5\frac{1}{3}$ Grade im letzten halben Jahre gegen die fortrückende Bewegung der Erde fehlen. Denn fünf Umgänge des Monds von Neumond zu Neumond betragen nur 177 Tage, 4 Stunden, 24 Minuten, und 18 Sekunden; fehlen also an einem vollen halben Jahre von 182 Tagen 12 Stunden, 5 Tage, 7 Stunden, 35 Minuten und 42 Sekunden. Und in dieser Zeit geht die Erde auf ihrer Bahn etwas mehr als 5 Grade weiter vorwärts.

Wir

Wir haben im vorhergehenden gesagt, daß die Zeit von einem Neumonde zum andern 29 Tage, 12 Stunden, 44 Minuten, 3 Sekunden ausmache, und der Mond seine Bahn in 27 Tagen, 7 Stunden, 43 Minuten und 5 Sekunden durchlaufe.

Nun rückt die Erde aber von einem Neumond bis zum nächstfolgenden 29 Grade, 6 Minuten, 25 Sekunden weiter fort. Folglich muß der Mond ebenfalls, von einem Neumond zum andern, 29 Grade, 6 Minuten, 25 Sekunden weiter laufen, als die Länge seiner Bahn ist.

Die Zeit, in welcher der Mond seine Bahn durchläuft, nennet man seinen periodischen Umlauf; und die Zeit, in welcher er von Neumond zu Neumond herumkommt, seinen synodischen Umlauf.

Nun müssen wir noch eines Umstands in Absicht des Monds erwähnen, der ein abermaliger Beweis der Güte und Weisheit des Schöpfers ist, mit welcher er für die Bedürfnisse seiner Creaturen sorgt. Wir haben im vorhergehenden gezeigt, daß die Sonne in den Polargegenden im Sommer niemals unter- und im Winter niemals aufgehe; folglich müssen diese Gegenden im ersten Fall beständig Tag, und im andern beständig Nacht haben. Es würde ihnen daher das Licht des Monds im Sommer von gar keinem Nutzen, im Winter hingegen desto zuträglicher seyn, je länger sie es genießen

nießen könnten. Daß es nun gerade auf die Art vom Schöpfer also geordnet sey, wollen wir im folgenden beweisen.

Wenn die Sonne den Sommertropicum berührt; so verweilt sie bey den Polarzirkeln 24 Stunden überm Horizont. Und wenn sie den Wintertropicum berührt; ist sie 24 Stunden unter demselben. Aus eben dieser Ursache geht der volle Mond im Sommer niemals auf, und im Winter niemals unter, wenn wir ihn, wie er sich in der Ekliptik bewegt, ansehen.

Denn weil der volle Mond im Winter eben so hoch in der Ekliptik steht als die Sonne im Sommer; so muß er deswegen auch eben so lange übern Horizont verbleiben. Und weil er im Sommer so niedrig steht, als die Sonne im Winter; so kann er auch nicht höher heraufgehen. Doch dieses trifft nur die bryden vollen Monde bey den Tropicis, die andern gehen alle auf und unter. Im Sommer steht der volle Mond niedrig, und bleibt nur kurze Zeit überm Horizont: indem auch die Nächte nur kurz sind, und wir das Licht des Monds am wenigsten bedürfen. Im Winter hingegen steht er hoch und bleibt lange, weil wir ihn alsdann am größten nöthig haben.

Bey den Polen geht die Hälfte der Ekliptik niemals auf, und die andre niemals unter. Und weil die Sonne allemal ein halbes Jahr zubringt, die eine Hälfte der Ekliptik zu beschreiben, und ein

halbes

halbes Jahr die andre Hälfte; so kann man sich
naturlicherweise vorstellen, daß sie bey jedem Pole
wechselsweise ein halbes Jahr überm Horizont verbleibt, und dem einen Pole aufgeht, wenn sie dem
andern untergeht. Dieses würde auch ganz genau
zutreffen, wenn keine Refraktion wäre. Weil aber
die Atmosphäre die Sonnenstralen bricht; so wird
die Sonne einige Tage früher, und bleibt einige
Tage später sichtbar, als sie sonst thun würde:
daher sie auch schon über dem Horizont des einen
Pols erscheint, wenn sie von dem Horizont des andern noch nicht völlig weggegangen ist. Und da die
Sonne niemals tiefer als 23½ Grad unter den
Horizont der Pole geht; so haben diese wenig ganz
dunkle Nächte; sondern sie haben immer Dämmerung, bis die Sonne 18 Grade unterm Horizont ist.
Da der volle Mond allemal der Sonne gegenüber
steht; so kann er, so lange die Sonne überm Horizont ist, nicht gesehen werden, ausgenommen wenn
er in die nördliche Hälfte seiner Bahn einfällt.
Denn zu welcher Zeit ein Punkt der Ekliptik aufgeht, geht der andre unter. Weil daher die Sonne
vom 20sten März bis den 23sten September über
dem Horizont des Nordpols ist; so ist klar, daß der
Mond, wenn er voll und der Sonne gegenüber ist,
dieses halbe Jahr unterm Horizont seyn muß.
Wenn aber die Sonne in der südlichen Hälfte der
Ekliptik ist; so geht sie dem Nordpol niemals auf.
Folglich muß in dem andern halben Jahre jeder

Ferguf. Aftron. v. Kirchh. P Voll-

Vollmond in die nordliche Hälfte der Ekliptik, die niemals untergeht, fallen. Die Polarbewohner sehen also den Vollmond zwar niemals im Sommer, dagegen aber sehen sie ihn jedesmal im Winter, vorher, voll und nachher 14 Tage und Nächte unaufhörlich. Und wenn die Sonne in ihrem tiefsten Stande unterm Horizont, im Steinbock stehet; so ist der Mond beym ersten Viertel im Widder, voll im Krebse, und im letzten Viertel in der Waage. Da nun der Anfang des Widders der aufgehende Punkt der Ekliptik, Krebs der höchste, und Waage der untergehende Punkt ist; so geht der Mond beym ersten Viertel im Widder auf, ist im Krebse voll und am höchsten überm Horizont, und geht im letzten Viertel beym Anfange der Waage unter, nachdem er während 14 Umdrehungen der Erde sichtbar geblieben. Also sind die Pole, in der Zeit die Sonne abwesend ist, die Hälfte des Winters mit unaufhörlichem Mondenschein versorgt; und verlieren ihn nur vom letzten bis zum ersten Viertel aus dem Gesicht, wo er nur wenig Licht giebt, und ihnen wenig oder gar keine Dienste thun könnte. Beygehende Figur wird dieses noch deutlicher machen.

Tab. VII. fig. 2. Es sey also S die Sonne: e die Erde im Sommer, wenn ihr Nordpol der Sonne zugekehrt stehet: und E die Erde im Winter, wenn ihr Nordpol abgekehrt stehet. S E N und N W S ist der Horizont des Nordpols, der mit dem Aequator zutrifft. Und

Und in diesen beyden Stellungen der Erde ist
♈ ♋ ♎ ♑ die Bahn des Monds, worinn er
um die Erde läuft, nach der Ordnung der Buch=
staben a b c d, A B C D. Wenn der Mond in
a ist; so ist er der Erde in e im letzten Viertel,
und geht dem Nordpole n auf. In b wechselt er,
und ist am höchsten überm Horizont, eben wie die
Sonne. In c ist er im ersten Viertel, und geht
unterm Horizont. In d ist er am aller niedrigsten,
wenn er der Sonne entgegen steht, und seine erleuch=
tete Seite der Erde zukehrt. Alsdenn aber ist er
dem Südpole p voll, welcher eben so sehr von der
Sonne abgekehrt, als der Nordpol ihr zugekehrt
stehet. Folglich ist der Mond in unserm Sommer
über dem Horizonte des Nordpols, wenn er die
nordliche Hälfte der Ekliptik ♈ ♋ ♎ beschreibt;
oder vom letzten bis zum ersten Viertel, und un=
term Horizont, wenn er die südliche Hälfte ♎ ♑ ♈
durchläuft: oder am höchsten im Neumond, und am
niedrigsten im Vollmond. Im Winter hingegen,
wenn die Erde in E ist, und ihr Nordpol sich von
der Sonne abneigt, ist der Neumond in D in sei=
ner größten Tiefe unter dem Horizont N W S, und
der Vollmond in B in seiner größten Höhe über dem=
selben; geht beym ersten Viertel in A auf; und
bleibt überm Horizont, bis er zum letzten Viertel
in C kommt. Im mittlern Stand ist er $23\frac{1}{2}$ Grad
überm Horizont in B und b, und eben so tief unter
demselben in D und d, gleich der Axe der Erde F.

P 2   S ♋

♌ ♋ oder S ♄ stellet gleichsam einen Lichtstral von der Sonne zur Erde vor, und zeigt: daß, wenn die Erde in e ist, die Sonne überm Horizont, dem Tropico des Krebses vertikal stehe, und unterm Horizont dem Tropico des Steinbocks vertikal, wenn die Erde in E ist.

Da wir oben im zweyten Kapitel bewiesen, daß der Mond eine Atmosphäre von sichtbarer Dichtigkeit habe; so müssen wir, ehe wir dieses Kapitel schließen, hier noch eine Anmerkung des berühmten Stewart über diese Materie anführen, die uns seitdem zu Gesichte gekommen ist. Sie lautet also:

Newton redet von einer Atmosphäre des Mondes; dagegen behaupten andere, daß kein solches Ding da sey, weil man sie gar nicht entdecken könne. Wenn man aber annimmt, daß der Mond eben die Vestigkeit als die Erde habe, und daß seine flüßigen Theile in gleichem Verhältnisse stehen; so muß die Höhe seiner Atmosphäre (vorausgesetzt er hätte eine) so geringe seyn, daß sie von dem schärfsten Beobachter nicht entdeckt werden kann. Denn das muß man zugeben, daß die Höhe der Atmosphäre der Geschwindigkeit, mit welcher der Mond sich um seine Are drehet, und der Vielheit der flüßigen Theile seiner Oberfläche angemessen sey. Da nun die Geschwindigkeit seiner Umdrehung um

seine

seine Are, 27mal geringer, als die Geschwindigkeit der Umdrehung der Erde: und die Vielheit seiner flüßigen Theile nur den 12ten Theil
so groß ist; so muß folglich die Höhe der Atmosphäre des Monds, in Vergleichung der At-
mosphären-Höhe der Erde, sehr klein seyn.
Gesetzt, die Atmosphäre der Erde hätte eine
Höhe von 10 Meilen, welches doch sehr reich-
lich gerechnet ist; so würde die Atmosphäre des
Monds nur den 6ten Theil einer Meile hoch
seyn; welches von der Erde gesehen, einen Winkel ausmacht, der kleiner ist als der sechste Theil
einer Sekunde.

Der Grund, den verschiedene Astronomen
angeführet: daß der Mond keine Atmosphäre
haben könne, weil sonst das Licht der Planeten
und Sterne, wenn man sie nahe an seinem
Rande erblickt, und er vor ihnen übergeht,
müßte gebrochen werden, widerlegt sich, sobald
man bedenkt, daß in diesem Fall die Zeit des
Durchgangs des Sterns durch die Atmosphäre
des Monds nicht länger seyn könne, als der
dritte Theil einer Sekunde: und daß diese Zeit
so kurz sey, daß kein Astronom sich wird rühmen
können, sie bemerkt zu haben.

Das

Das zwölfte Kapitel.

Von der Fluth und Ebbe.

Die Ursache der Fluth und Ebbe wurde von Keppler entdeckt, der in seiner Einleitung zur Physik des Himmels sich folgendermaßen ausdrückt.

Der Kreis der anziehenden Kraft, die im Monde ist, erstreckt sich bis zur Erde, und zieht das Wasser unter der heissen Zone an, wirket auf die Oerter, wo er vertikal steht, unmerklich auf begränzte Seen und Busen, merklich aber auf den Ocean, dessen Breite sehr groß ist; und das Wasser hat die Freyheit ein gleiches zu thun; das ist: zu steigen und zu fallen. Und auf der 70sten Seite seiner Astronomie des Mondes — Aber die Ursache der Fluth und Ebbe der See scheinen die Körper der Sonne und des Monds zu seyn, welche das Wasser der See anziehen.

Diese Muthmaßung bewog den großen Newton, sie näher zu untersuchen, und zu verbessern. Er schrieb also über diesen Gegenstand sehr ausführlich, und machte sich die Theorie der Fluth und Ebbe, auf gewisse Weise zum Eigenthum: indem er die Ursache entdeckte, weswegen die Fluth an der dem Monde entgegenstehenden Seite der Erde zu gleicher Zeit steige und falle. Denn Keppler glaubte, daß die Gegenwart des Monds einen Stoß verursache, der

der in seiner Abwesenheit einen andern hervorbringe. Wir wollen versuchen, ob wir diese Materie, worüber so oft gestritten worden, ausführlich erklären, und auf eine solche Art beweisen können, daß sie hinfort keinem Zweifel weiter unterworfen sey.

Die Ursache, warum die Fluth in entgegengesetzter Richtung an beyden Seiten der Erdkugel zu einer und eben derselben Zeit steige und falle, läßt sich auf der Centrifugaltafel, durch ein ganz neues vom Herrn Ferguson erfundenes Experiment, unwidersprechlich beweisen.

Ehe wir aber zu diesem Beweise gehen, wird es nöthig seyn, zuvor folgende Sätze zu erklären.

Einem jeden ist bekannt, daß die Attraktion des Monds die Ursache sey, daß das Wasser an der ihm zugekehrten oder ihm nächsten Seite der Erde steige. Allein aus was für einer Ursache solches zu eben derselben Zeit an der entgegenstehenden, oder von ihm abgekehrten Seite, wo kein Mond ist der anziehen könne, geschehe, das ist vielleicht nicht so allgemein bekannt. Denn ohne eine dritte Ursache sollte man vielmehr gedenken, daß der Mond das Wasser an der andern Seite, die seiner anziehenden Kraft gerade entgegen steht, eher drücken als in die Höhe heben müsse.

P 4   Fol:

Folgende Figur wird dieses deutlich machen.

Tab.
VIII.
fig.
1. Es sey A B C D die Erde, und zwar überall mit Waſſer bedeckt; ausgenommen die Spitze einer kleinen Inſel A a. Nun ſey die Erde in einer ſteten Bewegung, und drehe ſich in 24 Stunden von Weſten nach Oſten um ihre Are, nach der Ordnung der Buchſtaben A B C D, und der Mond M laufe gleichfalls auf ſeiner Bahn O o von Weſten nach Oſten, und zwar von M nach o, innerhalb 24 Stunden 50 Minuten.

Ferner iſt bekannt, daß die Erde und der Mond einander ſo nahe ſind, daß ſie ſich wechſelſeitig anziehen; nämlich die Erde den Mond, und der Mond die Erde; und daß die anziehende Kraft ſich nach dem Maaße vermindert, als das Quadrat der Entfernung von dem anziehenden Körper zunimmt. Hieraus folget:

Daß der Mond die Seite der Erde A, die ihm am nächſten iſt, zu allen Zeiten mit einem größern Grade der Kraft anziehen müſſe als den Mittelpunkt der Erde E, und daß er den Mittelpunkt wiederum mit einem größern Grade der Kraft anziehe als die Seite der Erde C, die am weiteſten von ihm iſt; und daß die Erde und der Mond, durch die Kraft ihrer gegenſeitigen Anziehung, auf einander fallen würden, wenn nichts wäre, das ſie daran verhinderte: daß aber der Mond ſo viel geſchwinder gegen die Erde fallen würde, als die Erde gegen den

Mond

Mond, soviel die Erde schwerer ist, oder soviel die Quantität der Materie der Erde größer ist, als die Quantität der Materie des Monds. Denn weil jeder Theil der Materie mit einem gleichen Grade der Kraft anziehet; so muß folglich der Körper, der die größte Quantität Materie hat, den andern mit einem so viel größern Grade der Kraft anziehen.

Nun wollen wir annehmen: die Erde und der Mond näherten sich einander durch die Kraft ihrer Attraktion; so würden die Erdtheile unserer Kugel, da sie zusammenhängen und untereinander verbunden sind, nicht mehr oder weniger der anziehenden Kraft des Monds nachgeben, sondern sich alle gleich schnell gegen den Mond bewegen: das Wasser hingegen, weil es von einer nachgebenden Natur, und die Zusammenhängung seiner Theile sehr geringe ist, würde nach dem Maaße der verschiedenen Grade der anziehenden Kraft des Monds, in mehrerer oder minderer Entfernung mehr oder weniger gereizt werden.

Es müßte folglich das Wasser bey A, weil es stärker durch den Mond angezogen wird, als die Erde bey ihrem Mittelpunkte E sich schneller gegen den Mond bewegen als der Mittelpunkt, und folglich in diesem Verhältnisse höher gegen den Mond steigen, nämlich von A nach a. Und da der Mittelpunkt E sich schneller gegen den Mond bewegt, als das Wasser an der hintern Oberfläche der Erde

P 5   in

in C; so würde das Wasser daselbst gleichsam zu= rückgelassen, und folglich, im Verhältniß gegen den Mittelpunkt, gehoben werden, wie hier von C nach c.

Weil aber immer dieselbe Masse Wasser auf der ganzen Erde bleibt; so kann es unmöglich auf einer Stelle steigen, ohne daß es zugleich auf der andern falle. Es muß daher eben so niedrig bey b und d fallen, als es zur selbigen Zeit bey a und c steigt: so, daß, wenn jemand (in einiger Entfernung von der Erde über den Punkt E gestellt werden könnte; so würde er die Oberfläche des Wassers nicht in der runden Figur A B C D, sondern in der elliptischen Figur a b c d sehen.

Da nun die Erde sich ostwärts um ihre Are drehet; so ist es klar, daß wenn die Insel A a in A stehet, es daselbst gerade unter dem Monde hoch Wasser ist. Ist sie in B; so ist sie 6 Stunden vom Monde weg und hat niedrig Wasser. Ist sie in C, 12 Stunden vom Monde; so hat sie aber= mals hoch Wasser. Und wenn sie in D ist, 18 Stunden vom Monde; so hat sie wiederum niedrig Wasser. Wenn also der Mond keine fortrückende Bewegung auf seiner Bahn machte, sondern alle= mal über der geraden Linie A M bliebe; so würde die Insel A in 24 Stunden allemal zu eben dersel= ben Zeit zweymal Fluth und zweymal Ebbe haben. Dieses geschiehet aber nicht; sondern Fluth und Ebbe kommen jeden Tag später als den vorherge= henden.

henden. Die Ursache davon ist: daß, da der Mond
seine Bahn jeden Monat ostwärts durchläuft, und
die Erde sich in 24 Stunden gleichfalls ostwärts
um ihre Axe drehet; so ist der Mond, während
der Zeit, schon etwas weiter auf seiner Bahn fort,
gerückt: folglich muß die Insel, wenn sie wieder
nach A herumkömmt, sich schon so viel weiter, und
zwar von A nach e bewegen, ehe sie am folgenden
Tage das höchste Wasser haben; oder ehe sie wieder
grade unter den Mond kommen kann. Dieser Un,
terschied beträgt völlig 50 Minuten, und so viel
kömmt das höchste Wasser oder die Fluth täglich
später. Die Seefahrer rechnen zwar nur 48 Mi,
nuten. Und sie würden Recht haben, wenn der
Mond völlig 30 Tage und Nächte gebrauchte, bis
er wieder wechselte. Da es aber nur 29 Tage
12 Stunden 44 Minuten und 3 Sekunden (in
der mittlern Zahl) sind; so muß er sich täglich ein
wenig weiter bewegen. Und dieser Unterschied be,
trägt, wenn man ihn gegen die Bewegung der Erde
rechnet, ohngefähr zwo Minuten.

Es kann also die Insel, während der Zeit, daß
der Mond seinen Kreis in 29½ Tagen (in runder
Zahl) durchläuft, nur 28½mal von Mond zu Mond
wieder herumkommen, und folglich nur doppelt so
viel Fluth und Ebbe in a und c, oder 57mal Fluth
und 57mal Ebbe von Neumond zu Neumond ha,
ben; oder, welches einerley ist, während daß er
zweymal wechselt; welches 59 Tage, 1 Stunde,
28 Mi,

28 Minuten und 6 Sekunden ausmacht, haben wir 57 doppelte Fluthen und eben so viel Ebben.

Diese Bewegung der Fluth und Ebbe würde sehr leicht zu begreifen seyn, wenn die Erde und der Mond gegen einander fielen. Weil aber der Lauf des Monds auf seiner Bahn ihm eine Centrifugalkraft mittheilt, die der Kraft, mit welcher ihn die Erde anzieht, das Gleichgewicht hält; so kann er ganz und gar nicht zur Erde fallen. Dagegen aber muß die Erde wiederum einen kleinen Kreis um ein gemeinschaftliches Centrum Gravitatis zwischen ihr und dem Monde beschreiben; sonst würde die Attraktion des Monds, indem er seine Bahn durchläuft, die Erde mit sich fortreißen; und diese hätte dagegen keine Centrifugalkraft, seiner Anziehung das Gleichgewicht zu halten.

Dafür hat aber der Schöpfer weislich gesorget. Denn die Erde und der Mond bewegen sich wirklich jeden Monat um ihr gemeinschaftliches Centrum Gravitatis. Und eben dieses Centrum Gravitatis ist es, welches denjenigen Kreis beschreibt, worinn der Mittelpunkt der Erde sich jährlich um die Sonne bewegen würde, wenn sie gar keinen Mond zum Begleiter hätte.

Der Abstand desselben vom Mittelpunkte der Erde steht mit dem Unterschiede der Quantität der Materie der Erde und des Monds im Verhältnisse. Da nun die Quantität der Materie der Erde 40mal

größer

größer ist, als die Quantität der Materie des Mondes, und die mittlere Entfernung des Monds vom
Centro der Erde 52000 Meilen beträgt; so folget,
daß wenn man diese Summe durch 40 theilet, der
Quotient 1300 Meilen für den Abstand des gemeinschaftlichen Schwerpunkts vom Centro der Erde
ausmache. Und dieser liegt allemal in gerader Linie
zwischen den beyden Mittelpunkten der Erde und
des Monds, weil sie sich beyde da herum bewegen.

Jetzt wollen wir versuchen, ob wir dieses auf
die Erscheinung der Fluth und Ebbe anwenden und
solche daraus erklären können.

Man nehme also einen runden Reifen von dün- fig.
nem Bleche A B C D, der so biegsam sey, daß, 2.
wenn man die Enden A und C bis a und c aus-
ziehet, die Seiten B und D bis b und d zusam-
menfallen, und der Reifen eine elliptische Figur
a b c d bekomme, gleich der Oberfläche des Wassers
a b c d, wenn sie durch die Attraktion des Monds
angezogen worden. Sobald man ihn aber losläßt,
er seine vorige runde Figur wieder annehme, wie
die Oberfläche des Wassers, wenn die Attraktion
des Monds aufhörte. Denn in diesem Fall würde
das Wasser ebenmäßig von den hohen Seiten a und
c zu den niedrigen Seiten b und d herunterlaufen,
bis seine Oberfläche rund um das Centrum der Erde
wieder gleich wäre.

Nun

Dagegen ist seine Attraktion in A größer, und in C geringer als in E: so daß da, wo die Attraktion am größesten, als in A, die Centrifugalkraft am schwächsten ist. Folglich verursacht das Uebermaaß der Attraktion, daß das Wasser, an der Seite der Erde, die dem Monde zu allen Zeiten am nächsten ist, steigen muß: wie hier von A nach a. Hingegen ist in C, als der am meisten entfernten Seite vom Monde, die Attraktion am schwächsten, und die Centrifugalkraft am stärksten. Und aus der Ursache wird das Wasser durch das Uebermaaß der Centrifugalkraft daselbst eben so hoch von C nach c steigen, als es an der entgegengesetzten Seite durch das Uebermaaß der Attraktion von A nach a gestiegen ist.

Tab. V. fig. 7. Solches durch ein Experiment zu beweisen, befestiget man die Maschine A B im Mittelpunkte der Centrifugaltafel. Diese Maschine hat an dem einen Ende eine runde Platte, worauf der Zirkel a b c d gezogen ist, die Figur der Erde vorzustellen. Ueber dem Zirkel gehet eine Ellipse e f g h, welche das Steigen der Fluth, mittelst der Anziehung des Monds bezeichnet. Am andern Ende ist eine elfenbeinerne Kugel M befestiget, welche den Mond bedeutet. Gerade über beyden Zirkeln steht auf der eyrunden Platte ein meßingenes Gerüste, an welchem drey elfenbeinerne Kugeln an seidenen Schnüren hangen. Die erste hängt über dem Punkte des Zirkels a, der am weitesten vom Centro

der

der Tafel iſt. Die zweyte hängt über dem Mittelpunkte C; und die dritte über dem Punkte des
Zirkels c, der dem Mittelpunkte der Tafel am nächſten iſt; ſo, daß C den Mittelpunkt der Erde;
c eine Maſſe Waſſer an der Mondsſeite, und a
eine Maſſe Waſſer an der gegenüber liegenden Seite
der Erde bezeichnet. Hinter der Mondskugel iſt
eine kleine meßingene Leiſte, worinnen drey Löcher
eingeſchnitten ſind, durch welche drey ſeidene Schnüre
gehen, die mit einem Ende an den drey Kugeln befeſtiget, am andern Ende aber mit drey kleinen
Gewichten, von verſchiedener Schwere, ver-
ſehen ſind.

Die erſte, woran das leichteſte Gewicht hängt,
geht an der Mondskugel vorbey, zur Kugel e. Die
zweyte, deren Gewicht etwas ſchwerer iſt, geht mitten durch die Mondskugel, zur Kugel C. Und die
dritte, die das ſchwerſte Gewicht hat, geht an der
andern Seite der Mondskugel vorbey, zur Kugel g.
Die Abſicht dieſer drey ungleichen Gewichte iſt,
die ungleiche Attraktion des Monds, nach Maaß-
gabe des Abſtands der beyden entgegenſtehenden
Seiten, und des Mittelpunktes der Erde, vorzuſtellen; daher ſie auch, ſo bald man ſie frey hängen
läſt, die drey Kugeln mit verſchiedenen Graden der
Kraft nach ſich ziehen, wodurch dieſelben augen-
ſcheinlich weiter von einander ſind, als wenn ſie
perpendikulär hängen, wie in der 8ten Figur. fig.
Sobald man nun die Scheibe langſam umdrehet, 8.

Ferguſ. Aſtron. v. Kirchh.   Q   bis

bis die mittelste Kugel über dem Centro des Zirkels hängt; so wird die Kugel g, durch ihr schwereres Gewicht gegen den Mond angezogen, und hängt gerade über dem Punkte der Ellipse g. Die Kugel e hingegen fliegt, wegen ihres leichtern Gewichts und ihrer größern Centrifugalkraft, nach der andern Seite ab, und hängt alsdann gerade über dem Punkte der Ellipse e. Folglich übertrifft die Centrifugalkraft der Kugel e die Attraktion des Monds genau um so viel, als die Attraktion des Monds die Centrifugalkraft der Kugel g übertrifft; während daß die Attraktion und Centrifugalkraft der mittlern fig. Kugel einander das Gleichgewicht halten. Wie in
9. der 9ten Figur.

Nun müssen wir noch erklären, was man unter Springfluth und Nipfluth (Neap Tides) versteht.

Die Erde ist in Vergleichung ihres Abstandes von der Sonne so klein, daß die anziehende Kraft der Sonne beynahe an allen Seiten der Erde gleich ist: und deswegen kann nur ein sehr geringer Unterschied zwischen der Centrifugalkraft der der Sonne zugekehrten und von ihr abgekehrten Seite der Erde seyn. Indessen ist doch noch immer einiger Unterschied, nach dem Maaße, wie die Erde auf ihrer Bahn fortrückt. Wenn daher die Erde keinen Mond zum Begleiter hätte; so würden dennoch durch die Attraktion der Sonne ganz niedrige Fluthen auf ihr entstehen. Sobald also Sonne, Mond und

Erde

Erde in gerader Linie stehen, (welches jedesmal beym Neu- und Vollmond geschicht); so wirken die Anziehungskräfte der Sonne und des Monds gemeinschaftlich, und heben folglich die Fluth höher als zur andern Zeit; und dieses nennet man Springfluth.   Ist hingegen der Mond in seinen Vierteln; so wirket er auf die Fluth mit der Sonne kreuzweise.   Denn die Sonne ist alsdann mit der Ebbe in gerader Linie, und verhindert, daß die Ebbe allda nicht so tief fallen; folglich die Fluth auch nicht so hoch an der dem Monde zu- und abgekehrten Seite der Erde steigen kann, als sie sonst thun würde, wenn der Mond ganz allein und die Sonne gar nichts wirkete.   Dieses nennet man Nipfluth.

Aus dem, was wir vorher angeführet und bewiesen haben, sollte man schließen, daß an jedem Orte die Fluth alsdann am höchsten seyn müsse, wenn der Mittelpunkt des Monds gerade über dem Meridian des Orts steht: wir sehen aber, daß dieses nicht allemal zutrifft.

Die Ursache liegt in der natürlichen Eigenschaft aller Körper, in dem Zustande der Bewegung, wenn sie einmal in denselben gebracht sind, zu bleiben, bis ein anderes Ding ihre Bewegung aufhält. Daher wird das Wasser, wenn es durch die Wirkung des Monds sich hebt, doch noch ein wenig höher steigen: selbst wenn der Mond in dem Augenblick, da er in den Meridian des Orts tritt, vernichtet

Q 2   wür-

würde. Hierzu kommt, daß, obgleich die Attraktion des Monds an einem jeden Orte alsdann am
stärksten ist, wenn er gerade in dem Meridian desselben, und folglich ihm an dem Tage am nächsten
steht; so höret dennoch seine Attraktion nicht mit
einemmale an dem Orte auf, sondern dauert noch
einige Zeit fort, wenn er den Meridian schon passi-
ret ist. Und diese Fortdauer der Attraktion, ob sie
gleich nicht so stark mehr ist, erhält das Wasser doch
auch noch etwas in dem angeschwollnen Zustande,
bis die Neigung des Wassers zum Fallen der Attraktion gleich ist.

Ueberhaupt genommen, müßte, wenn die Erde
über und über mit Wasser bedeckt wäre, der Mond
den Meridian eines Orts, wenn die Fluth daselbst
am höchsten ist, drey Stunden paßiret seyn. Weil
aber die Erde nicht überall mit Wasser bedeckt ist:
und die mannichfaltigen Vorgebürge und Bugten
sich in allen Richtungen in die See hinein erstrecken:
auch Klippen und Kanäle den Lauf des Wassers
aufhalten; so wird der regelmäßige Lauf der Fluth
dadurch sehr unterbrochen, so, daß an einigen Orten
die Fluth alsdann erst am höchsten ist, wenn der
Mond schon weit von dem Meridian des Orts entfernt steht. Indeß sey die Entfernung des Monds
von dem Meridian eines Orts, an einem bestimmten Tage, welche sie wolle; so tritt doch die höchste
Fluth den folgenden Tag beynahe um eben dieselbe

Zeit

Zeit ein, wenn der Mond wieder in gleicher Entfernung vom Meridian stehet.

Zum Beschlusse müssen wir noch die Ursachen anzeigen, warum man in der mittelländischen und der Ostsee fast gar keine Fluth und Ebbe verspüret.

Ueberhaupt bemerket man auf allen inländischen Seen keine Fluth und Ebbe; weil sie größtentheils so klein sind; daß der Mond, wenn er darüber steht, ihre ganze Oberfläche gleich stark anzieht, und dadurch das Wasser an allen Seiten gleich leicht macht. Folglich kann kein Theil desselben höher als der andere gehoben werden, und aus dem Grunde bekommen die mittelländische und Ostsee nur schwache Erhebungen. Zudem sind ihre Mündungen, wodurch sie mit dem Ocean Gemeinschaft haben, zu schmal, als daß sie in der kurzen Zeit Wasser genug empfangen und von sich geben, folglich auch ihre Oberflächen merklich erhöhet oder erniedriget werden könnten.

Das dreyzehnte Kapitel.

Methode, die Längen und Breiten der Oerter zu finden.

Zuvörderst ist bekannt, daß ein jeder Zirkel, er sey groß oder klein, in 360 gleiche Theile getheilet werde, die man Grade nennet.

Q 3   Gesetzt

Gesetzt also: es wäre ein großer Zirkel rund um die Erde gezogen, der sie in zwo gleiche Hälften theilete; so betrüge die Länge eines jeden Grads dieses Zirkels 15 deutsche Meilen: nur mit dem Unterschiede, daß es bey einem Zirkel, der durch den Nord= und Südpol der Erde gezogen wäre, etwas weniger seyn würde.

Nun hat man einen großen Zirkel, der rund um die Erde geht, angenommen, und solchen den Aequator genennet: und die Zahl der Grade, die ein gegebner Ort gegen den Norder= oder Süderpol vom Aequator abliegt, nennt man seine Breite.

Es haben daher alle Oerter auf der nordlichen Halbkugel der Erde, von einem jeden Punkte des Aequators gegen den Nordpol, Norderbreite: und auf der südlichen Halbkugel gegen den Südpol, Süderbreite. Und da die Pole die weitesten Punkte vom Aequator sind; so haben sie die größte Breite, oder 90 Grade, welches den vierten Theil des ganzen Umkreises der Kugel ausmacht.

Die Norder= und Süderpunkte oder Pole des Himmels stehen gerade über den Norder= und Süderpolen der Erde. Weil aber die Erde sich alle 24 Stunden um ihre Are drehet; so verursachet diese Bewegung der Erde eine scheinbare Bewegung der Punkte am Himmel: und zwar in einer Richtung, die der Bewegung der Erde entgegen ist: ausge=
nommen, daß die Pole des Himmels, weil sie

gerade

gerade über den Polen der Erde stehen, eben wie diese, stets in Ruhe bleiben.

Wenn wir nun ferner annehmen: daß rund am Himmel herum ebenfalls ein großer Zirkel durch den Nord- und Südpol desselben gezogen wäre: und ein zweyter großer Zirkel wäre, dem Aequator der Erde parallel, rund herum gezogen: jeder aber in 360 Grade getheilet; so stünde dieser letztere als die Aequinoktial- oder Mittellinie des Himmels gerade über dem Aequator der Erde; so wie die Pole des Himmels gerade über den Polen der Erde stehen. Da aber die Erde in Vergleichung der Weite des gestirnten Himmels, nicht größer als ein Punkt ist; so folget, daß wir immer die eine Hälfte des ganzen Himmels oder einen Bogen von 180 Graden sehen können, wir mögen auf einer Stelle der Erde seyn, wo wir wollen: nur daß unser Horizont durch keine Berge oder Hügel unterbrochen sey.

Aus allem diesen erhellet: daß, da die Erde rund ist, und der Himmel über uns die Figur einer großen ausgehöhlten Kugel zu haben scheint; die Aequinoktial- oder Mittellinie des Himmels gerade über uns ist, wenn wir beym Aequator der Erde stehen: und daß alsdann die Norder- und Süder- punkte oder Pole des Himmels, gerade in den Nor- der- oder Süderpunkten unsers Horizonts, oder unsers Gesichtskreises liegen. Sobald wir aber ei- nen Grad vom Aequator, es sey gegen den Norder-

Q 4   oder

oder Süderpol der Erde, weggehen; so scheint eben
derselbe Pol des Himmels einen Grad über unsern
Horizont erhoben zu seyn: weil wir einen Grad des
Himmels unter ihn sehen können, und der gegenüberliegende Pol einen Grad unter die Gränze unsers Horizonts hinunter sinkt. Wenn wir 2 Grade
weggehen; so scheint uns der Pol 2 Grade über
unsern Horizont erhoben u. s. f. bis wir zu einem
der beyden Pole, 90 Grade vom Aequator gehen:
alsdann steht eben dieser Pol gerade über unserm
Kopfe, oder 90 Grade über unserm Horizonte:
welches die größte Höhe ist, die er haben kann.
Da nun die Zahl der Grade, die wir vom Aequator
sind, unsere Breite genannt wird; so ist die Zahl
der Grade, die der Pol des Himmels alsdann über
unsern Horizont erhoben ist, dieser gleich. In
Hamburg ist der Nordpol des Himmels 53 Grade
35 Minuten übern Horizont erhoben; folglich hat
Hamburg auch so viel Grade Norderbreite, oder
zählt 53 Grade 35 Minuten vom Aequator. Diejenigen Oerter hingegen, die gerade unterm Aequator liegen, haben gar keine Breite, weil die Breite
vom Aequator anfängt.

Tab.
VI.
fig.
5.
Zur Ausmessung dieser Höhen der Himmelspole
bedienet man sich eines Instruments, das man einen
Quadranten nennet, welches der vierte Theil eines
Zirkels ist, der auf einer metallenen Platte in 90
Grade getheilet worden. An dem Mittelpunkte
desselben ist eine Schnur mit einem Gewichte befestiget,

festiget, die folglich, wenn sie frey schwebt, stets zum Centro der Erde hängt. Sobald man nun längst einer der geraden Seiten des Quadranten nach dem Pol siehet; so ist die andere gerade Seite eben so viel Grade von der Bleyschnur entfernet, als die Zahl der Grade beträgt, die der Pol über den Horizont des Orts der Beobachtung erhöhet ist, und bestimmt dadurch sowohl die Polhöhe als die Breite des Orts.

Weil man gerade im Pole keinen Stern erblicket; so hat man zur Beobachtung der Polhöhe einen Stern der zweyten Größe angenommen, der ohngefähr 2 Grade vom Nordpole entfernt ist, und solchen den Polarstern genennet. Da nun die Bewegung der Erde um ihre Axe eine scheinbare Bewegung aller Sterne um die Pole des Himmels verursachet; so scheint uns der Polarstern alle 24 Stunden einen Kreis von 4 Graden im Diameter rund um den Pol zu beschreiben. Sobald man also 2 Grade von der größten beobachteten Höhe des Polarsterns abzieht, oder 2 Grade zu der niedrigsten Höhe zuthut; so giebt das Ueberbleibende die wahre Polhöhe für den Ort der Beobachtung.

Da der Nordpol beynahe 54 Grade über den Horizont von Hamburg erhoben ist; so gehen alle Sterne, die innerhalb 54 Graden um diesen Pol liegen, niemals unter den Horizont von Hamburg. Man könnte also, wenn man die größte und niedrigste

Q 5

drigste

brigste Höhe einer dieser Sterne beobachtete, und die Hälfte des Unterschieds entweder subtrahirte oder addirte, auch dadurch die Polhöhe finden.

Auf solche Art läßt sich mittelst eines Sterns, der niemals unter den Horizont eines Orts geht, die Breite eines jeden Orts sehr leicht und genau bestimmen. Allein man hat noch eine Methode, wodurch man dieses auch jeden Mittag durch die gefundene Höhe der Sonne thun kann, ohne daß man die Sterne dazu nöthig hat.

Wir wollen zuerst die Ursache anzeigen, und alsdann die Methode beschreiben.

Die Aequinoktial- oder Mittellinie des Himmels ist, wie bereits angeführt worden, gerade über dem Aequator der Erde. Und eben so viel Grade, als die Breite eines gegebenen Orts vom Aequator ist, eben so viel ist der Punkt des Himmels, der gerade über diesem Orte steht, von der Aequinoktiallinie. Folglich, sobald wir finden können, wie viel Grade der Punkt des Himmels, der gerade über unserm steht, von der Aequinoktiallinie entfernt ist: sobald wissen wir auch, wie viel Grade unser Ort vom Aequator sey, oder welche Breite er habe.

Die Sonne ist zweymal im Jahre in der Ae- quinoktiallinie, nämlich den 20sten März und den 23sten September. Vom 20sten März bis den 23sten September ist sie an der Norderseite, und vom 23sten September bis zum 20sten März an

der

der Süderseite der Aequinoktiallinie. Die Zahl der
Grade, so die Sonne an einem gegebenen Tage
im Jahre von der Aequinoktiallinie absteht, wird
ihre Deklination genannt, und heißt Norder= oder
Süderdeklination, je nachdem die Sonne an der
Norder= oder Süderseite der Aequinoktiallinie steht:
so, daß Deklination am Himmel dasselbe ist, was
wir auf der Erde Breite nennen.

Man hat Tabellen, in welchen die Deklination
der Sonne für den Mittag eines jeden Tages be=
rechnet ist, sie sey nordlich oder südlich. Und der
Punkt des Himmels, der gerade über einem Orte
steht, ist, wie vorher erwiesen, 90 Grade über den
Horizont des Orts erhoben.

Um nun die Breite eines Orts z. E. von Ham=
burg, welches an der Norderseite des Aequators
liegt, zu finden, beobachte man, mittelst eines Qua=
dranten, an einem Tage im Jahr des Mittags, die
Höhe der Sonne. Und wenn man alsdann in den
Tabellen die Deklination der Sonne nordlich findet;
so subtrahire man die Deklination von der durch den
Quadranten gefundenen mittäglichen Sonnenhöhe.
Das Ueberbleibende giebt die Höhe der Aequinoktial=
linie, welche Höhe, von 90 Graden subtrahirt, die
Breite des Orts ausmacht.

Z. E. Am 21sten Junius geben uns die Tabel=
len die Deklination der Sonne 23$\frac{1}{2}$ Grad nordlich
an. Wenn man nun an dem Tage des Mittags
die

die Sonnenhöhe mit dem Quadranten misset; so
wird man sie $59\frac{1}{2}$ Grad finden. Alsdann subtrahire
man $23\frac{1}{2}$ von $59\frac{1}{2}$; so bleibt 36 Grad für die Höhe
des höchsten Punkts der Aequinoktiallinie über dem
Horizonte von Hamburg. Diese wieder von 90 Grad
subtrahirt, bleibt 54 Grad für die Breite von Hamburg.

Ist die Deklination der Sonne südlich; so ad-
dire man dieselbe zu der beobachteten mittägigen
Sonnenhöhe, und die Summe giebt den höchsten
Punkt der Aequinoktiallinie über dem Horizonte des
Orts. Diese von 90 Grad abgezogen, bleibt die
Anzahl der Grade für die Breite des Orts.

Z. E. Am 21sten December zeigen uns die Tabellen, daß die Deklination der Sonne $23\frac{1}{2}$ Grad
südlich sey. Wenn man nun an dem Tage des
Mittags ihre Höhe nimmt; so wird man sie $12\frac{1}{2}$
Grad finden, welches, zu $23\frac{1}{2}$ addirt, 36 Grad
für die Höhe der Aequinoktiallinie giebt. Dieses
von 90 Grad abgezogen, bleibt 54 Grade für die
Breite von Hamburg, wie vorher.

Diese Methode, die Polhöhe zu messen, ist zu
Lande ganz vortreflich, um so mehr, da man Quadranten von einige Fuß im Radius hat, mit welchen
man Minuten und Sekunden aufs genaueste beobachten kann. Weil es aber beym Gebrauch dieses Instruments hauptsächlich darauf ankömmt, daß
solches feste und unverrückt, auch zugleich vollkom-

men

mien wage = und senkrecht gehalten oder befestigt
werde; so ist dasselbe, wegen der steten Bewegung
des Schiffs, zur See gar nicht zu gebrauchen:
Man hat daher verschiedene andre Instrumente er=
funden, womit der Schiffer seine Breite genommen
hat, die aber größtentheils unbequem und fehlerhaft
gewesen, bis endlich Hadley vor einigen Jahren
seinen berühmten Spiegel=Octanten erfunden, der
seiner vortreflichen Einrichtung, seiner Zuverläßig=
keit, und seiner Bequemlichkeit wegen, den Vorzug
vor allen übrigen verdient, auch jetzt fast allgemein
im Gebrauch ist.

Ich will mich bemühen, die Beschreibung dess
selben so deutlich als möglich zu geben.

Der Hadleysche Octant, oder eigentlicher zu re=
den, Quadrant, hält gewöhnlich 18 Zoll Länge,
und ist entweder von Holz oder Meßing gemacht.
Er bestehet aus einem Bogen oder Limbus, der an
zweene Radios, die sich oben in ihrem Mittelpunkte
vereinigen, mit der größten Sorgfalt und Genauig=
keit befestigt ist. Um diesen Mittelpunkt drehet sich
ein beweglicher Inder, der bis zum Limbus herun=
ter geht, und auf demselben hin und her geschoben
werden kann. Auf diesen Inder ist nahe bey seiner
Are ein planer Spiegel befestigt, der der Fläche
desselben senkrecht stehet. Und weil zur Richtigkeit
der Observation es unumgänglich nöthig ist, daß er
diese Stellung nicht verliere; so ist er in Meßing
ein=

eingefaßt und mit einer Stellschraube versehen, da=
mit er allenfalls wiederum gerichtet werden könne.
Diesem Spiegel gegenüber sind an dem einen Ra=
dius zwey oder drey gefärbte Gläser angebracht, die
nach Belieben vor oder rückwärts geschoben werden
können. Hart unter diesen Gläsern ist an eben dem=
selben Radius ein zweyter Spiegel befestigt, dessen
untere Hälfte aber nur mit Folie belegt, die obere
Hälfte des Glases hingegen unbelegt und durchsich=
tig ist. Der Rand der Folie muß, der Fläche des
Instruments parallel, ganz genau und glatt abge=
schnitten seyn. Er ruhet auf einem meßingenen
Fuß, mittelst welchem er, während der Observation,
durch ein angebrachtes Getriebe ein klein wenig ge=
drehet; auch im Fall er seine senkrechte Stellung
verloren hätte, durch eine Schraube wiederum ge=
richtet werden kann. An den andern Radius ist
eine mit einem Loche durchbohrte Diopter befestigt,
wodurch man in diesen Spiegel sieht. Der Limbus
ist in 90 Theile oder Grade eingetheilt. Jeder
Grad wieder in 3 Theile oder 20 Minuten. Und
der unten am Index angebrachte Nonius theilet
diese wieder in einzelne Minuten.

Beym Gebrauch verfährt man auf folgende Art.

Zuerst muß der Beobachter untersuchen, ob die
Spiegel ihre richtige Stellung haben. Zu dem
Ende wird der Index auf 0, als den Anfang der
Eintheilung des Limbus, zurückgeführt und daselbst
fest=

festgeschroben. Alsdann hält er den Quadranten senkrecht vor sich, und sieht durch das Loch des Diopters und den unbelegten Theil des Glases nach dem Horizont der See. So wird er gewahr, daß sich in dem belegten Theil, oder in der Spiegelhälfte des Glases, ebenfalls der von dem obern Spiegel zurückgeworfene Horizont der See abbildet. Findet er nun, daß der Theil des Horizonts, den er durchs Glas sieht, mit dem im Spiegel zurückgeworfenen zusammentrifft, so daß sie ganz genau eine gerade Linie ausmachen; so stehen seine Spiegel recht und sein Instrument ist gehörig in Ordnung. Findet er dieses nicht; so muß er den Spiegel so lange rücken, bis die Linie gerade ist.

Nun wendet er sich nach der Seite, wo die Sonne steht, um ihre mittägliche Höhe, oder viel mehr, den Winkel zu messen, den sie mit dem Horizont der See macht. Zu dem Ende bringt er die gefärbten Gläser vor, löset die Schraube und schiebt den Inder von sich. Dadurch drehet sich der obere Spiegel, und das aus demselben reflektirte Bild der Sonne kömmt herunter zum Horizont der See. Weil es aber durchaus nothwendig, daß er den Punkt ihrer größten mittäglichen Höhe genau bestimme; so fängt er gegen die Zeit an, zu observiren, und wenn er sieht, daß der untere Rand des Bildes der Sonne sich noch immer von dem Horizont der See emporhebt; so ist es ein Beweis, daß sie ihre größte Höhe noch nicht erreichet habe.

Dest

Deswegen schiebt er den Index immer nach. So bald er aber wahrnimmt, daß der untere Rand der Sonne sich in die See senken will, in dem Augenblicke schraubt er den Index feste, und nun hat er die Zahl der Grade und Minuten der Sonnenhöhe. Zwar hat er eigentlich nur den halben Winkel, weil nach den Gesetzen der Optik der Abstand eines Objekts, das aus einem planen Spiegel in einen zweyten zurückgeworfen, dem Auge des Beobachters in dieser Stellung zugeführet worden, nur im halben Winkel gesehen wird. Allein aus eben dieser Ursache ist der Limbus des Octanten in 90 Grade eingetheilt, und die halben Grade für ganze gerechnet. Zu dieser beobachteten Höhe werden alsdann noch 16 Minuten, für den halben Diameter der Sonne, zugethan, und gewöhnlich 6 Minuten für die Refraktion und den Stand des Beobachters wieder abgezogen; der Ueberrest giebt die wahre Höhe. Wie man nun aus dieser gefundenen Mittagshöhe die Breite eines Orts berechnen müsse, ist bereits im vorhergehenden gezeigt.

Man kann zwar mit diesem Instrumente auch zur Nachtzeit die Breite mittelst eines oder des andern Firsterns bestimmen; allein die Schiffer nehmen doch gewöhnlich die Sonnenhöhe, weil ihnen solches bequemer und leichter ist.

Die größte Schwierigkeit bey dieser Methode bestehet nur darinn: daß die Sonne zur Zeit ihrer mittäglichen Höhe oftmals mit Wolken bedeckt ist,

folglich

folglich man die Observation nicht machen, noch die Grade der Breite bestimmen kann.

Allein so lange der Schiffer die freye See hat, kann er kreuzen, und zwey oder drey Tage machen ihm keine Sorge. Ueberdem hat ein gewisser Holländer, Namens Douwes, vor wenig Jahren eine Methode erfunden, wodurch man aus der vor- und nachmittägigen beobachteten Sonnenhöhe die mittlere berechnen kann.

Die Länge eines Orts ist derjenige Punkt, den dieser Ort ost- oder westlich von einem andern gegebenen Orte entfernet ist. Man kann sich dieses auf einer künstlichen Erdkugel oder auf einem Globo am besten vorstellen. Die krummen Linien, welche auf demselben von einem Pole zum andern gezogen sind, nennet man die Meridiane: und jede derselben ist der Meridian aller derjenigen Oerter, über welche sie geht. D. h. an allen diesen Oertern steht die Sonne jeden Tag zu einer und eben derselben Zeit auf ihrer größten Höhe; und folglich haben sie alle zu gleicher Zeit Mittag. Gewöhnlich sind zwar auf einem Globo nur 24 Meridian-Halbzirkel in gleichen Weiten von einander gezeichnet: man muß aber annehmen, daß der ganze Raum zwischen ihnen mit eben solchen Meridianen angefüllet sey; weil jeder Ort, er liege östlich oder westlich von dem Meridiane eines gegebenen Orts, einen von diesem Orte unterschiedenen Meridian hat:

Ferguf. Astron. v. Kirchh.　　　R　　　Nun

Nun ist der ganze Umkreis des Aequators in 360 gleiche Theile oder Grade getheilt, und die Englischen Astronomen und Geographen fangen die Länge bey dem Meridian von London an, und rechnen von da die Längen andrer Oerter östlich oder westlich, nachdem die Meridiane dieser Oerter ost oder westlich von dem Meridian von London abliegen. Folglich ist die Länge eines Orts nach Osten oder Westen vom Londoner Meridian der Anzahl Grade des Aequators gleich, die zwischen diesem Orte und dem Londoner Meridian eingeschlossen sind. Auf die Art wird ein Meridian, der über Kopenhagen gezogen ist, den Aequator in einem Punkte durchschneiden, der von dem Punkte, wo ihn der Londoner Meridian durchschneidet, 13 Grad ostwärts entfernt ist: und ein Meridian, der über Philadelphia in Nordamerika gezogen ist, wird ihn 74 Grad westwärts von dem Punkte des Londoner Meridians durchschneiden. Und aus der Ursache sagt man: die Länge von Kopenhagen ist 13 Grade Osten vom Londoner Meridian, und die Länge von Philadelphia ist 74 Grad Westen. Wir setzen hierbey voraus, daß alle Völker, welche wissen, was man unter Länge und Breite versteht, die Breite vom Aequator an rechnen, und also die Breite eines jeden Orts aus der Höhe des Pols über dem Horizonte bestimmen; die Länge aber, da sie von dem Meridian eines gewissen Orts an gerechnet werden

muß,

muß, von dem Meridian der Hauptstadt ihres eige=
nen Reichs an rechnen werden.

Nunmehr wollen wir uns bemühen zu zeigen,
auf welche Weise man die Länge eines Orts finden
kann: ob wir gleich zum Voraus sagen müssen, daß
dieses mehrern Schwierigkeiten unterworfen ist.
Denn, daß man die Breite eines Orts leichter fin=
den kann, als seine Länge, rühret daher, daß wir
einen festen Punkt oder Pol am Himmel haben,
der uns unsere Breite durch seine Erhöhung über
den Horizont unsers Ortes anzeiget: hingegen haben
wir keinen sichtbaren Meridian am Himmel, der
grade über dem Meridian eines gewissen Ortes der
Erde steht.   Denn wäre ein solcher Meridian; so
würden die Längen aller übrigen Oerter, die von
ihm ablägen, eben so leicht durch ihre Erhöhung
über ihre Horizonte gefunden werden können, als
ihre Breiten durch die Polhöhe, oder durch die
Deklination der Sonne vom Aequator.   Man hat
also versucht, sich auf andre Art zu helfen.   Und
die beste Methode ist unstreitig die: daß man eine
Maschine habe, durch welche man die Zeit genau
abmesse; so, daß man sich zur See eben so sicher
darauf verlassen könne, als auf eine gute Uhr zu
Lande.   Wir wollen dieses näher erklären.   Der
Umkreis der Erde ist 360 Grade: und da sie sich
in 24 Stunden ostwärts um ihre Are drehet; so
folget, daß sie sich in einer Stunde 15 Grade drehe:
denn 24mal 15 macht 360.   Es muß daher jeder

R 2   Ort,

Ort, deſſen Meridian 15 Grade oſtwärts vom Londoner Meridian liegt, eine Stunde früher Mittag
haben, als die Oerter unter dem Meridian von
London. Liegt er 30 Grade oſtwärts; ſo hat er
2 Stunden früher Mittag u. ſ. f. Denn der Unterſchied der Zeit iſt für jede 15 Grad Länge allemal eine Stunde. Dagegen muß ein jeder Ort,
deſſen Meridian 15 Grade weſtwärts vom Londoner
Meridian liegt, eine Stunde ſpäter Mittag haben,
als unter dem Londoner Meridian. Liegt er 30
Grade weſtwärts; 2 Stunden u. ſ. f. Und dieſes
iſt nicht nur vom Mittage, ſondern von allen übrigen Stunden zu verſtehen. Nun kann ein jeder
Schiffer wiſſen, welche Zeit des Tages es an dem
Orte ſey, wo er ſich mit ſeinem Schiffe befindet,
es ſey nun am Tage durch die Höhe der Sonne,
oder bey der Nacht durch einen gegebenen Stern,
der in einer ziemlichen Entfernung von einem der
beyden Pole ſteht. Und wenn er alsdann zuvörderſt die Breite des Ortes, wo er mit ſeinem Schiffe
iſt, gefunden hat; ſo kann er, wofern ſeine Uhr
zuverläßig richtig geht, auf folgende Art auch die
Länge beſtimmen.

Er ſegelt nämlich z. B. von London; ſo ſtellet
er ſeine Uhr ganz genau nach der wahren Zeit dieſes
Orts: alsdann mag er ſegeln wohin er will, ſo zeiget ihm ſeine Uhr jederzeit, wie viel es in London
an der Zeit iſt. Nun wollen wir annehmen, er
ſegele nach Weſtindien, und wäre eine Zeitlang
Weſt

westwärts gegangen, müsse aber nunmehr die Länge des Orts wissen, wo er sich mit seinem Schiffe befindet; so nimmt er zuerst die Breite, und sucht dann durch die Höhe der Sonne die wahre Zeit des Ortes. Sieht er nun, daß es zum Exempel neun Uhr des Morgens sey; so wird seine Uhr nach dem Londoner Meridian zwölf Uhr Mittags zeigen. Hierdurch weiß er, daß er drey Stunden nach Westen von London ist. Und da jede Stunde Zeit mit 15 Grad Länge zutrifft; so sieht er, daß er 45 Grad westlicher Länge vom Londoner Meridian ist. So wie nun jede Stunde 15 Grad Länge giebt; so geben jede 4 Minuten einen Grad. Ist er hingegen eben so weit nach Osten gesegelt; so wird der Ort seines Schiffs ihm 3 Uhr Nachmittags angeben, wenn seine Uhr ihm zeigt, daß es in London Mittag ist: und alsdann weiß er, daß er 45 Grad östlicher Länge vom Londoner Meridian sich befindet. Dieses wäre unstreitig die leichteste und sicherste Methode, die berühmte Longitude zu finden, wenn nur eine so zuverläßig richtige Uhr, die sich nicht im mindesten veränderte, gemacht werden könnte. Harrison in London verfertigte zwar eine dergleichen, die, soviel man weiß, die beste in ihrer Art war. Und er hat auch einen Theil der, auf die Ausfindung, oder vielmehr zuverläßige Bestimmung der Meereslänge, gesetzten Prämie von 20000 Pfund Sterl. erhalten. Allein da man sie auf dem Observatorio zu Greenwich verschiedene

R 3   Mo-

Monate probiret hatte, fand man, daß sie doch die
Zeit nicht so genau angab, als man es erwartete.
Und überhaupt ist es doch für einen Seefahrer zu
gefährlich, sich blos auf seine Uhr zu verlassen:
weil eine Abweichung von vier Minuten ihn schon
in seiner Rechnung um einen ganzen Grad irre
macht, und zumal in unbekannten Gegenden ihn
in Gefahr setzt, Guth, Schiff und Leben zu ver=
lieren.

Eine zweyte, und unstreitig die zuverläßigste
Methode, die Longitudinem zu finden, hat man
schon seit vielen Jahren gebrauchet: nämlich durch
die Verfinsterungen der Trabanten des Jupiters.
Allein es finden sich dabey drey Unbequemlichkeiten,
weßwegen sie zur See nicht die gehörigen Dienste
thut. Erstlich muß das Fernrohr, durch welches
diese Verfinsterungen beobachtet werden, unbeweg=
lich fest stehen: und solches geht, bey der beständi=
gen Bewegung des Schiffes, nicht an. Zweytens
kann man die Beobachtungen dieser Verfinsterungen
nicht am Tage machen; weil der Jupiter alsdann
nicht zu sehen ist: und drittens auch nicht zu aller
Zeit im Jahre, weil jährlich eine beträchtliche Zeit
verfließt, in welcher der Jupiter ebenfalls nicht sicht=
bar ist.

Zu Lande ist diese Methode die Longitude zu
finden von ungemeinem Nutzen, weil man da das
Fernrohr fest stellen kann. Und man verfährt da=
bey auf folgende Weise: Die Englischen Astrono=
men

men haben Tabellen für den Meridian von London: woraus man die Zeit dieser Verfinsterungen
durchs ganze Jahr ersehen kann; und die Franzo-
sen haben dergleichen für den Pariser Meridian berechnet. Nun setze man: daß ein Engelländer die
Verfinsterung eines Jupiterstrabanten zu Kingston
auf Jamaika genau um 1 Uhr nach Mitternacht
wahrnähme; so findet er in den Tabellen, daß die
Verfinsterung des nämlichen Trabanten sich unter
dem Londoner Meridian um 6 Uhr 8 Minuten des
Morgens ereignet. Und also ist der Unterschied
der Zeit 5 Stunden 8 Minuten, oder 308 Minuten. Da nun eine Zeit von 4 Minuten einen Grad
Länge ausmacht, und 308 durch 4 getheilt, 77 giebt;
so folget, daß der Meridian von Kingston 77 Grade
westlicher Länge vom Londoner Meridian entfernt sey.

Die dritte Art, die Longitude zu finden, welche
hoffentlich mit der Zeit die bequemste und brauch-
barste werden wird, ist von den Beobachtungen des
Monds hergenommen. Man hat nämlich aus der
Bemerkung, daß der Mond alle Tage beynahe
$\frac{3}{4}$ Stunden später aufgehe, und folglich seinen Stand
gegen diesen oder jenen Firstern täglich um ein be-
trächtliches verändere, geschlossen; daß er dieser-
wegen zur Bestimmung der Longitude ungemein ge-
schickt sey. Denn, wenn er heute bey einem gewissen Firstern steht; so ist er Morgen oft schon
15 Grade von ihm entfernt. Ob nun gleich die

R 4   Ge-

Geschwindigkeit seiner Bewegung uns nicht immer
gleich scheint; so hat man es doch schon dahin gebracht, seine wahre Stelle am Himmel täglich auf
einen gewissen Meridian, für eine jede Zeit ziemlich
genau zu bestimmen. Und um die Observation zu
machen, verfährt man auf folgende Weise:

Zuerst muß man die Breite des Orts wissen,
wo man sich befindet. Alsdann stellet man eine
oder zwo wohlgearbeitete Taschenuhren, mittelst der
Sonnenhöhe, nach der wahren Zeit: und diese müßten schlecht gemacht seyn, wenn sie nicht bis am
Abend oder vielmehr einige Stunden richtig gehen
sollten: wofern man aber hieran zweifelt; so kann
man sie durch die Beobachtung eines einzigen Firsterns zurecht bringen. Denn, da man den Stand
der Sonne gegen die Firsterne, für eine jede Zeit
weiß; so kann man auch immer wissen, wie viel es
an der Zeit sey.

Nun beobachtet man ganz genau, wann der
Rand des Mondes einen bekannten Firstern deckt,
und wann eben derselbe Stern wieder hinter dem
Monde hervortritt. (Man könnte dieses mit bloßen
Augen thun; besser aber ist es, wenn man sich
eines kleinen Handteleskops dazu bedienet). Dann
bemerket man beyde Zeiten ganz genau nach der Uhr,
und vergleicht, mittelst der Mondstabellen, die Zeit,
wann der Mond eben denselben Stern, an dem
Orte des gegebenen Meridians: es mag der Londoner,

ner, Pariſer, oder ein anderer ſeyn, decken muß. Alsdann beſtimmet der Unterſchied der Zeit, wie nach der zweyten Methode, den Unterſchied der Länge: ſo daß vier Minuten Zeit einem Grad der der Länge gleich ſind.

Dieſe Methode, die Länge eines jeden Orts zu finden, wäre unſtreitig die beſte und brauchbarſte für einen Seefahrer, wenn nur erſt die Monds tabellen bis zu der Vollkommenheit berechnet wären, daß man den wahren Stand des Mondes für einen jeden Augenblick auf einen gegebenen Meridian be ſtimmen könnte. Allein dieſes iſt das große Pro blem, mit deſſen Auflöſung ſich die Aſtronomen noch jetzt beſchäftigen. Zwar hatte der ſel. Profeſſor Meyer in Göttingen es ſchon dahin gebracht, daß ſeine Tabellen bis zu einer Minute richtig waren, und ſeine Erben haben auch einen Theil der von den Engländern ausgeſetzten Prämie erhalten; ſo wie ich mich auch erinnere in des ſel. Cooks zweyten Reiſe geleſen zu haben, daß ſie, mit Hülfe zwoer guten Taſchenuhren, die Länge oft nach den Tabellen bis zu einer Minute beſtimmet hätten; allein es iſt zum Beſten der Schiffahrt zu wünſchen, daß man es in der Folge möglich machen könnte, Mondstabellen zu haben, die gar keinem Irrthume unterworfen wären. Zum Beſchluſſe dieſes Kapi tels wollen wir den Fehler zeigen, der aus der un richtigen Berechnung der Tabellen entſtehen kann.

R 5

Ge

Gesetzt, der Mond änderte seine Stelle gegen einen gegebnen Firstern innerhalb 24 Stunden um 12 Grade; so beträgt dieses innerhalb einer Stunde ½ Grad oder 30 Minuten, und in 2 Minuten Zeit, eine Minute. Hat man sich daher in den Tabellen um eine Minute in der Stelle des Monds geirrt; so veranlasset dieses einen Irrthum in der Zeit, von zwo Minuten, gegen den Meridian. Da nun 4 Minuten Zeit einem Grade des Aequators, oder 15 deutschen Meilen gleich sind; so ist der Fehler in der Distanz 7½ deutsche, oder 10 Seemeilen.

Seitdem ich dieses geschrieben, erhalte ich aus England die Nachricht, daß die zur Findung der Meereslänge niedergesetzte Kommißion sich alle erdenkliche Mühe giebt, nicht nur die Mondstabellen, sondern auch Tabellen für den Stand der bekanntesten Firsterne gegen den Stand der Sonne und des Monds berechnen zu lassen; und daß die Regierung mit großen Kosten einige Gelehrte und Mathematiker dahin vermocht, diese mühsame Arbeit zu übernehmen. Daß sie aber das Resultat ihrer Berechnungen nicht eher für richtig anerkannt, als bis von vieren, drey mit einander übereinstimmen. Und weil zu diesen Beobachtungen der Hadleysche Octant nicht allemal zureicht, so verfertigt man nach eben dieser Theorie auch jetzo in London Hadleysche Sextanten; von welchen ich mir einen habe kommen lassen.

Das

Das vierzehnte Kapitel.

Von den Finsternissen.

Ein jeder Planet mit seinen Trabanten wird von
der Sonne erleuchtet, und wirft einen Schatten
gegen den Punkt des Himmels, der der Sonne
gegen über ist. Dieser Schatten ist eigentlich weiter nichts als eine Beraubung des Sonnenlichts in
demjenigen Raume, wo der undurchsichtige Körper
die Stralen derselben auffängt oder unterbricht.
Wenn das Sonnenlicht auf die Art vom Monde
unterbrochen wird, so, daß diesem oder jenem Orte
der Erde die Sonne zum Theil oder ganz bedeckt
zu seyn scheint; so sagt man: sie wird verfinstert;
obgleich, eigentlich zu reden, es nur eine Verfinsterung des Theils der Erde ist, worauf der Schatten
des Mondes fällt. Hingegen, wenn die Erde zwischen die Sonne und den Mond kommt; so fällt
der Mond in den Schatten der Erde, und leidet,
weil er von sich selbst kein Licht hat, durch die
Unterbrechung der Sonnenstralen, eine wirkliche
Verfinsterung. Wofern der Mond bewohnt ist;
so sehen diejenigen, welche auf seiner der Erde zugekehrten Seite wohnen, zur Zeit einer Sonnenfinsterniß, den Schatten des Mondes gleich einem
dunkeln Flecken über die Erde gehen, und zwar ohngefähr zweymal so geschwind, als ihre Aequatorealtheile sich bewegen, und auch nach eben derselben

Rich-

Richtung. Bey einer Mondfinsterniß hingegen scheint ihnen die Sonne verfinstert zu seyn, und zwar an allen denjenigen Oertern total, auf welche der Erdschatten fällt, und auch so lange Zeit, als sie im Schatten sind: Wären die Sonne und die Erde gleich groß; so würde der Schatten der Erde sich unendlich weit erstrecken und allenthalben gleich stark seyn: und der Mars würde in jedem seiner Knoten, wenn er der Sonne gegenüber stünde, verfinstert werden. Wäre die Erde größer als die Sonne; so würde ihr Schatten an Stärke zunehmen, je mehr er sich ausbreitet, und würde die großen Planeten Jupiter und Saturn mit allen ihren Monden verfinstern, wenn sie der Sonne gegenüber wären.

Da aber Mars in der Opposition niemals in den Erdschatten fällt, ob er gleich alsdann nicht über 9 Millionen Meilen von der Erde entfernt ist; so ist es klar, daß die Erde viel kleiner sey als die Sonne, weil ihr Schatten sich in dieser unbeträchtlichen Weite sonst nicht in einen Punkt endigen könnte.

Wäre die Sonne und der Mond gleich groß; so würde der Schatten des Mondes in gleicher Breite zur Erde gehn, und einen Theil ihrer Oberfläche von mehr als 430 Meilen in der Breite bedecken; selbst wenn er, vom Monde gesehen, gerade auf den Mittelpunkt der Erde fiele. Fiele er aber schief darauf; so würde er noch viel größer seyn.

Das

Dagegen iſt aber der Mondsſchatten ſelten über 32 Meilen auf der Erde breit, ausgenommen, wenn er bey totalen Sonnenfinſterniſſen ganz ſchief auf die Erde fällt.   Bey ringförmigen Finſterniſſen endiget ſich der wirkliche Schatten in einiger Entfernung von der Erde in einem Punkt.   Dieſer geringe Abſtand des Mondes von der Erde, und die Kürze ſeines Schattens beweiſen alſo, daß der Mond kleiner ſey als die Sonne.   Und da der Schatten der Erde breit genug iſt, den Mond zu bedecken, ſelbſt wenn ſein Durchmeſſer dreymal ſo groß wäre (welches aus der langen Dauer klärlich erhellet, die der Mond in dem Erdſchatten verbleibt, wenn er durch den Mittelpunkt deſſelben geht); ſo folget, daß die Erde viel größer ſey als der Mond.

Obgleich alle undurchſichtige Körper, die von der Sonne beſchienen werden, ihren Schatten haben; ſo iſt dennoch der Körper der Sonne und der Abſtand der Planeten ſo groß, daß die erſten Planeten ſich niemals verfinſtern können.   Ueberhaupt wäre es auch nur in Anſehung des erſten gegen den zweyten, oder den, der ihm der nächſte iſt, möglich: in keinem andern Stande aber, als wenn ſie in Oppoſition oder Conjunktion mit der Sonne ſind. Die erſten Planeten kommen ſelten in dieſe Lage, die Sonne und der Mond aber jeden Monat. Hieraus ſollte man ſchließen, daß dieſe beyden Lichter jeden Monat müßten verfinſtert werden.   Allein

man

man hat im Verhältniß der Anzahl der Neu= und
Vollmonde nur wenige Finsternisse.　Wir wollen
die Ursache davon nunmehr erklären.

Träfe die Bahn des Mondes mit der Fläche
der Ekliptik, in welcher die Erde sich stets beweget,
und die Sonne sich zu bewegen scheint; in gleicher
Lage zusammen; so würde der Schatten des Mon=
des bey jedem Wechsel auf die Erde fallen, und die
Sonne an unterschiedlichen Oertern der Erde ver=
finstern.　Auf gleiche Art würde der Mond durch
die Mitte des Erdschattens gehen, und bey jedem
Vollmond verfinstert werden: nur mit dem Unter=
schiede, daß er über $1\frac{1}{2}$ Stunden ganz; die Sonne
hingegen, durch die Dazwischenkunft des Mondes,
niemals mehr als 4 Minuten verfinstert werden
würde.　Allein die eine Hälfte der Mondsbahn ist
$5\frac{1}{3}$ Grad über die Ekliptik erhoben, und die andere
Hälfte ist eben so tief unter derselben; folglich
durchschneidet die Mondsbahn die Ekliptik in zwee=
nen Punkten, die, wie wir bereits im vorhergehen=
den gemeldet haben, Knoten des Mondes genennet
werden.　Wenn diese Punkte beym Neu= und Voll=
mond mit dem Mittelpunkte der Sonne in gerader
Linie sind; so stehen Sonne, Mond und Erde in
gerader Linie.　Und wenn alsdann Neumond ist;
so fällt sein Schatten auf die Erde: ist es aber
Vollmond; so fällt der Erdschatten auf ihn.　Sind
Sonne und Mond, zur Zeit ihrer Conjunktion,
mehr als 17 Grade von einem der beyden Knoten;

so

ſo iſt der Mond alsdann überhaupt entweder zu
niedrig oder zu hoch auf ſeiner Bahn, um einen
Schatten auf die Erde werfen zu können. Und
wenn die Sonne, zur Zeit des Vollmondes, mehr
als 12 Grade von einem der Knoten iſt; ſo ſteht
der Mond gleichfalls zu hoch oder zu niedrig, als
daß er durch den Erdſchatten gehen könnte. In
beyden Fällen ereignen ſich alsdann keine Finſter=
niſſen. Iſt der Mond hingegen zur Zeit ſeiner
Conjunktion weniger als 17 Grade von einem der
beyden Knoten; ſo fällt ſein Schatten oder Halb=
ſchatten auf die Erde, nachdem er weniger oder
mehr innerhalb dieſer Gränze iſt *). Iſt er aber
in der Oppoſition weniger als 12 Grade von einem
der Knoten; ſo geht er durch einen größern oder
kleinern Theil des Erdſchattens, nach dem Maaße
er mehr oder weniger daran gränzt. Da nun ſeine
Bahn 360 Grade enthält, von welchen 17 die
Gränze einer Sonnenfinſterniß an jeder Seite der
Knoten, und 12 die Gränze einer Mondfinſterniß
beſtim=

*) Unterweilen iſt hierbey einige Abänderung: denn
bey einer Finſterniß im Apogäo iſt die Sonnen=
gränze nur 16 und ein halb Grade; und im
Perigäo 18 und ein Drittel. Iſt der Mond im
Apogäo voll; ſo wird er ſchon, wenn er inner=
halb 10 und ein halb Grad des Knotens iſt, ver=
finſtert: und wenn er im Perigäo voll iſt; ſo
wird er ſchon innerhalb 12 und ein dreyßigſtel
Grad des Knotens verfinſtert.

bestimmen: dieses aber nur einen kleinen Theil der
Bahn ausmacht, und die Sonne gewöhnlich auch
nur zweymal im Jahre bey diesem Knoten vorüber
gehet; so ist es kein Wunder, daß wir so viel Neumonde, und dagegen so wenige Finsternisse haben.
Dieses wären also die ersten allgemeinen Begriffe
von den Sonnen- und Mondfinsternissen: jetzt wollen wir die Sache durch beygefügte Figur näher
erklären.

Tab.   Es sey also S die Sonne, M der Mond, und
VII. E die Erde: a b c d die Bahn des Mondes, auf
fig. welcher er sich nach der Ordnung der Buchstaben
3. bewegt; und C b d D ein Theil der Erdbahn,
auf welcher sie in der Richtung C D fortgeht.

Ist der Mond in M; so haben wir Neumond
und in m Vollmond. Nun ziehe man eine gerade
Linie A e E von dem östlichen Rande der Sonne
hart an den östlichen Rand des Mondes zur Erde
E, und eine zweyte gerade Linie B e E von dem
westlichen Rande der Sonne, hart an den westlichen
Rand des Mondes, zur Erde E, und stelle sich vor,
daß diese Linien sich um die Mittellinie F M E
herumdrehen, und daß der Raum e e innerhalb
derselben, zwischen dem Monde und der Erde, den
dunkeln Schatten des Mondes, der in einer kugelförmigen Figur blos den kleinen Theil der Oberfläche der Erde in E bedeckt, einschließe: daß folglich blos diesem kleinen Theile die Sonne völlig
vom

vom Monde bedeckt werde und gänzlich verfinſtert
zu ſeyn ſcheine; und es daher auch nur an dieſem
Orte allein ganz dunkel ſeyn könne, weil der Mond
in dem Augenblicke keinem andern Theile der Erde
das Sonnenlicht gänzlich verbirgt. Man ſiehet
hieraus, daß, wenn der Mond der Erde näher
wäre, ſein dunkler Schatten einen größern Theil
der Oberfläche der Erde bedecken würde. Und wäre
er weiter von der Erde; ſo würde ſich ſein Schatten, hart an der Oberfläche derſelben, in einen
Punkt endigen. Alsdann aber könnte er keinem
Theile der Erde den ganzen Körper der Sonne ver-
bergen; ſondern diejenigen, die gerade unter dieſem
Punkte wohnen, würden den Rand der Sonne
gleich einem ſchmalen erleuchteten Ringe, rund
um den dunkeln Körper des Mondes herum erblicken.

Ob nun gleich der Mond blos einem kleinen
Theile der Erde das Sonnenlicht zu dieſer oder
jener Zeit gänzlich verdecken kann, wenn ſie auf die
Art vom Monde verfinſtert zu ſeyn ſcheint; ſo wird
dennoch in allen ſolchen Finſterniſſen, einem ſehr
großen Theile der Oberfläche der Erde die Sonne
mehr oder weniger bedeckt. Denn, wenn man die
gerade Linie A f o von dem öſtlichen Rande der
Sonne, hart an dem weſtlichen Rande des Mondes
vorbey zur Erde in o zieht, und die zweyte B f n
von dem weſtlichen Rande der Sonne, an dem öſtlichen Rande des Mondes nach n zieht, und ſich

alsdann vorstellet, daß diese beyden Linien A f o
und B f n sich um die Mittellinie F M E bewe=
gen; so werden ihre Enden n und o einen großen
Zirkel auf der Oberfläche der Erde, rund um E be=
schreiben: in welchem ganzen Zirkel die Sonne
mehr oder weniger durch den Mond M verfinstert,
erscheinen wird, nachdem die Oerter, die in diesem
Zirkel liegen, weniger oder mehr von dem Mittel=
punkte E, wohin der dunkle Schatten fällt, ent=
fernt sind. Denn, wenn der Mond in M ist; so
wird ein Beobachter auf der Erde in n wahrneh=
men, daß der östliche Rand des Mondes den west=
lichen Rand der Sonne in B gleichsam eben be=
rühre: so wie ein Beobachter in o sehen wird, daß
der westliche Rand des Mondes den östlichen Rand
der Sonne so eben berühret. Den Oertern zwischen
n und o aber wird der Mond die Sonne zum Theil
oder ganz verdecken, nach dem Maaße sie zwischen
n und E, oder zwischen o und E, oder gerade
in E liegen. Man nennet diesen schwachen Schat=
ten, der rund um den dunkeln liegt, von n bis o,
den Halbschatten, oder einen Theil des Mond=
schattens. Fällt der Mittelpunkt dieses Schattens
in gerader Linie vom Centro der Sonne zum Centro
der Erde; so bedeckt er eine Strecke der Oberfläche
der Erde, deren Durchmesser ohngefähr 1000 Mei=
len groß ist. Fällt er aber schief auf die Erde; so
ist seine Figur elliptisch; und alsdann ist die Weite,
die er bedeckt, noch größer, vornehmlich wenn der

Mond

Mond zu der Zeit in ſeiner kleinſten Entfernung von der Erde iſt. Denn, weil die Bahn des Mondes eine Ellipſe, oder eyförmig iſt, und jede Ellipſe zween Mittelpunkte, oder wie man ſie gewöhnlich nennet, Focos hat, welche zwiſchen der Mitte und den Enden ihres längſten Durchmeſſers liegen: der Mittelpunkt der Erde aber einer von dieſen Centris iſt; ſo folgt, daß der Abſtand des Mondes von der Erde nicht allemal gleich ſeyn kann. Wenn man alſo ſagt: der Mond wäre 52000 Meilen von der Erde entfernt; ſo verſteht man darunter ſeinen mittlern Abſtand. Wird die Sonne in der kleinſten Entfernung des Mondes verfinſtert, ſo, daß die Oberfläche der Erde durch den dunkeln Schatten des Mondes bedeckt wird; alsdann iſt der Durchmeſſer der Weite, wo die Sonne ganz verfinſtert zu ſeyn ſcheint, ohngefähr 40 Meilen: und über dieſe Strecke geht der dunkele Schatten des Mondes in $4\frac{1}{2}$ Minuten. Er würde noch geſchwinder darüber gehen, wenn nicht die Umwälzung der Erde um ihre Are von Weſten nach Oſten (folglich in gleicher Richtung als der Mondsſchatten) die Stelle, auf welche der Schatten fällt, länger in dieſem Schatten hielte, als ſonſt geſchehen würde, wenn die Erde ſolche Bewegung nicht hätte. Länger als $4\frac{1}{2}$ Minuten aber iſt keine totale Sonnenfinſterniß an einem Orte des Erdbodens möglich; ſelbſt wenn ſie auch beym Aequator fällt, wo doch die Theile der Oberfläche die ſchnellſte Bewegung haben. Und in

unſern

unſern nördlichen Gegenden dauert ſie nicht einmal
ſo lange; weil wir dem Pole ſo viel näher ſind, und
folglich langſamer herumgehen.

Nun müſſen wir noch die Urſachen der Mondes-
finſterniſſe erklären:

Man ziehe in der vorigen Figur die gerade Linie
A g c von dem öſtlichen Rande der Sonne, hart
an den öſtlichen Rand der Erde bis in c; und die
zweyte gerade Linie B h k von dem weſtlichen
Rande der Sonne an den weſtlichen Rand der
Erde bis in k, und nehme an, daß dieſe beyden
Linien ſich um die Mittellinie F M m herumdrehen,
alsdann werden ſie den Raum einſchließen, der mit
dem Erdſchatten g c h k angefüllet iſt. Denn
man ſieht klar: daß, wenn der Mond auf ſeiner
Bahn in m iſt, er von dem Schatten der Erde
gänzlich bedeckt und verfinſtert werden müſſe, weil
die Erde zwiſchen der Sonne und ihm ſtehet.

Daß man den Mond bey einer totalen Verfinſte-
rung noch immer gleichſam als mit einer Kupfer-
farbe überzogen erblicket, rührt von unſerer Atmoſphäre her. Denn alle Sonnenſtralen, welche rund
um die Erde, innerhalb der Gränze g h von Licht
und Dunkel, durch die Atmoſphäre fallen, werden
von derſelben gegen die Mitte des Erdſchattens einwärts gebogen. Und dieſe Stralen fallen, mit dem
Schatten vermiſcht, auf den Mond, und erleuchten

ihn

ihn in einem gewiſſen geringen Grade. Alsdann
wirft der Mond dieſe Stralen wieder zur Erde zurück, und aus der Urſache iſt er uns noch auf gewiſſe
Art ſichtbar. Denn hätte die Erde keine Atmoſphäre; ſo würde ihr Schatten ganz dunkel, und
der Mond, wenn er völlig eingetreten iſt, eben ſo
unſichtbar als zur Zeit des Neumondes ſeyn.

Hiemit könnten wir nunmehr dieſes Kapitel
ſchließen: allein wir wollen doch zuvor noch eine
kurze und ſehr einfache Methode anführen, nach
welcher man die Tage beſtimmen kann, an welchen
in den Jahren 1793 bis 1800 eine Sonnen- oder
Mondfinſterniß einfallen wird.

Wir haben oben geſagt, daß die Bahn des
Monds die Ekliptik unter einem Winkel von $5\frac{1}{4}$
Graden in zweenen Punkten durchſchneide, und
daß man dieſe Punkte ſeine Knoten nenne.

Den Punkt, wo er von der Ekliptik nordwärts
hinaufgeht, nennet man ſeinen aufſteigenden Knoten; und den Punkt, wo er von der Ekliptik ſüd-
wärts heruntergeht, ſeinen niederſteigenden Knoten.
Der Unterſchied zwiſchen beyden Berührungen beträgt, nach einer mittlern Berechnung, einen Zeitraum von $173\frac{1}{2}$ Tagen, und innerhalb derſelben
findet keine Finſterniß ſtatt.

S 3 Nun

Nun ereignen sich diese Conjunktiones mit der Ekliptik

im aufsteigenden Knoten,	im niedersteigenden Knoten,
1793. den 27. August.	den 7. März.
1794. — 8. August.	— 16. Februar.
1795. — 21. Julius.	— 28. Januar.
1796. — 2. Julius.	— 9. Jan. u. 22. Dec.
1797. — 14. Junius.	— 4. December.
1798. — 26. May.	— 15. November.
1799. — 8. May.	— 28. October.
1800. — 19. April.	— 9. October.

Fällt der Neumond alsdann 18 Tage vor oder nach dem Tage einer dieser Conjunktionen ein; so haben wir am Tage des Neumonds eine Sonnenfinsterniß. Und fällt der Vollmond 12 Tage vor oder nach ein; so haben wir am Tage des Vollmonds eine Mondfinsterniß.

Es fällt aber der Neumond in den Jahren 1793 bis 1800 auf folgende Tage:

	Jan.	Febr.	Mart.	Apr.	May.	Jun.
1793.	12.	10.	12.	10.	10.	8.
1794.	1. 31.	—	1. 31.	29.	29.	27.
1795.	20.	19.	20.	19.	18.	17.
1796.	9.	8.	8.	7.	7.	5.
1797.	27.	26.	27.	26.	25.	24.
1798.	17.	15.	17.	15.	15.	13.
1799.	6.	5.	6.	5.	4	3.
1800.	25.	23.	25.	23.	22.	21.

Jul.

	Jul.	Aug.	Sept.	Oct.	Nov.	Dec.
1793.	8.	6.	5.	5.	3.	2.
1794.	27.	25.	24.	23.	22.	22.
1795.	16.	15.	13.	13.	11.	11.
1796.	5.	3.	2.	1.	29.	29.
1797.	23.	22.	21.	20.	19.	18.
1798.	13.	11.	10.	9.	8.	8.
1799.	2.	1.	29.	28.	27.	26.
1800.	20.	19.	17.	17.	15.	15.

In dieſer Tabelle fängt der Tag nach Mitternacht an, und endigt ſich in der folgenden Nacht
um 12 Uhr.

Zählet man zu dieſen Tagen noch 15 Tage hin-
zu, ſo hat man die Zeiten des Vollmonds.

So würde z. E. im Jahre 1793 der Vollmond
einfallen

am 27ſten Januar, 25. Februar, 27. März,
25. April, 25. May, 23. Junius, 23. Ju-
lius, 21. Auguſt, 20. September, 20. Octo-
ber, 18. November, 17. December.

Da nun in 1793 nur zweene Neumonde mit den
Zeiten der Conjunktion innerhalb 18 Tagen zuſammentreffen: ſo haben wir in dieſem Jahre auch nur
zweene Sonnenfinſterniſſe: nämlich

am 12. März, und
am 5. September.

S 4						Und

Und da ebenfalls nur zweene Vollmonde innerhalb 12 Tagen der Conjunktion zutreffen; so haben wir in diesem Jahre auch nur zweene Mondfinsternisse: nämlich

am 25. Februar, und

am 21. August.

Und auf eben die Art kann man die Finsternisse für die folgenden Jahre bestimmen, weil, wie bekannt, eine Sonnenfinsterniß sich nur am Tage des Neumonds, und eine Mondfinsterniß am Tage des Vollmonds zutragen kann.

Dieses wäre also der kürzeste und leichteste Weg, die Tage zum voraus zu sagen, an welchen eine Finsterniß einfallen wird. Allein die eigentliche Zeit ihres Anfangs, ihre Größe und ihre Dauer zu bestimmen, erfodert eine mühsame Berechnung, und sich darinn einzulassen, würde wider den Zweck dieses Buches seyn.

Das funfzehnte Kapitel.

Von dem Durchgange der Venus durch die Sonne, und in wiefern der Abstand der Planeten von der Sonne daraus zu beweisen sey.

Wir werden hier vornehmlich von dem Durchgange in Anno 1761 reden, weil er über unserm Horizonte beynahe vom Anfange bis zu Ende sichtbar

bar

bar war. Und aus eben diesem Durchgange wer=
den wir, was schon im vorhergehenden gesagt ist,
zu beweisen suchen: daß nämlich der Abstand der
Planeten von der Sonne, so ungeheuer groß er
auch scheinen möchte, doch noch zu klein angenom=
men sey.

Ehe wir aber zu diesem Beweise gehen, müssen Tab.
wir bemerken, daß die Figuren 1 und 2 nicht in IX.
der gehörigen Proportion haben gezeichnet werden
können. Und man mußte eine Wahrheit aufopfern,
um eine andre begreiflich zu machen. Denn hätten
wir die Planeten nicht größer gezeichnet, als sie
im Verhältniß ihrer Entfernung von der Sonne
wirklich sind; so würden sie nichts als bloße Punkte
geworden seyn, und der größte Bogen Papier wäre
zu klein gewesen, um die Linien des Abstandes
darauf zu ziehen. Es war also zur deutlichen Er=
klärung dieser Materie nothwendig, sowohl die Pla=
neten größer zu zeichnen, als auch die Linien ihrer
Entfernung abzukürzen; weil wir sonst die Wirkun=
gen, die von den verschiedenen Bewegungen der
Planeten entstehen, nicht hätten verständlich machen
können.

Der Durchmesser der Erde ist in Vergleichung
des Abstandes der Sonne, nichts weiter als ein
Punkt. Und wenn daher die Sonne zu gleicher
Zeit von zweenen Beobachtern an den entgegen=
stehenden Seiten der Erdkugel betrachtet würde;
so müßte ihr Mittelpunkt allen beyden, in einem

und

und eben demselben Punkte des Himmels, erschei=
nen. Wenn aber die Venus zwischen die Erde und
die Sonne kommt; so ist ihr Abstand von der Erde
zwischen drey und viermal geringer als der Abstand
der Sonne von der Erde. Und wenn daher die
Venus von zweenen Beobachtern auf der Erde, die
in einer großen Entfernung von einander sind, ge=
sehen wird; so erscheint sie jedem von ihnen, in
ebendemselben Augenblicke, an verschiedenen Stel=
len, auf der Oberfläche der Sonne.

Es sey also S die Sonne, V die Venus, und
A B D E die Erde. Nun nehme man an: der
eine Beobachter stünde in A, der zweyte in B,
und der dritte in D. Alle drey aber beobachteten
die Venus zu einer gleichen absoluten Zeit; so wird
dem Beobachter in A die Venus auf der Sonne
in F erscheinen, in der Richtung der geraden Linie
A V F, worinn er sie siehet. Dem Beobachter.
in B wird sie auf der Sonne in G erscheinen, nach
der geraden Linie B V G; und dem Beobachter
in D wird die Venus auf der Sonne in H erschei=
nen, weil er sie in der geraden Linie D V H siehet.
Oder wenn man annimmt: die Venus stünde stille
in V, während der Zeit der Beobachter in A durch
die Umdrehung der Erde um ihre Are, durch den
Bogen A B D von A nach D geführet wird; so ist
klar: daß es diesem Beobachter scheinen wird, als
habe sich der Planet V an der Sonne von F nach
H durch den Raum F G H bewegt.

Nun

Nun wollen wir setzen: die Erde a b d e sey der Sonne S näher. In diesem Falle wird die Venus v der Erde auch verhältnißmäßig näher seyn, und der Bogen a b d, durch den der Beobachter herumgeführet worden, wird eine größere Proportion zu der Entfernung der Venus von der Erde in Fig. 2. haben, als eben derselbe Bogen A B D zu der Entfernung der Venus V von der Erde in Fig. 1. gehabt hat: so daß, wenn der eine Beobachter in a, ein zweyter in b, und ein dritter in d gestellet wäre; so würde der Beobachter in a die Venus an der Sonne in f, der in b die Venus in g, und der in d würde sie in h erblicken, und zwar alle zu einer und eben derselben Zeit. Oder: wenn die Venus in v stille stünde, während daß der Beobachter in a durch die Bewegung der Erde von a nach d geführet wird; so würde es ihm vorkommen, als wenn sich die Venus in der Zeit an der Sonne von f nach h beweget hätte. Nun ist aber die Weite f g h in Fig. 2. länger, als die Weite F G H in Fig. 1. Daraus folget: daß, je näher die Erde der Sonne ist, desto größer ist die Weite, durch welche Venus, vermöge der wirklichen Bewegung des Beobachters mit der Erde, in einer gegebenen Zeit vor der Sonne vorüber zu gehen scheint: und je weiter die Erde von der Sonne, desto kleiner ist die Weite, durch welche sie in derselben Zeit mittelst der wirklichen Bewegung des Beobachters vor der Sonne überzugehen scheint.

Und

Und folglich: da die Venus sich wirklich auf ihrer Bahn in der Richtung T U W Fig. 1., oder t v w Fig. 2. bewegt, während daß der Beobachter mit der Erde von A nach D, oder von a nach d herumgeführet wird; so ist klar, daß die Venus geschwinder über die Sonne sich zu bewegen scheinen muß, wenn der Abstand der Erde von der Sonne nur so groß als b v s in Fig. 2., als wenn er so viel größer wie B V S in Fig. 1. ist, und daß folglich die ganze Dauer ihres Durchganges kürzer seyn müsse, wenn der Abstand der Erde von der Sonne nur wie b v s, als er seyn würde, wenn der Abstand größer wäre, wie B V S.

Nunmehr müssen wir zur Erklärung der 3ten Figur übergehen, wo wir setzen: daß a b c d die Erde, V die Venus, und S die Sonne sey. Die Erde drehet sich ostwärts um ihre Axe in der Richtung a b c d, und die Venus geht auf ihrer Bahn in der Richtung E V e.

Nun wollen wir annehmen, die Erde wäre durchsichtig wie Glas, und es stünde jemand im Mittelpunkte derselben, und betrachtete die Sonne S, während der Zeit die Venus sich auf ihrer Bahn von F nach f durch die Weite F G V g f bewegte; so könnte in diesem Fall die Umdrehung der Erde um ihre Axe keine Wirkung auf diesen Beobachter haben, weil sie ihn nach keiner Seite von C wegführete. Denn, wenn die Venus auf ihrer Bahn

in

in F wäre; so würde sie ihm eben in der Sonne
in K erscheinen, das ist, in ihrer ersten innern
Berührung des östlichen Randes der Sonne.
Gienge sie weiter auf ihrer Bahn von F nach f;
so würde sie ihm von K nach L in der Linie K k L
vor der Sonne überzugehen scheinen, welche Linie
die Linie des Durchganges über die Sonne genennet
wird. Und wenn sie auf ihrer Bahn in f wäre;
so würde sie ihm in der Sonne in L erscheinen,
eben da sie im Begriff ist, den westlichen Rand der
Sonne zu verlassen; oder in ihrer letzten inneren
Berührung des westlichen Randes der Sonne.
Wir wollen dieses nochmals kürzlich wiederholen.
Wenn der Durchgang der Venus aus dem Mittelpunkt der Erde C gesehen werden könnte; so würde
sie von F nach f auf ihrer Bahn fortgehen, während der Zeit sie sich vor der Sonne von K nach L
zu bewegen scheint; oder von ihrer ersten bis zu
ihrer letzten inneren Berührung. Denn wenn die
Venus auf ihrer Bahn in F ist; so steht sie am
Rande der Sonne in K, weil sie vom Centro der
Erde C in der geraden Linie C F K gesehen wird.
Und wenn sie auf ihrer Bahn nach f kömmt; so
verläßt sie die Sonne in L, weil sie in der geraden
Linie in C f L gesehen wird.

Nun wollen wir setzen: der Beobachter stünde
auf der Oberfläche der Erde in a, und würde in
der Zeit, daß die Venus auf ihrer Bahn von F
nach f fortgeht, durch die Umdrehung der Erde

um

um ihre Are von a nach b fortgeführet: ist die
Venus in F; so scheint sie dem Beobachter auf
der Oberfläche in a. noch nicht in die Sonne
eingetreten, weil er sie, wenn sie am Himmel sicht=
bar wäre, in der Linie A F H ostwärts von der
Sonne erblicken würde. Und sie muß zuvor auf
ihrer Bahn von F nach G fortgehen, ehe er sie
vor der Sonne in K nach der geraden Linie a G K
sehen kann. Ihr Durchgang muß also dem Be=
obachter in a um so viel später eintreten, als dem
in C, um soviel die Zeit beträgt, in welcher sie auf
ihrer Bahn von F nach G fortrückt.

Wenn die Venus auf ihrer Bahn nach g
kommt; so ist der Beobachter schon durch die Be=
wegung der Erde beynahe von a nach b herumge=
führet, und alsdann sieht er sie in der Linie b g L,
da sie die Sonne eben in L verläßt. Wird sie
hingegen vom Mittelpunkte der Erde gesehen; so
muß sie schon von g nach f auf ihrer Bahn fortge=
gangen seyn, ehe sie die Sonne in L verläßt, oder
ehe sie in der geraden Linie C f L gesehen werden
kann: alsdann aber würde sie dem Beobachter in b
schon in der Linie b f I nach Westen von der Sonne
erscheinen, wenn er sie sehen könnte. Die ganze
Dauer des Durchganges von K nach L ist demnach
dem Beobachter, der sich von a nach c bewegt,
kürzer, als dem, der sie (wie wir angenommen ha=
ben) im Mittelpunkte der Erde C beobachtet.
Denn dem erstern bewegt sie sich, während der Zeit,

daß

daß sie von K nach L vor der Sonne übergeht, auf ihrer Bahn nur von G nach g; dagegen sie sich dem letztern auf ihrer Bahn von F nach f bewegen muß, ehe sie ihm von K nach L übergeht.

Folglich, je näher die Erde der Sonne ist; je größer ist der Unterschied der Zeit des Durchganges der Venus von K nach L, wenn man sie von der Oberfläche der Erde, oder wenn man sie aus dem Mittelpunkte derselben betrachtet. Und je weiter die Erde von der Sonne ist; je kleiner ist der Unterschied der Zeit des Durchganges zwischen der Beobachtung auf der Oberfläche und im Mittelpunkte der Erde.

Die Ursache, weßwegen wir uns einen Beobachter im Mittelpunkte der Erde denken, der den Durchgang der Venus von daher betrachtet, ist diese: weil in den astronomischen Tabellen die Bewegungen der Planeten so berechnet sind, als sie von einem Beobachter würden gesehen werden, der ruhig auf einer Stelle bliebe. Denn da die scheinbare Breite der Sonne sowohl als die Zeit, in welcher die Venus um die Sonne läuft, bekannt sind; so ist es leicht zu berechnen, in wie viel Zeit die Venus einen Raum durchläuft, der der Breite der Sonne gleich ist: wenn derjenige, der dieses beobachtet, unveränderlich auf seiner Stelle bleibt: oder, welches eben so viel ist, wenn der Beobachter im Mittelpunkte der Erde steht. Und alsdann ist

es

es bey jeder Entfernung der Erde von der Sonne
leichter zu berechnen, wie viel die Wåhrung des
Durchgangs durch die Bewegung eines Beobachters verkürzt wird, der auf der Oberfläche der Erde,
an der der Venus zunächst liegenden Seite steht,
und sich in einer dem Laufe der Venus entgegen-
gehenden Richtung beweget, gegen die Wåhrung
des Durchganges für einen Beobachter im Mittelpunkte der Erde, oder selbst an ihrer Oberfläche,
wenn sie keine Bewegung um ihre Are hätte: als
in welchem Fall der Beobachter an der Oberfläche
ebenfalls in Ruhe bliebe.

Weil aber der Beobachter an der Oberfläche
wirklich in Bewegung mit der Erde ist, wenn er
die Dauer des Durchgangs beobachtet, und weiß,
wie viel sie ihm kürzer erscheint, als sie würde gethan haben, wenn er in Ruhe gewesen wäre; so
kann dadurch die Entfernung der Erde von der
Sonne gefunden werden, welche, wie bereits angeführet, nach dem Resultate der verschiedenen Beobachtungen dieses Durchganges der Venus zwischen
20 und 21 Millionen Meilen ist geschätzet worden.
Da nun die relativen Weiten der Planeten von der
Sonne aus den bestimmten Gesetzen der Natur
und aus ihren Beobachtungen längst bekannt sind;
so wird der Abstand der übrigen Planeten von der
Sonne folgendes Verhältniß haben.

Gesetzt, der Abstand der Erde von der Sonne
wäre in 100000 gleiche Theile getheilt (diese Theile
mögen

mögen übrigens so viele Meilen enthalten als sie wollen); so ist der Abstand

des Merkurius von der Sonne gleich 38,710 dieser
                                                   Theile

der Venus	—	—	72,333 —
des Mars	—	—	152,369 —
des Jupiters	—	—	520,096 —
des Saturns	—	—	954,006 —

Und da die Zahl der Meilen dem Verhältnisse der Zahl der Theile gleich ist, und die 100000 Theile des Abstandes der Erde von der Sonne zwischen 20 bis 21 Millionen betragen; so verhält sich die Zahl der Theile der übrigen Planeten zu der Zahl ihrer Meilen nach ebenderselben Proportion.

Es wäre zu wünschen, daß alle Beobachtungen dieses Durchganges der Venus, die man in verschiedenen Gegenden Europens anstellte, so übereinstimmend gewesen, daß einerley Resultate herausgekommen wären. Allein es scheint, daß die Erfüllung dieses Wunsches vornehmlich durch zwo Ursachen sey verhindert worden: erstlich dadurch, daß der Unterschied der Longitude in Ansehung der Oerter, wo man die Observationen anstellte, noch nicht genau genug bestimmt gewesen; und zweytens, daß von allen Beobachtern nicht einerley Teleskope gebrauchet worden sind. Denn das ist unläugbar, daß diejenigen, die die stärksten Vergrößerungsgläser brauchen, den Augenblick der innern und äußeren Berührungen des Planeten accurater bemerken konnten, als diejenigen, welche sich schwächerer Gläser bedieneten. Indessen sind die Observationen des zweyten Durchganges von Anno 1769 mit aller möglichen Genauigkeit angestellet worden: und das Resultat von allen hat es bestätiget, daß der Abstand der Erde von der Sonne nicht unter 20 und nicht über 21 Millionen Meilen sey.

Der nächste Durchgang der Venus begiebt sich in Anno 1874. Man sollte fast denken, daß dieses öfterer geschehen müßte: da man weiß, daß sie jedesmal innerhalb 584 Tagen einmal zwischen der Erde und der Sonne durchgeht. Es würde auch so seyn, wenn ihre Bahn mit der Bahn der Erde in einerley Fläche läge: so wie ein Zirkel, den man innerhalb eines andern auf ein flaches Papier zeichnet. Allein die eine Hälfte der Bahn der Venus liegt an der Norderseite der Erdbahn, und die andre Hälfte an der Süderseite derselben: so, daß ihre Bahn die Bahn der Erde in zwey entgegenstehenden Punkten kreuzet. Und aus der Ursache kann die Venus nur alsdann gerade zwischen der Erde und Sonne durchgehen, wenn sie zur Zeit ihrer Conjunktion mit der Sonne, innerhalb oder nahe bey einem dieser Punkte ist. Zu jeder andern Zeit geht sie entweder oberhalb oder unterhalb der Sonne weg, und ist alsdann unsichtbar, weil sie ihre dunkle Seite der Erde zukehrt.

Wir

Wir haben noch vergessen, die beyden Linien N E K und n e L zu erklären. Gesetzt: ein Beobachter in N an der Seite der Erde, die am weitesten von der Venus ist, würde in derselben Richtung, in welcher sich die Venus auf ihrer Bahn von E nach e bewegt, mit der Erde von N nach n fortgeführet: und ein zweyter Beobachter in a würde in gleicher Zeit, in einer Richtung, die dem Laufe der Venus auf ihrer Bahn entgegen ist, von a nach b fortgeführet; so wird die Währung des Durchganges dem Beobachter, der von N nach n geführet worden, länger seyn, als einem Beobachter im Centro der Erde C. Denn, wenn die Venus auf ihrer Bahn in E ist, wird sie von N in der geraden Linie N E K gesehen, vor der Sonne in K erscheinen. Hingegen muß sie von E nach F gehen, ehe sie von C in der geraden Linie C F K vor der Sonne gesehen werden kann. Und wenn sie von C in der geraden Linie C f L gesehen wird; so verläßt sie, wenn sie auf ihrer Bahn in f ist, die Sonne eben in L. Soll aber der Beobachter in n, der während der Zeit, daß die Venus auf ihrer Bahn von E nach e geht, durch die Umdrehung der Erde um ihre Axe von N nach n fortgeführet worden, sie in dem Augenblicke wahrnehmen, da sie die Sonne verläßt; so muß sie schon von f nach e fortgerückt seyn, so daß die sichtbare Währung ihres Durchganges dem Beobachter länger seyn wird, der von N nach n fortgeführet worden, als dem, der

T 2   in

in Ruhe ist: und kürzer dem andern, der von a nach b ist geführet worden.

Aus diesem Unterschiede der sichtbaren Wahrungen des Durchganges der Venus kann der Abstand der Erde von der Sonne mit größerem Vortheile hergeleitet und gefunden werden, als wenn die Beobachtungen nur allein an der Seite der Erde, die der Venus während ihres Durchganges am nächsten liegt, angestellet werden. Der große Mann, der diese Methode, den Abstand der Erde von der Sonne aus dem Durchgange der Venus zu beweisen, zuerst erfand, war der berühmte Dr. Halley. Und da er wußte, daß er nach dem gewöhnlichen Laufe der Natur nicht so lange leben würde, diesen Durchgang selbst zu sehen; so empfahl er allen künftigen Astronomen, denselben nach seinem Tode mit möglichstem Fleiße zu beobachten. Zu dem Ende übergab er der königlichen Societät der Wissenschaften eine Schrift, worinn er alles ausführlich aufgezeichnet hatte; und die Societät machte diese Schrift kurz nachher in den Philosophical Transactions öffentlich bekannt.

Vom Gebrauch

der

Erd- und Himmels-
Kugel.

Allgemeine Einleitung.

Wenn man auf einer Kugel eine ganz akkurate Welt: charte zeichnet, so stellet die Oberfläche derselben die Oberfläche der Erde vor: denn die höchsten Berge sind im Verhältniß gegen den ganzen Körper der Erde so unbeträchtlich, daß sie seiner Ründe nicht mehr beneh: men, als Sandkörner der Ründe einer künstlichen Erd: kugel; indem der Umkreis der Erde 5400 Meilen, und kein bekannter Berg über ¼ Meilen senkrecht hoch ist.

Daß die Erde die Figur einer Kugel habe, erschei: net daraus:

1) Weil sie bey einer Mondfinsterniß allemal einen runden Schatten auf den Mond wirft, sie mag ihm, welche Seite sie wolle, zukehren.

2) Weil verschiedene Seefahrer rund um sie gesegelt sind.

3) Weil man weiter sehen kann, je höher man steht. Und

4) Weil man den Mast eines Schiffes eher siehet, als den Körper desselben, indem solcher durch die runde Oberfläche des Wassers alsdann noch verdeckt wird.

Die anziehende Kraft der Erde ziehet alle Körper ihrer Oberfläche zum Mittelpunkte derselben: denn man sie: het, daß sie jedesmal in einer Linie niederfallen, die dem Orte, wo sie fallen, senkrecht ist, selbst wenn sie an der entgegenstehenden Seite der Erde, und folglich in ent: gegenstehender Richtung i die Höhe geworfen worden. So daß die Erde einem großen Magnet zu vergleichen,

T 4

der,

der, wenn er in Eisenfeilstaub herumgewälzet wird, sol=
chen an allen Seiten seiner Oberfläche an sich ziehet und
fest hält.

Aus dieser Ursache kann kein Körper weder von die=
ser noch von jener Seite der Erde abfallen, weil sie alle
zum Mittelpunkte derselben angezogen werden.

Der Himmel, oder das Firmament, umgiebt die
ganze Erde; und wenn wir sagen oben oder unten,
so verstehen wir dieses blos in Absicht unserer: denn kein
Punkt, weder am Himmel noch auf der Erde, ist oben
oder unten, als nur in Absicht auf uns selber. Wir mö=
gen daher stehen auf welcher Stelle der Erde wir wollen,
so stehen unsere Füße gegen den Mittelpunkt der Erde,
und unser Kopf gegen den Himmel, und alsdann sagen
wir: was gegen den Himmel ist, ist oben, und was ge=
gen die Erde ist, ist unten.

Einem Beobachter, der im unendlichen Raume, wo
nichts seinen Gesichtskreis begränzt, gestellet worden,
dünken alle entfernte Gegenstände in gleichen Weiten
von ihm zu seyn, und scheinen ihm gleichsam in einer
großen hohlen Kugel eingeschlossen, deren Mittelpunkt
sein Auge ist. Es kann aber jeder Astronom beweisen:
daß der Mond uns viel näher sey als die Sonne; daß
einige Planeten oftmals näher, und oftmals weiter von
uns sind, als die Sonne; daß andere uns niemals so
nahe kommen, als die Sonne stets ist; daß der entfern=
teste Planet unsers Systems uns ungleich näher sey, als
einer von den Firsternen; daß es höchst wahrscheinlich,
daß einige Sterne unendlich viel weiter von uns sind, als

andeɾ

andere ; dennoch scheinen alle diese Himmelskörper in gleichen Weiten von uns zu stehen.

Wenn wir uns daher eine große hohle Glaskugel denken, an deren innern Seite eben so viel glänzende Punkte befestigt wären, als sichtbare Sterne am Himmel sind, und diese Punkte wären von unterschiedlicher Größe, und in eben solchen Weiten von einander gestellet, als die Sterne; so würde diese Hohlkugel einem Auge, das im Mittelpunkte derselben stünde und rund um sich herum schauete, eine genaue Abbildung des gestirnten Himmel seyn. Und wenn eine kleine Kugel, auf welcher die Charte der Erde gezeichnet, im Mittelpunkte der gläsernen Hohlkugel an einer Axe befestiget wäre, und die Hohlkugel sich um die Axe herumdrehete, so würde sie die scheinbare Bewegung des Himmels um die Erde vorstellen.

Wäre auf der Hohlkugel ein großer Zirkel gezeichnet, der sie in zwo gleiche Hälften theilte, und die Fläche dieses Zirkels liefe der Axe der Kugel perpendiculár, so würde dieser Zirkel die Aequinoktiallinie vorstellen, die den Himmel in zwo gleiche Hälften, unter dem Namen der Norder- und Süder-Hemisphäre theilet: und jeder Punkt dieses Zirkels würde von den Polen, oder den Enden der Axe der Kugel, gleich weit entfernt seyn. Alsdann würde man den Pol, der in der Mitte der nordlichen Halbkugel stünde, den Nordpol, und den in der Mitte der südlichen Halbkugel, den Südpol nennen.

Wäre ein zweyter großer Zirkel auf der Hohlkugel gezeichnet, und zwar in einer solchen Richtung, daß er die

T 5   Aequi-

Aequinoktiallinie, in zween einander gegenüberstehenden Punkten, in einem Winkel von $23\frac{1}{2}$ Graden durchschnitte; so würde derselbe die Ekliptik, oder den Kreis der scheinbaren Bewegung der Sonne, vorstellen; deren eine Hälfte an der Norder= und die andere an der Süderseite der Aequinoktiallinie gehet.

Wäre ein großer runder Flecken auf der Hohlkugel angebracht, der sich westwärts in der Ekliptik bewegte: so, daß er sie in der Zeit völlig rund liefe, in welcher die Hohlkugel 366mal um ihre Axe gedrehet wird; so würde dieser Flecken die Sonne vorstellen, die ihren Platz jeden Tag den 365sten Theil der Ekliptik verändert, und, gleich den Sternen, westwärts herumläuft; nur daß ihre Bewegung so viel langsamer als die Bewegung der Sterne; indem diese 366mal um die Axe der Hohlkugel herumgehen, und die Sonne in eben der Zeit nur 365mal. Und da die Sonne sich in dem Kreis der Ekliptik bewegt, so würde sie in der einen Hälfte ihres Umlaufs an der Norderseite der Aequinoktiallinie, in der andern Hälfte an der Süderseite derselben, und am Ende einer jeden Hälfte gerade in der Aequinoktiallinie seyn.

Wenn wir setzen: daß die Erdkugel in dieser Maschine ohngefähr einen Zoll im Durchmesser hielte, die gestirnte Hohlkugel hingegen 5 bis 6 Fuß; so würde ein kleines Insekt, das auf der Erdkugel lebte, nur einen ganz geringen Theil ihrer Oberfläche übersehen können; hingegen würde es von der Hohlkugel die Hälfte sehen, und die andere Hälfte ihm durch die Ründe der Erdkugel verdeckt seyn. Würde die Hohlkugel westwärts um die Erde herumgedrehet,

drehet, und die kleine Kreatur hätte ein Vermögen, die Erscheinungen, so dadurch entstehen, zu beurtheilen; so würde es einige Sterne im Osten aufgehen, und andere im Westen untergehen sehen; nur daß sie ihm jedesmal in einem und ebendemselben Augpunkte in Osten auf, und im Westen untergiengen, weil sie alle an der gestirnten Hohlkugel fest sind. Dagegen würde die Sonne jedesmal in einem andern Punkt auf: und untergehen, weil sie nicht an einem gewissen Ort der Hohlkugel befestigt, sondern sich in einem schiefen Kreis langsam fortbewegt.

Könnte das kleine Geschöpf gegen Süden sehen, und den Punkt der Kugel, wo die Aequinoktiallinie der Hohlkugel sie an der linken Seite zu durchschneiden scheinet, Osten, und den an der rechten Seite, Westen nennen; so würde es wahrnehmen, daß die Sonne in $182\frac{1}{2}$ Umgängen zwischen Norden und Osten auf, und zwischen Norden und Westen untergienge; nachher in eben so vielen Umgängen zwischen Süden und Osten auf, und zwischen Süden und Westen untergienge. In allen 365 Umgängen aber nur zweymal gerade in Osten auf, und zweymal gerade in Westen untergehen würde.

Und alle diese Erscheinungen würden immer einerley seyn, wenn die gestirnte Hohlkugel stille stünde, und die kleine Erdkugel dagegen von Westen nach Osten um ihre Are gedrehet würde; nur daß die Sonne sich immer in der Ekliptik weiter fort bewegte. Denn das Insekt würde die Bewegung der Erdkugel nicht merken, und die Sonne und Sterne würden ihm westwärts zu gehen scheinen.

Wenn

Wenn wir diese Vergleichung auf uns anwenden; so sind wir gegen die Größe der ganzen Erdkugel ebenfalls nur sehr kleine Geschöpfe: und die Erde selber ist gegen die Größe des ganzen Firmaments nur ein unmerklicher Punkt. Ob die Erde stille stehet, und der Himmel sich rund drehet: oder ob der Himmel stille stehet, und die Erde sich rund drehet; die Erscheinung ist, in Ansehung unserer, immer dieselbe. Und da der Himmel, in Vergleichung mit der Erde, so unermeßlich groß; so sehen wir allemal die eine Hälfte des ganzen Himmels, wir mögen auf der Oberfläche der Erde seyn, oder wir wären im Mittelpunkte derselben, wenn nur die Gränze unsers Gesichtskreises durch nichts unterbrochen ist.

Man hat auf der Erde verschiedene, in Gedanken gezogene Zirkel angenommen: und man hat sich dabey vorgestellet, daß die Flächen dieser Zirkel bis zum Himmel ausgedehnt wären, und daselbst eben solche Zirkel bezeichneten.

Der Horizont ist entweder der sichtbare oder der wahre Horizont.

Der sichtbare Horizont ist derjenige Kreis, der die Aussicht eines Menschen, der auf einer ebenen Fläche der Erde stehet, rund herum begränzt: und wo der Himmel auf die Erde zu stoßen scheint. Wenn die Fläche dieses sichtbaren Horizonts bis zum Himmel ausgedehnt wird, so theilt er denselben in zwo Hälften; eine die wir übersehen können: und die andere, die durch die Ründe der Erde verdeckt wird.

Den

Den wahren Horizont denkt man sich durch den Mittelpunkt der Erde bis zum Himmel ausgedehnt, dem sichtbaren parallel. Ob nun gleich die Fläche des sichtbaren Horizonts die Erde an dem Orte des Beobachters auf ihrer Oberfläche berühret, und der wahre durch den Mittelpunkt derselben geht; so scheinen dennoch beyde Horizonte in einem Punkt am Himmel zusammen zu laufen, weil die ganze Erde gegen den gestirnten Himmel nur ein Punkt ist.

Hiebey ist zu bemerken, daß da die Erde ein runder Körper, so muß sich der Horizont, oder die Gränze unsers Gesichtskreises, nach dem Maaße verändern, als wir unsern Stand ändern.

Die Pole der Erde sind die beyden Punkte ihrer Oberfläche, worinn sich ihre Are endigt. Der eine wird der Nordpol und der andere der Südpol genennt.

Die Pole des Himmels sind die beyden Punkte, worinn sich die bis dahin verlängerte Are der Erde endigt: so daß der Nordpol des Himmels gerade über den Nordpol der Erde, und der Südpol des Himmels gerade über den Südpol der Erde stehet.

Der Aequator ist ein großer Zirkel rund um die Erde gezogen, dessen Theile an allen Seiten von beyden Polen gleich weit abstehen. Er theilet die Erde in zwo gleiche Hälften, unter dem Namen der nordlichen und südlichen Hemisphäre. Wenn wir die Fläche dieses Zirkels bis zum Himmel ausgedehnt, annehmen; so bezeichnet er daselbst die Aequinoktiallinie, und theilet den Himmel

eben

ebenfalls, unter dem Namen der nordlichen und südlichen Hemisphäre in zwo gleiche Hälften.

Der Meridian eines Ortes ist ein großer Zirkel, der über diesen Ort und durch die beyden Pole der Erde gehet. Man kann sich dieser Meridiane so viele denken als man will, weil jeder Ort, er liege noch so wenig nach Osten oder Westen von einem andern Orte, einen besondern Meridian hat. Denn kein Zirkel kann über zweene von solchen Oertern, und zugleich durch die Pole der Erde gehen. Der Meridian eines Orts wird bey den Polen in zweene Halbzirkel getheilet; derjenige, der über diesen Ort gehet, wird der geographische oder der obere Meridian, und der gegenüberliegende, der untere Meridian genennet.

Wenn die Umwälzung der Erde die Linie unsers geographischen Meridians zur Sonne bringt, so haben wir Mittag: und wenn unser unterer Meridian zur Sonne kommt, Mitternacht.

Alle Oerter, die unter einerley Meridian liegen, haben zu gleicher Zeit Mittag; und folglich alle übrigen Stunden zu gleicher Zeit. Aus der Ursache sagt man, sie haben eben dieselbe Länge; weil keiner von ihnen weiter nach Osten oder Westen liegt als der andere.

Wenn man sich 24 Halbzirkel gedenket, unter denen einer der geographische Meridian eines Ortes ist, die in den Polen zusammen laufen, und den Aequator in 24 gleiche Theile theilen; so wird in 24 Stunden ein jeder von diesen Meridianen einmal zur Sonne kommen, weil die Erde sich in dieser Zeit einmal um ihre Are drehet.

Da

Da nun der Aequator in 360 Grade getheilet wird, so beträgt der Raum, der zwischen zween dieser Zirkel eins geschlossen ist, 15 Grade; denn 24 mal 15 macht 360. Und also wird die scheinbare Bewegung der Sonne jede Stunde 15 Grade westwärts seyn, weil die Erde sich ostwärts um ihre Axe drehet. Folglich haben alle die Oerter, deren geographischer Meridian 15 Grade weiter nach Osten liegt als der unsrige, eine Stunde früher Mittag: und die, deren Meridian 15 Grade weiter nach Westen liegt, eine Stunde später Mittag als wir: und nach gleichem Verhältniß alle übrige Stunden.

Da die Erde sich in 24 Stunden einmal um ihre Axe drehet, und in dieser Zeit der Sonne ihre Oberfläche wechselsweise zukehrt; so läuft sie zugleich in einem Jahre in einem großen Kreis um die Sonne, den man die Ekliptik nennet, und der die Aequinoktiallinie in 2 einander gegen überstehenden Punkten in einen Winkel von 23½ Graden kreuzet; so daß die eine Hälfte der Ekliptik in der Norder- und die andere Hälfte in der Süder-Hemisphäre liegt. Sie wird, gleich wie alle übrigen Zirkel, sie seyn groß oder klein, in 360 gleiche Theile oder Grade getheilet. Und da die Erde diesen Zirkel in jedem Jahre durchläuft, scheinet es, als wenn die Sonne solches thäte, und ihren Platz jeden Tag beynahe um einen Grad veränderte. Die Erde mag daher in diesem oder jenem Punkte oder Grade der Ekliptik seyn, so erscheinet die Sonne allemal in dem gegenüberstehenden Punkt. Und da die eine Hälfte der Ekliptik an der Norder-, und die andere an der Süderseite der Aequinoktiallinie liegt, so erscheinet die Sonne, von

der

der Erde gesehn, ein halbes Jahr an der Norder- und ein halbes Jahr an der Süderseite der Aequinoktiallinie; zweymal im Jahre aber in der Aequinoktiallinie selber.

Die Astronomen theilen die Ekliptik in zwölf gleiche Theile, Zeichen genannt; jedes Zeichen in 30 Grade, und jeden Grad in 60 Minuten; allein zum Gebrauch der Erd- und Himmelskugel ist es hinlänglich, wenn man den Stand der Sonne auf einen halben Grad angeben kann.

Die Namen der 12 Zeichen sind folgende. Man fängt bey dem Punkt der Ekliptik an, wo sie die Aequi- noktiallinie durchschneidet; rechnet nordwärts hinauf, und zählet von Westen nach Osten herum, bis wieder zu dem- selben Punkt. Die Tage, wo die Sonne jeden Monat in ein neues Zeichen tritt, haben wir beygesetzt:

Widder,	Stier,	Zwilling,	Krebs,
20. März.	20. April.	21. May.	21. Junius.
Löwe,	Jungfrau,	Wage,	Scorpion,
23. Jul.	23. Aug.	23. Sept.	23. Octobr.
Schütz,	Steinbock,	Wassermann,	Fische.
22. Novembr.	21. Decembr.	20. Januar.	18. Februar.

Wenn man sich erinnert, an welchem Tage die Sonne in dieses oder jenes Zeichen getreten, so kann man leicht finden, wo sie die folgenden Tage stehet. Man darf nur für jeden Tag einen Grad zugeben; dieses wird beym Gebrauch der Erd- und Himmelskugel keine beträchtli- che Irrung verursachen.

Ist

Ist die Sonne im ersten Punkte des Widders, so ist sie in der Aequinoktiallinie, und gehet von der Zeit an jeden Tag weiter nordwärts, bis sie zum ersten Punkte des Krebses, 23½ Grade von der Aequinoktiallinie kommt; von da gehet sie ein halbes Jahr südwärts zurück, und durchkreuzet, in der Mitte dieser Hälfte, die Aequinoktiallinie beym Anfange der Wage, bis sie am Ende des halben Jahres zu ihrer größten südlichen Abweichung beym Anfange des Steinbocks, 23½ Grade von der Aequinoktiallinie, gekommen. Hierauf geht sie das andere halbe Jahr vom Steinbock nordlich zurück, kreuzet die Aequinoktiallinie beym Anfange des Widders, und kommt am Ende desselben wiederum zum Krebs.

Der Lauf der Sonne in der Ekliptik ist sich nicht völlig gleich: weil sie 8 Tage länger in der nordlichen Hälfte derselben als in der südlichen verweilet; so daß das halbe Sommerjahr in der nordlichen Hemisphäre 8 Tage länger ist, als das halbe Winterjahr; und in der südlichen Hemisphäre das Gegentheil.

Die Tropici sind zwey kleinere Zirkel, und gehen der Aequinoktiallinie an beyden Seiten parallel. Sie berühren die Ekliptik in den Punkten ihrer größten Abweichung, so daß jeder Tropicus 23½ Grade von der Aequinoktiallinie an der Norder- und Süderseite entfernt ist.

Der Norder-Tropicus berühret die Ekliptik beym Anfange des Krebses, und der Süder-Tropicus beym Anfange des Steinbocks. Aus dieser Ursache nennet

Ferguſ. Aſtron. v. Kirchh.   U   man

man den erſten den Tropicum des Krebſes, und den letzten den Tropicum des Steinbocks.

Die Polarzirkel ſind 23½ Grade von jedem Pole rund herum entfernt. Der ſo um den Nordpol gehet, wird der arktiſche Zirkel, von einem griechiſchen Worte, das einen Bären bezeichnet, genennet: weil man in der Gegend des Nordpols ein unter dieſem Namen bekanntes Sternbild wahrnimmt. Der ſüdliche Polarzirkel hingegen wird der Antarktiſche genennet, weil er dem Arktiſchen gegenüber ſtehet.

Die Ekliptik, Tropici und Polarzirkel ſind auf der Erdkugel ſowohl, als auf der Himmelskugel gezeichnet: ob man gleich nicht ſagen kann, daß die Ekliptik als ein am Himmel angenommener feſter Kreis auf die Erdkugel gehörte; man hat ihn blos zur bequemern Auflöſung einiger Aufgaben drauf geſetzt. Es wäre beſſer geweſen, wenn man dieſen Zirkel auf der Erdkugel in Monate und Tage eingetheilet hätte, ſo könnte man die Auflöſung dadurch noch mehr erleichtern.

Nach dieſer allgemeinen Erklärung wollen wir nun ein Experiment beſchreiben, mittelſt welchem man ſich einen vollkommnen Begriff von der täglichen und jährlichen Bewegung der Erde ꝛc. Man ſehe das vorhergehende zehnte Kapitel der Aſtronomie.

Beſchrei-

Beschreibung und Gebrauch der Erdkugel.

Zuerst sind auf dieser Kugel die Land= und Seegrän=
zen der ganzen bekannten Welt gezeichnet. Die
verschiedenen Königreiche und Länder durch Punkte ab=
getheilet und mit Farben belegt, um sie zu unterscheiden.
Die Insuln nach ihrer eigentlichen Lage bemerkt. Und
allerwärts die Ströme und die vornehmsten Städte an=
gegeben, wie sie durch Ausmessungen und Beobachtun=
gen auf der Erde gefunden worden. Alsdann sind der
Aequator, die Ekliptik, die Polarzirkel, und die Meri=
diane, nach der Beschreibung, die wir im vorhergehen=
den davon gegeben, darauf gezeichnet. Die Ekliptik ist
in 12 Zeichen, und jedes Zeichen in 30 Grade abge=
theilt; welche oftmals, wenn die Kugel groß ist, noch
wiederum in halbe und viertel Grade getheilet sind.
Jeder Tropicus ist 23½ Grade vom Aequator, und jeder
Polarzirkel 23½ Grade von seinem Pole. Alle 10 Gra=
de sind, dem Aequatori parallel, bis zu beyden Polen
Zirkel gezogen, welche man die Parallelen der Breite
nennet. Durch jeden 10ten Grad des Aequatoris sind,
auf großen Kugeln, Perpendikularzirkel gezogen; auf
kleinen durch jeden 15ten Grad, die einander in den
Polen durchschneiden. Man nennet diese Zirkel Me=
ridiane, oder Längenzirkel, zuweilen auch Stun=
denzirkel.

Die Kugel selber hängt in einem meßingenen Ring,
den man den Mittagsring nennet. Sie drehet sich

U 2 in

in jedem Pol an einer runden Stange, die auf die Hälfte
ihrer Dicke in den Mittagsring eingesenkt ist, wodurch
die eine Seite des Ringes die Kugel in zwo gleiche Hälf=
ten unter dem Namen der östlichen und westlichen He=
misphäre theilet; so wie der Aequator sie in zwo andere
Hälften, unter dem Namen der Norder= und Süder=
Hemisphäre, theilet.   Der Ring ist an der Seite,
worinn sich die Axe der Kugel drehet, in 360 gleiche
Theile oder Grade eingetheilt. Eine Hälfte dieser Grade
ist vom Aequatore zu den Polen numeriret und gerechnet,
wo sie sich mit 90 endigen; ihr Nutzen ist, die Breite
der Oerter zu bezeichnen.   Die andere Hälfte ist von
den Polen zum Aequatori numeriret, und endiget sich
daselbst mit 90; ihr Nutzen ist, den Nord= oder Süd=
pol nach der Norder= oder Süderbreite eines gegebenen
Orts über den Horizont zu erhöhen.

Der Mittagsring ist in zwo Kerben eines breiten
flachen hölzernen Ringes eingelassen, den man den Ho=
rizont nennet; dessen Oberfläche die Kugel in zwo
Hälften, unter dem Namen der obern und untern He=
misphäre, theilet. Eine Kerbe ist in den Norder= und die
andere in den Süderpunkt des Horizonts eingeschnitten.

Auf dem Horizont sind verschiedene gleichlaufende
Zirkel gezogen, welche die Monate und Tage des Jahrs;
die Zeichen und Grade des Ortes der Sonne, so damit
zutreffen, und die 32 Striche des Kompasses anzeigen.
Die eingetheilte Seite des Mittagsringes lieget an der
Ostseite, und muß allemal gegen den gerichtet seyn, der
die Aufgaben erklären will.

An

An dem Nordertheil des Mittagsringes ist ein klei=
ner Stundenzirkel auf die Art befestigt, daß die Stange,
die im Nordpol der Kugel steckt, den Mittelpunkt dieses
Zirkels ausmacht, und einen Zeiger trägt, der, wenn die
Kugel rund gedrehet wird, über alle 24 Stunden herum=
geht. Oft sind auch 2 Stundenzirkel angebracht, wovon
der eine zwischen dem einen Pol der Kugel und dem
Mittagsringe liegt. Es ist dieses eine Erfindung des
Herrn Harris, und sie ist sehr bequem, wenn man die
Pole der Kugel durch den Horizont stecken, und sie zu
niedrigen Breiten erhöhen will; welches nicht wohl an=
gehet, wenn nur ein Stundenzirkel an den Rand des
Mittagsringes befestiget ist.

Noch befindet sich dabey ein schmaler Streifen von
dünnem Meßing, der Höhen=Quadrant genennet, und
der in 90 Grade getheilet ist, die den Graden des Mit=
tagsringes gleich sind. Er wird beym Gebrauch, mit=
telst einer Nuß und Schraube, an den höchsten Punkt
des Mittagsringes befestigt. Seine Eintheilungen en=
digen sich oben an der Nuß, wo er rund gedrehet wird.
Wenn man urtheilen will, ob eine Erd= oder Himmels=
kugel gut gemacht sey; so muß man vorzüglich auf fol=
gende Stücke Acht haben:

1) Daß die Papiere gut und fleißig aufgeklebt sind;
welches man daran erkennet, wenn alle Linien und
Zirkel genau zusammentreffen, und den ganzen Weg
über eben bleiben; so daß sie nicht in Bögen abge=
brochen, oder die Papiere zu kurz, oder über einan=
der geklebt sind.

2) Daß

2) Daß die Farben durchſcheinend, und nicht zu dick aufgelegt ſind: damit ſie die Namen der Oerter nicht verdecken.

3) Daß die Kugel zwiſchen dem Mittagsring und Horizont gerade und eben hänge, und ſich nicht nach einer Seite mehr neige als nach der andern.

4) Daß ſie, ohne ſich zu reiben, ſo genau als möglich an den Mittagsring und Horizont anſchlieſſe; weil man ſich ſonſt leicht irren kann, wenn man den Grad des Meridians oder des Horizonts für einen gewiſſen Ort beſtimmen will.

5) Daß der Aequator oder die Aequinoktiallinie mit dem Horizont rund herum genau zuſammentreffe, wenn der Pol auf 90 Grade erhöhet iſt.

6) Daß die Aequinoktiallinie den Horizont, in allen Erhöhungen, von 0 bis 90 Grade, allemal in dem Punkte von Oſten und Weſten durchſchneide.

7) Daß der Grad, der am Mittagsringe mit 0 bezeichnet iſt, ganz genau über der Aequinoktiallinie ſey.

8) Daß allemal die Hälfte des Mittagsringes über dem Horizont ſey; ſo, daß wenn man eine der Decimal-Abtheilungen des Ringes zum Nordpunkt des Horizonts bringet, ihr Complement zu 90 im Südpunkte liege.

9) Daß wenn der Höhen-Quadrant in gleicher Weite vom Aequator an den Mittagsring befeſtiget iſt, als der Pol über den Horizont erhöhet, der Anfang

der

der Grade am Quadranten genau mit der Horizontalfläche zusammentreffe.

10) Daß in der Zeit, daß der Stundenzeiger (durch
die Umdrehung der Kugel) von einer Stunde auf
die andere zeiget, jedesmal 15 Grade des Aequatoris
unter dem Mittagsring durchgehen.

11) Daß der hölzerne Horizont stark und feste gemacht
sey, weil bey den meisten Kugeln derselbe fast immer am ersten schadhaft wird.

Noch ist zu bemerken, daß es eine allgemeine Regel:
die Ostseite des Horizonts nach sich zu stellen, wenn man
die Kugeln gebrauchet (es sey denn, daß ein oder anderes Problem die Umdrehung erfordert); welche durch
das Wort Osten am Horizont bezeichnet ist. Alsdann
hat man die eingetheilte Seite des Mittagsringes gegen
sich; den Höhen-Quadranten vor sich; und die Kugel
wird durch diese Fläche des Ringes genau in zwey gleiche
Theile getheilet.

Ferner ist es zuweilen nöthig, daß man bey der
Erklärung einiger Aufgaben die ganze Kugel herumdrehe,
und die Westseite vor sich nehme: wodurch die Kugel
leicht verschoben werden, und der Grad, der vorher zum
Horizonte oder Meridiane recht gestellet war, verrückt
werden kann. Dieses kann man dadurch vermeiden,
wenn man zwischen den Mittagsring und die Kugel eine
Federspule steckt; wodurch die Kugel nicht beschädigt,
und zugleich gehalten wird, daß sie sich nicht ver-
rücken kann.

Erste

Erste Aufgabe.

Die Breite und Länge eines gegebenen Ortes zu finden.

Man drehe die Kugel um ihre Are, bis der gegebene Ort unter die eingetheilte Seite des Mittagsringes kommt, und bemerke alsdann, unter welchem Grad des Ringes er liegt; so ist dieser Grad seine Breite; und zwar Norder: oder Süderbreite, je nachdem der Ort nach Norden oder Süden vom Aequatore liegt.

Hierauf lasse man die Kugel unverrückt stehen, und sehe, welcher Grad des Aequatoris unter dem Mittags: ring liegt; dieser Grad ist seine Länge, vom ersten Meridiane der Kugel; und zwar östliche oder westliche Länge, je nachdem der Ort nach Osten oder Westen vom ersten Meridiane liegt.

Auf den englischen Kugeln ist der londner Meridian der erste. Auf den französischen der pariser. Und auf den deutschen gewöhnlich der Meridian der Insul Ferro.

Zweyte Aufgabe.

Wenn die Breite und Länge eines Ortes gegeben ist, diesen Ort auf der Kugel zu finden.

Man suche den Grad der gegebenen Länge am Aequatore, und zähle vom ersten Meridiane der Kugel an nach Osten oder Westen, (nachdem die Länge des Ortes östlich oder westlich angegeben ist); bringe diesen

Grad

Grad zum Mittagsringe, und zähle an demselben die
Grade, vom Aequatore an, nach Norden hinauf oder
nach Süden hinunter, (nachdem die Breite nach Norden
oder Süden angegeben); so findet man unter dem Grad
der gegebenen Breite den verlangten Ort.

Dritte Aufgabe.

Den Unterschied der Länge oder der Breite zwischen zween gegebenen Oertern zu finden.

Man bringe jeden von diesen Oertern zum Mittagsringe, und bemerke seine Breite: liegen sie beyde an
gleicher Seite des Aequatoris, so ziehe man die kleinere
Breite von der größern ab; liegt der eine aber an der
Norder= und der andere an der Süderseite des Aequa=
toris, so addire man sie zusammen: und das Produkt
giebt den gesuchten Unterschied der Breite.

Hierauf zähle man die Zahl der Grade, welche am
Aequatore zwischen beyde Oerter eingeschlossen sind:
wenn vorher jeder besonders zum Mittagsringe gebracht
worden. Ist sie weniger als 180°, so bestimmt sie an und
für sich schon den gesuchten Unterschied der Länge: ist sie
aber mehr, so ziehe man sie von 360° ab, alsdann giebt
das Ueberbleibende den gesuchten Unterschied.

Oder: man bringe den einen der beyden Oerter zum
Mittagsringe, und stelle den Stundenzeiger auf 12.
Bringe hierauf den andern Ort ebenfalls zum Mittags=
ringe, und sehe wo der Zeiger nun steht: alsdann giebt

U 5   der

der Unterschied der Stunden und Stundentheile den gesuchten Unterschied der Länge. Man rechnet nämlich für jede Stunde 15 Grade, und für jede 4 Min. 1 Grad.

Wenn wir sagen, man solle einen Ort zum Mittagsringe bringen, so verstehen wir dieses immer von seiner eingetheilten und numerirten Seite.

Vierte Aufgabe.

Alle Oerter zu finden, die mit einem gegebenen Ort gleiche Länge und Breite haben.

Man bringe den gegebenen Ort zum Mittagsringe: und alle Oerter, welche alsdann unter ebenderselben Seite des Ringes von Pol zu Pol liegen, haben mit diesem Orte gleiche Länge. Hierauf drehe man die Kugel um ihre Are: und alle Oerter, welche unter eben dem Grade durchgehen, unter welchem der gegebene Ort gelegen, haben mit diesem Orte gleiche Breite. Weil alle Breiten vom Aequatore, und alle Längen vom ersten Meridiane an gerechnet werden; so ist klar, daß der Punkt des Aequatoris, wo ihn der erste Meridian durchschneidet, weder Breite noch Länge habe. Die größte Breite ist 90 Grade: weil kein Ort mehr als 90 Grade vom Aequatore liegt; und die größte Länge ist 180 Grade: weil kein Ort mehr als 180 Grade vom ersten Meridiane liegt.

Fünfte

Fünfte Aufgabe.

Die *) Antoeci, **) Perioeci, und ***) Anti-
poden eines gegebenen Ortes zu finden.

Man bringe den gegebenen Ort zum Mittagsringe,
und nachdem man seine Breite gefunden, lasse man die
Kugel

*) Antoeci nennet man diejenigen, die an der andern Seite
des Aequatoris, unter gleichem Meridiane und auf gleicher Breite wohnen. Da sie unter gleichem Meridiane
sind, so haben sie gleiche Stunden; das ist, sie haben
zu gleicher Zeit Mittag und Mitternacht ꝛc. Da sie gleiche Polhöhen haben, so ist die Länge der Tage und Nächte
bey beyden gleich. Nur ihre Jahrszeiten sind verschieden, oder vielmehr gerade umgekehrt: weil sie an verschiedenen Seiten des Aequatoris leben.

**) Perioeci nennet man diejenigen, die in gleicher Pa-
rallele der Breite, aber unter dem gegenüber liegenden
Meridian wohnen; so daß ihre Breite einerley, ihre
Länge aber 180 Grade unterschieden ist. Da sie unter
gleicher Breite wohnen, so haben sie gleiche Polhöhen,
gleiche Abwechslung der Jahrszeiten, und gleiche Tag-
und Nachtlängen. Allein, da ihre Meridiane einander
entgegen liegen, so ist es bey den einen Mittag, wenn
es bey den andern Mitternacht ist.

***) Antipoden nennet man diejenigen, die auf der Erd-
kugel einander gerade gegenüber wohnen: so daß ihre
Füße, unter entgegenliegenden Meridianen und Parallelen, einander zugekehrt stehen. Weil sie an unterschiedenen Seiten des Aequators leben, so haben sie unterschie-
dene Jahrszeiten: so, daß wenn es bey den einen Winter, es bey den andern Sommer ist; und umgekehrt.
Weil sie gleich weit vom Aequatore liegen, so haben sie
gleiche

Kugel in der Stellung ſtehen, zähle hierauf eben ſo viele Grade vom Aequatore gegen den andern Pol, ſo hat man auf der Stelle die Antoeci des gegebenen Ortes: Diejenigen, ſo gerade unterm Aequator wohnen, haben gar keine Antoeci.

Nun ſtelle man den Stundenzeiger auf die obere 12, und drehe die Kugel bis der Zeiger auf der untern 12 ſtehet; ſo hat man an dem Ort, der nun unter dem Mittagsring auf der nämlichen Breite liegt, die Perioeci des gegebenen Ortes.

Die bey den Polen wohnen, haben gar keine Perioeci.

Die Antipoden des gegebenen Ortes ſind diejenigen, die in dieſer Stellung der Kugel (den Zeiger auf die untere 12) unter dem Punkt des Mittagsringes liegen, wo vorher die Antoeci ſtunden. Ein jeder Punkt auf der Kugel hat ſeine Antipoden.

Sechſte Aufgabe.

Die Weite zwiſchen zween Oertern, nach Graden und Meilen, auf der Kugel zu finden.

Man lege die eingetheilte Seite des Höhen-Quadranten über beyde Oerter, und zähle die Grade, ſo

zwiſchen

gleiche Polhöhen; nur daß die einen Norder- und die andern Süderbreite haben. Weil ſie unter entgegenliegenden Meridianen leben, ſo iſt bey den einen Mittag, wenn es bey den andern Mitternacht iſt; und weil die Sonne von den einen weggeht, wenn ſie ſich den andern nähert, ſo ſind, zu einer und eben derſelben Zeit, die Tage bey den einen ſo lang, als die Nächte bey den andern.

zwischen ihnen sind; vermehre alsdann die Zahl dieser Grade mit 15, so giebt das Produkt die Weite in geographischen deutschen Meilen.

Oder: man nehme die Weite zwischen zween Plätzen mit einem Zirkel, und messe sie am Aequatore nach Graden; so ist die Zahl derselben, die zwischen beyde Zirkelspitzen eingeschlossen ist, die Weite in Graden eines großen Zirkels; die, wie oben, in geographischen Meilen zu bestimmen.

Hiebey müssen wir bemerken; daß jeder Zirkel, der die Kugel in zwo große Hälften theilet, als der Aequator oder Meridian, ein großer Zirkel genennet wird; und daß jeder Zirkel, der sie in zwo ungleiche Theile theilet, ein kleinerer Zirkel genennet wird. Da nun jeder Zirkel, er sey groß oder klein, 360 Grade enthält, und ein Grad des Aequatoris oder Meridians 15 geographische Meilen ausmacht; so ist klar: daß ein Grad der Länge des Aequatoris mehrere Meilen in sich fasse, als ein Grad der Länge einer andern Parallele der Breite. So, daß obgleich alle Grade der Breite auf einer künstlichen Erdkugel gleich lang sind, die Grade der Länge hingegen nach dem Maaße abnehmen, als die Breite zunimmt. Die folgende Tabelle zeiget den Inhalt eines Grades der Länge in geographischen Meilen, und 100 Theilen einer Meile, für jeden Grad der Breite vom Aequatore zu den Polen; jeden Grad des Aequatoris zu 15 geographischen Meilen gerechnet.

Tabelle

Tabelle

Die Anzahl der Meilen für jeden Grad der Länge
auf einem gegebenen Grad der Breite zu finden.

Grade.	100 Th. Meilen.	Grade.	100 Th. Meilen.	Grade.	100 Th. Meilen.	Grade.	100 Th. Meilen.
1.	14. 99.	24.	13. 70.	47.	10. 23.	70.	5. 13.
2.	14. 98.	25.	13. 59.	48.	10. 4.	71.	4. 87.
3.	14. 96.	26.	13. 48.	49.	9. 84.	72.	4. 62.
4.	14. 95.	27.	13. 37.	50.	9. 64.	73.	4. 37.
5.	14. 93.	28.	13. 24.	51.	9. 44.	74.	4. 13.
6.	14. 90.	29.	13. 12.	52.	9. 23.	75.	3. 87.
7.	14. 88.	30.	13. 0.	53.	9. 2	76.	3. 62.
8.	14. 86.	31.	12. 86.	54.	8. 81.	77.	3. 37.
9.	14. 82.	32.	12. 72.	55.	8. 60.	78.	3. 12.
10.	14. 70.	33.	12. 58.	56.	8. 38.	79.	2. 86.
11.	14. 74.	34.	12. 43.	57.	8. 17.	80.	2. 60.
12.	14. 69.	35.	12. 28.	58.	7. 94.	81.	2. 33.
13.	14. 64.	36.	12. 13.	59.	7. 72.	82.	2. 9.
14.	14. 56.	37.	11. 97.	60.	7. 50.	83.	1. 83.
15.	14. 49.	38.	11. 81.	61.	7. 27.	84.	1. 61.
16.	14. 41.	39.	11. 64.	62.	7. 4.	85.	1. 30.
17.	14. 34.	40.	11. 47.	63.	6. 81.	86.	1. 5.
18.	14. 28.	41.	11. 30.	64.	6. 58.	87.	0. 81.
19.	14. 19.	42.	11. 14.	65.	6. 34.	88.	0. 52.
20.	14. 10.	43.	10. 96.	66.	6. 10.	89.	0. 25.
21.	14. 2.	44.	10. 78.	67.	5. 86.	90.	0. 00.
22.	13. 90.	45.	10. 60.	68.	5. 62.		
23.	13. 81.	46.	10. 41.	69.	5. 37.		

Siebende Aufgabe.

Wenn ein Ort auf der Kugel, und sein Abstand von einem andern Orte, gegeben ist: alsdann alle übrigen Oerter zu finden, die in gleicher Weite von ihm liegen.

Man bringe den gegebenen Ort zum Mittagsringe, und schraube den Höhen-Quadranten über diesen Ort an; alsdann halte man die Kugel in der Stellung feste, und führe den Quadranten rund herum; so wird der Grad des Quadranten, der den zweyten Ort berühret, im Herumführen alle die übrigen Oerter berühren, die von dem gegebenen Orte gleich weit entfernt sind.

Oder: man nehme einen Zirkel und setze den einen Fuß auf den gegebenen Ort, und den andern auf den zweyten Ort; wenn man alsdann die eine Spitze in dem ersten Ort stehen lässet, und die andere rund herumführet, so wird sie über alle die Oerter weggehen, die von dem gegebenen Orte gleich weit entfernt sind.

Achte Aufgabe.

Wenn die Stunde des Tages für einen gewissen Ort gegeben ist, alsdann alle die Oerter zu finden, welche zu der Stunde Mittag haben.

Man bringe den Ort zum Mittagsringe, und stelle den Zeiger auf die gegebene Stunde; drehe hierauf die Kugel bis der Zeiger auf der obern 12 stehet, so haben

dies

diejenigen Oerter zu der Zeit Mittag, die alsdann unter dem Mittagsring liegen.

NB. Die obere 12 bezeichnet immer Mittag, und die untere 12 Mitternacht.

Neunte Aufgabe.

Wenn die Stunde des Tages für einen Ort gegeben iſt, zu finden, welche Stunde es zur ſelbigen Zeit an einem andern Ort iſt.

Man bringe den Ort zum Mittagsringe, und ſtelle den Zeiger auf die gegebene Stunde; drehe hierauf die Kugel bis der andere Ort zum Mittagsringe kommt, ſo zeigt der Zeiger wie viel es daſelbſt an der Zeit ſey.

Zehnte Aufgabe.

Den Ort der Sonne in der Ekliptik und ihre Deklination *) für einen gegebenen Tag im Jahre zu finden.

Man ſuche auf dem Horizont den gegebenen Tag, ſo findet man gerade drüber, den Grad des Zeichens, wo die Sonne an dem Tage Mittags um 12 Uhr ſtehet. Dieſen nämlichen Grad des Zeichens ſuche man nun auf

---

*) Die Deklination der Sonne iſt ihr Abſtand von der Aequinoktiallinie, und iſt entweder nordlich oder ſüdlich.

auf der Kugel in der Ekliptik, bringe ihn zum Mittagsring, und bemerke den Grad der über dem Ort der
Sonne stehet, so hat man die Deklination der Sonne
vom Aequatore.

Eilfte Aufgabe.

**Alle die Oerter zu finden, über welchen die Sonne
an einem gegebenen Tag senkrecht steht.**

Man suche den Ort der Sonne in der Ekliptik auf
dem gegebenen Tag, bringe ihn zum Mittagsringe und
bezeichne den Punkt der drüber stehet; alsdann drehe
man die Kugel um ihre Axe: und alle Oerter, die unter
diesem Punkt weggehen, haben die Sonne an dem Tage
senkrecht. Denn weil ihre Breite der Deklination der
Sonne gleich ist, so muß die Sonne ihnen des Mittags
gerade im Scheitelpunkt stehen.

Zwölfte Aufgabe.

**Die beyden Tage im Jahre zu finden, wo die
Sonne einem gegebenen Orte in der heissen
Zone *) senkrecht stehet.**

Man bringe den gegebenen Ort zum Mittagsringe,
und bemerke seinen über ihm stehenden Grad der Breite;
drehe hierauf die Kugel um ihre Axe, und beobachte,
welche 2 Grade der Ekliptik akkurat unter dieser Breite
durch-

*) Die Erdkugel wird in 5 Zonen eingetheilt; eine heisse,
zwo gemäsigte und zwo kalte. Die heisse Zone liegt zwi-

Ferguſ. Aſtron. v. Kirchb.   X   ſchen

durchgehen. Alsdann ſuche man im Horizont die bey=
den Tage, die mit dieſen beyden Graden der Ekliptik
zutreffen, ſo hat man die geſuchten Tage. Denn an
dieſen, und keinen andern Tagen des Jahrs, iſt die
Deklination der Sonne der Breite des Orts gleich, und
folglich ſtehet ſie alsdann des Mittags ſenkrecht.

Dreyzehnte Aufgabe.

Alle die Oerter der kalten Norderzone zu fin=
den, wo an einem gegebenen Tag, zwiſchen
dem 20ſten März und 23ſten September,
die Sonne nicht untergeht.

An dieſen beyden Tagen iſt die Sonne in der Aequi=
noktiallinie, und beſcheinet die Erde von Pol zu Pol;
da nun die Erde ſich um ihre Axe, die ſich in beyde
Pole endigt, drehet; ſo muß jeder Ort derſelben durch
einen gleichen Theil Licht und Dunkel gehen, und folg=
lich auf der ganzen Erde Tag und Nacht von gleicher
Länge ſeyn. Weil aber die Sonne vom Aequatore weg=
geht,

ſchen beyden Tropicis und iſt 47 Grade breit, oder 23 und
ein halb Grade an jeder Seite des Aequatoris. Die ge=
mäſigten Zonen liegen zwiſchen den Tropicis und Polar=
zirkeln, oder von 23 und ein halb bis 66 und ein halb Gra=
den Breite an jeder Seite des Aequatoris, und begrei=
fen jede 43 Grade. Die kalten Zonen liegen innerhalb
der Polarzirkel, 23 und ein halb Grade von jedem Pole.
Da die Sonne niemals über die Tropicos hinausgeht,
ſo muß ſie einem oder dem andern Orte in der heiſſen
Zone von Zeit zu Zeit ſenkrecht ſtehen.

geht, und sich dem Nordpol nähert, so wird sie eben
so viele Grade um diesen Pol stets bescheinen, als sie
vom Aequatore weggegangen ist; folglich wird kein Ort,
innerhalb dieser Weite vom Pole, alsdann mehr Nacht
haben, sondern die Sonne wird ihm gar nicht unter=
gehen.   Denn da die Deklination der Sonne vom
21sten März bis den 23sten September nordlich ist,
so bescheinet sie in dieser Zeit stets den Nordpol: und
den Tag, da sie in den Nordertropicum ist, die ganze
kalte Zone; folglich hat kein Ort, innerhalb des Norder=
polarzirkels, an dem Tage, Nacht.

Dieses zu beweisen, bringe man den Ort der Sonne,
für den gegebenen Tag, zum Mittagsringe, und suche
ihre Deklination (nach der 9ten Aufgabe): zähle alsdann
am Ringe so viele Grade vom Pole herunter, als die De=
klination der Sonne vom Aequatore ist, und bezeichne den
letzten Grad; drehe hierauf die Kugel um ihre Axe, und
sehe, welche Oerter der kalten Norderzone unter diesem
Zeichen durchgehen, so findet man die gesuchten Oerter.

Bey der kalten Süderzone kann man dasselbe vom
23sten September bis den 21sten März thun, weil die
Sonne in dieser Zeit stets den Südpol bescheint.

Vierzehnte Aufgabe.
Wenn die Stunde eines gewissen Tages gegeben
ist, den Ort zu finden, wo die Sonne alsdann
senkrecht steht.

Wenn man zuförderst (nach der 9ten Aufgabe) die
Deklination der Sonne für den gegebenen Tag gefunden,

X 2   so

so bemerke man dieselbe am Mittagsringe, und stelle den Zeiger auf die gegebene Stunde. Drehe hierauf die Kugel bis der Zeiger Mittags auf 12 stehet: und der Ort der Kugel, der alsdann unter der am Mittagsringe bemerkten Stelle stehet, hat zu der Zeit die Sonne im Zenith, oder senkrecht.

Funfzehnte Aufgabe.

Wenn der Tag und die Stunde für einen gewissen Ort gegeben ist: alle übrigen Oerter zu finden, wo die Sonne zu der Zeit aufgeht, untergeht, oder im Mittage ist; folglich wo es zu der Zeit Tag, und wo es Nacht ist.

Diese Aufgabe kann man mit einer Erdkugel, die nach der gewöhnlichen Methode, wenn nämlich der Stundenzirkel auf dem Mittagsring befestigt ist, nicht erklären; es sey denn, das die Sonne an dem gegebenen Tag in oder nahe bey einem von den Tropicis sey. Mit einer Kugel hingegen, die nach der Erfindung des Herrn Harris verfertiget ist, wo nämlich der Stundenzirkel auf der Oberfläche der Kugel unter dem Mittagsring liegt, kann man sie für einen jeden Tag des Jahrs auflösen. Seine Methode ist folgende:

Nachdem man den Ort gefunden, über dem die Sonne in der gegebenen Stunde senkrecht stehet, erhöhe man den Pol so viele Grade übern Horizont als

die

die Breite des Orts ist, und bringe den gefundenen
Ort zum Mittagsringe. Alsdann gehet allen Oertern,
die in dem westlichen Halbzirkel des Horizonts liegen,
die Sonne auf, und denen im östlichen, unter: die
unter dem obern Halbzirkel des Mittagsringes liegen,
haben Mittag: und die unter dem untern Halbzirkel,
Mitternacht. Alle Oerter, die überm Horizont sind,
werden von der Sonne erleuchtet, und die Sonne
stehet ihnen so hoch, so viele Grade sie selbst übern
Horizont erhoben sind, und diese Höhe kann man mit
dem Höhen-Quadranten messen, wenn man ihn über
den Ort anschraubt, dem die Sonne senkrecht stehet,
und ihn über jeden andern Ort legt. An allen Oertern,
die 18 Grade unter dem westlichen Halbzirkel des Horizonts liegen, fänget die Morgendämmerung an: und
an allen, die 18 Grade unter dem östlichen liegen,
höret die Abenddämmerung auf. An allen Oertern aber,
die tiefer als 18 Grade liegen, ist es stockfinster.

Bringet man einen Ort zum obern Halbzirkel des
Mittagsringes, und stellet den Zeiger auf 12, drehet alsdann die Kugel ostwärts, bis der Ort an den westlichen
Halbzirkel des Horizonts kommt, so zeiget der Zeiger
die Zeit des Sonnenaufgangs; und wenn er an den östlichen Halbzirkel kommt, ihres Unterganges. Denen
Oertern hingegen, die nicht untern Horizont kommen,
gehet die Sonne an dem Tage gar nicht unter, und
denen, die nicht übern Horizont kommen, gehet sie
nicht auf.

X 3 Sechs-

Sechzehnte Aufgabe.

Wenn der Tag und die Stunde einer Mondfinsterniß gegeben ist, alle die Oerter zu finden, wo sie sichtbar seyn wird.

Bekanntlich wird der Mond zu keiner andern Zeit verfinstert, als wenn er voll ist, und der Sonne gerade gegenüber stehet, so daß der Schatten der Erde auf ihn fallen kann. Wenn also die Sonne einem Orte der Erde, er sey welcher er wolle, senkrecht stehet; so stehet der Mond den Antipoden dieses Orts senkrecht, und folglich muß der einen Hälfte der Erde die Sonne, und der andern der Mond sichtbar seyn. Man suche demnach den Ort, wo die Sonne in der gegebenen Stunde senkrecht stehet (nach der 14ten Aufgabe); erhöhe den Pol zur Breite des Orts, und bringe ihn (wie bey der vorigen Aufgabe) zum Mittagsringe. So wie nun die Sonne allen denen Oertern sichtbar seyn wird, die überm Horizont sind; so wird der Mond, zur Zeit seiner größten Verfinsterung, allen denen sichtbar seyn, die unterm Horizont sind.

Bey den Sonnenfinsternissen ist es nicht möglich, mittelst einer Erdkugel diejenigen Oerter zu bestimmen, wo sie sichtbar seyn wird. Denn weil der Mondsschatten nur einen kleinen Theil der Oberfläche der Erde bedecket, und seine Breite, oder Abweichung von der Ekliptik, seinen Schatten in so verschiedenen Richtungen auf die Erde wirft; so muß man eine weitläuftige Berechnung

zu

zu Hülfe nehmen, wenn man die Oerter bestimmen will, wo er hinfällt.

Siebenzehnte Aufgabe.

Wie man die Kugel, nach der Breite eines Orts, dem Zenith *), und dem Orte der Sonne recht stellet.

Man suche (nach der ersten Aufgabe) die Breite des Orts, und erhöhe, wenn der Ort auf der nördlichen Halbkugel liegt, den Nordpol so viele Grade übern Horizont (indem man vom Pole des Mittagsringes herunter zählet), als die Breite des Orts ist. Ist er auf der südlichen Halbkugel; so erhöhe man den Südpol auf eben die Art. Alsdann drehe man die Kugel, bis der Ort zum Mittagsringe kommt, und befestige den Höhen-Quadranten an dem Grad der Breite des Ortes, oder im Zenith. Wenn dieses geschehen, so bringe man den Ort der Sonne in der Ekliptik für den gegebenen Tag (nach der 10ten Aufgabe) zur eingetheilten Seite des Mittagsringes, und stelle den Stundenzeiger auf die obere 12; so stehet die Kugel recht.

X 4   **An-**

*) Unter Zenith verstehet man, im allgemeinen Verstande, den höchsten Punkt des Mittagsringes überm Horizont. Im eigentlichen Verstande aber, den Punkt des Himmels, der über einem gegebenen Platz, zu einer gegebenen Zeit, senkrecht steht.

Anmerkung. Die Breite eines Orts ist der Erhöhung des nächsten Himmelspols über den Horizont dieses Ortes gleich: und die Himmelspole sind gerade über den Polen der Erde; 90 Grade von der Aequinoktiallinie.

Wir mögen daher seyn, auf welcher Stelle der Erde wir wollen, so sehen wir, woferne die Gränze unsers Gesichtskreises durch keine Berge unterbrochen ist, die eine Hälfte des ganzen Himmels rund um uns herum; oder 90 Grade von dem Punkte, der über unserm Kopfe ist. Und wenn wir unterm Aequator stehen; so liegen die Pole des Himmels in unserm Horizont, oder in der Gränze unsers Gesichtskreises. Gehen wir vom Aequatore zu einem der Pole; so sehen wir denselben Pol des Himmels nach und nach über unsern Horizont heraufgehen, und zwar genau eben so viele Grade, als wir vom Aequatore weggegangen sind: und stünden wir endlich bey einem der beyden Erdpole; so würde der Himmelspol gerade über unserm Kopf stehen.

Folglich ist die Erhöhung, oder die Polhöhe eines Orts eben so viele Grade über seinen Horizont erhoben, als die Zahl der Grade ist, die derselbe Ort vom Aequatore liegt.

Ach-

Achtzehnte Aufgabe.

Wenn die Breite eines Orts, die nicht über $66\frac{1}{2}$ Grade *), und der Tag des Monats gegeben ist; alsdann die Zeit des Sonnen=Auf= und Unterganges, folglich seine Tages= und Nachtslänge zu finden.

Zuförderst stelle man die Kugel nach der Breite des Orts und der Sonne in der Ekliptik für den gegebenen Tag (wie in der vorigen Aufgabe); alsdann bringe man den Ort der Sonne in der Ekliptik an der Ostseite zum Horizonte; so zeigt der Stundenzeiger die Zeit des Sonnen=Aufganges. Hierauf drehe man die Kugel, bis der Ort der Sonne zur Westseite des Horizonts kommt; so zeigt der Zeiger die Zeit des Sonnen= Unterganges. Wenn alsdann die Stunde des Unterganges verdoppelt wird; so hat man die Tageslänge: und wenn die Stunde des Aufganges verdoppelt wird, die Nachtslänge.

X 5   Neun=

---

*) Alle Oerter, deren Breite mehr als 66 und ein halb Grade, liegen in der kalten Zone, und diesen gehet die Sonne während einer gewissen Anzahl Tage nicht unter. Daher ist die Bestimmung der Breite von 66 und ein halb Graden entstanden.

Neunzehnte Aufgabe.

Wenn die Breite eines Ortes, und der Tag des Monats gegeben ist: die Zeit der Morgen= und Abenddämmerung für diesen Ort zu finden.

Diese Aufgabe leidet oftmals einige Einschränkung. Denn wenn die Sonne nicht tiefer als 18 Grade untern Horizont gehet, so währet die Dämmerung die ganze Nacht; zwischen 49 und 66½ Graden der Breite, im Sommer viele Nächte hinter einander; und je näher die Breite an 66½ Grade, je größer ist die Zahl der Nächte. Die Zeit aber, wenn die Dämmerung anfängt und aufhört, lässet sich auf folgende Art beweisen.

Man stelle zuförderst die Kugel richtig, und bringe den Ort der Sonne in der Ekliptik, nach Osten im Horizont; alsdann zeichne man den Punkt der Ekliptik, der nun in der Westseite des Horizonts, dem Orte der Sonne gegenüber liegt, mit ein wenig Kreide. Wenn dieses geschehen, so lege man den Höhen=Quadranten über gedachten Punkt, drehe die Kugel ostwärts, und halte den Quadranten auf das Kreidezeichen, bis es 18 Grade an demselben heraufgegangen; so wird der Stundenzeiger den Anfang der Morgendämmerung anzeigen; weil der Ort der Sonne alsdenn 18 Grade unter der Ostseite des Horizonts ist.

Nun bringe man den Ort der Sonne an der West= seite in Horizont, so wird der Kreidepunkt eben in Osten heraufgehen; alsdann lege man abermal den Höhen= Quadranten drüber, bis der Kreidepunkt, durch die

Um=

Umbrehung der Kugel, 18 Grade an demfelben herauf=
gegangen, fo zeiget der Zeiger die Stunde, wenn die
Abenddämmerung fich endigt, weil der Ort der Sonne
18 Grade unter dem weftlichen Horizont ift.

Zwanzigfte Aufgabe.

Den Tag im Jahre zu finden, wenn die Sonne
einem gegebenen Orte der kalten Norderzone nicht
untergeht, und wie lange fie diefes thue.

Man berichtige die Kugel für die Breite des Orts,
und drehe fie herum, bis ein oder anderer Punkt der
Ekliptik zwifchen dem Widder und Krebs, mit dem Nord=
punkt des Horizonts, da wo ihn der Mittagsring durch=
fchneidet, zufammentrift; alsdann fuche man am Hori=
zont, welchen Tag im Jahre die Sonne in diefem Punkt
der Ekliptik fey: weil diefes der Tag ift, wo die Sonne
an dem gegebenen Ort nicht mehr untergeht. Hierauf
drehe man die Kugel, bis ein oder anderer Punkt zwi=
fchen dem Krebs und der Wage abermal auf eben die
Art zufammentrift, und fuche wiederum am Horizont
den Tag, wo die Sonne in diefem Punkt ift; fo hat
man den Tag, wenn die Sonne wiederum anfängt
auf und unter zu gehen. Die Anzahl der natürlichen
Tage *), von allen 24 Stunden, die zwifchen den bey=
den, auf obige Art gefundenen Tagen verfloffen, beftim=
men

*) Unter einem natürlichen Tag verftehet man die volle
Zeit von 24 Stunden: unter einem gewöhnlichen hinge=
gen die Zeit, wo die Sonne überm Horizont ift.

men die Länge der Zeit, die die Sonne überm Horizont verweilet, ohne unterzugehen, weil der Theil der Ekliptik, der zwiſchen den beyden Punkten lieget, die den Horizont in Norden durchſchneiden, niemals unter den Horizont gehet; dagegen aber von dem gegenüber liegenden Theile der Ekliptik eben ſoviel über denſelben nicht heraufgeht, folglich die Sonne im Winter gerade eben ſo lange unterm Horizont verweilet, als ſie im Sommer drüber bleibet.

Man ſiehet hieraus, wenn man die Erdkugel mit Aufmerkſamkeit betrachtet, daß alle Oerter auf der ganzen Erde das wohlthätige Licht der Sonne eben ſo lange genießen, als ſie deſſen beraubt ſind. Denn beym Aequator ſind die Tage und Nächte von gleicher Länge, und an allen übrigen Oertern ſind die Tage zu einer Jahrszeit den Nächten der andern Jahreszeit völlig gleich.

Ein und zwanzigſte Aufgabe.

Die Breite zu finden, wo die Sonne, ohne unterzugehen, ſcheinet: und wo dieſe Zeit weniger als $182\frac{1}{2}$ *) unſerer Tage und Nächte ausmacht.

Man ſuche einen Punkt in der Ekliptik, der halb ſo viele Grade vom Anfange des Krebſes (entweder

gegen

*) Die Urſache der Einſchränkung von 182 und ein halb unſerer Tage und Nächte kommt daher, weil ſie ein halbes Jahr ausmachen, und weil dieſes die längſte Zeit iſt, da die Sonne, ſelbſt bey den Polen der Erde, nicht untergehet.

gegen den Widder oder die Wage) entfernt ist, als
natürliche Tage gegeben sind, und bringe den Punkt
zur Nordseite des Mittagsringes, wo die Grade vom
Pole zum Aequatore bezeichnet sind. Hierauf halte man
die Kugel, damit sie sich nicht um ihre Are drehen könne,
und schiebe den Mittagsring so lange, bis der vorge=
dachte Punkt der Ekliptik zum Nordpunkt des Horizonts
kommt; so wird die Polhöhe der gesuchten Breite gleich
seyn.

Zwey und zwanzigste Aufgabe.

Wenn die Breite eines Ortes, doch nicht über
66½ Grade, und der Tag des Monats gegeben
ist, der Sonnen=Amplitudo, oder den Punkt
des Kompasses zu finden, wo sie an dem Tage
auf= und untergeht.

Man stelle die Kugel recht, und bringe den Ort
der Sonne im Osten zum Horizonte: alsdann beobachte
man, welcher Punkt des Kompasses diesem Orte der
Sonne am Horizont gerade gegenüber stehet; so hat
man ihre Amplitudo beym Aufgehen. Alsdann drehe
man die Kugel, bis der Ort der Sonne zur Westseite
des Horizonts kommt; so hat man den Punkt ihrer
Amplitudo beym Untergehen. Oder man kann auch
die aufgehende Amplitudo von dem Grade des Ost=
punkts am Horizonte bis zu dem Grad zählen, wo ihn

der

der Ort der Sonne ſchneidet: und die untergehende
Amplitudo, von dem Weſtpunkte des Horizonts bis zum
Orte ihres Unterganges.

Drey und zwanzigſte Aufgabe.

Wenn die Breite, der Ort der Sonne, und
ihre Höhe *) gegeben iſt: die Stunde des
Tages, und das Azimuth der Sonne, oder
die Zahl der Grade zu finden, die ſie
vom Meridiane iſt.

Man ſtelle die Kugel recht, und bringe den Ort
der Sonne am Höhen-Quadranten auf die gegebne
Höhe; und zwar, wenn die Zeit Vormittags iſt, an
der Oſtſeite des Horizonts, und wenn ſie Nachmittags,
an der Weſtſeite deſſelben; alsdann wird der Stundenzeiger die Stunde anzeigen; und die Zahl der Grade,
die zwiſchen dem Höhen-Quadranten und dem Südpunkt eingeſchloſſen ſind, iſt das wahre Azimuth der
Sonne für die gefundene Zeit.

Wenn bey Auflöſung einer Aufgabe vom Höhen-
Quadranten die Rede iſt, ſo verſtehen wir dieſes
immer von der eingetheilten Seite deſſelben.

Bey

---

*) Die Höhe der Sonne zu einer gewiſſen Zeit iſt die
Zahl der Grade, die ſie zu der Zeit übern Horizont
erhoben iſt.

Bey Gelegenheit obiger Aufgabe müssen wir an, merken; daß wenn diese Auflösung zur See gemachet würde, und man das gefundene Azimuth mit dem ver, gleichet, wie es der Kompaß angiebt; so ist die Folge: daß die Nadel keine Abweichung habe, wenn sie beyde übereintreffen; thun sie dieses aber nicht, so weicht die Nadel ab: und zwar so viel als der Unterschied beträgt.

Vier und zwanzigste Aufgabe.

Wenn die Breite, die Stunde des Tages, und der Ort der Sonne gegeben ist; alsdann die Sonnenhöhe und ihr Azimuth zu finden.

Man stelle die Kugel recht, und drehe sie, bis der Zeiger auf die gegebene Stunde zeiget; alsdann lege man den Höhen-Quadranten auf den Ort der Sonne in der Ekliptik: so ist der Grad des Quadranten, der den Ort der Sonne schneidet, ihre dermalige Höhe überm Horizont; und der Grad, den der Quadrat im Horizont schneidet, ihr Azimuth; von Süden an ge, rechnet.

Fünf,

Fünf und zwanzigste Aufgabe.

Wenn die Breite, die Höhe der Sonnen, und ihr Azimuth gegeben ist: alsdann die Stelle der Sonne in der Ekliptik, den Tag des Monats, und die Stunde des Tages zu finden, wenn sie gleich alle verlohren wären.

Man stelle die Kugel auf die gegebene Breite, schraube den Höhen: Quadranten im Zenith *) feste, und lege ihn am Horizonte im Azimuth; halte ihn daselbst an, und drehe die Kugel um ihre Are, bis die Ekliptik den Quadranten auf der gegebenen Höhe schneidet; so ist der Punkt der Ekliptik, wo der Quadrant sie durchschneidet, der Ort der Sonne, und der damit übereinstimmende Tag des Monats findet sich am Horizont. Nun halte man den Quadranten ferner in der nämlichen Lage, bringe den Ort der Sonne zum Mittagsringe, und stelle den Stundenzeiger auf 12, drehe die Kugel wieder zurück, bis der Ort der Sonne den Quadranten abermal schneidet, so zeiget der Zeiger die Stunde an.

Weil zwey Punkte der Ekliptik, die vom ersten Grade des Krebses oder des Steinbocks gleich weit abliegen, einer=

*) Hier verstehen wir unter Zenith den Grad der gegebenen Breite am Mittagsringe.

einerley Breite und Azimuth in ebenderselben Stunde
haben, obgleich die Monate unterschieden sind; so wird
bey dieser Aufgabe einige Vorsicht erfordert, damit
man sich in dem Monat und dem Tag des Monats nicht
irren möge. Zu dem Ende ist es nöthig, daß man
vom 20sten März bis den 21sten Junius den Theil
der Ekliptik nehme, der zwischen dem Anfang des Widders und des Krebses ist; vom 21sten Junius bis den
23sten September, den zwischen dem Krebs und der
Wage; vom 23sten September bis den 21sten December, den zwischen der Wage und dem Steinbock;
und vom 21sten December bis den 20sten März, den
zwischen dem Steinbock und Widder. Auf die Art
kann man immer wissen, in welchem Vierteljahre man
die Sonnenhöhe und ihr Azimuth nehmen muß, weil
obige Eintheilung der Ekliptik immer in den dazu gehörigen Monat und Tag zurecht weiset.

Sechs und zwanzigste Aufgabe.

Die Länge des längsten Tages für einen jeden gegebenen Orte zu finden.

Liegt der Ort an der Norderseite des Aequatoris,
so suche man seine Breite (nach der ersten Aufgabe),
und erhöhe den Nordpol auf diese Breite; bringe hierauf den Anfang des Krebses zum Mittagsringe, und
stelle den Zeiger auf 12. Hat der Ort Süderbreite,
so verfährt man auf die nämliche Art mit dem Südpol:
nur daß alsdann der Anfang des Steinbocks genommen

Fergus. Aſtron. v. Kirchh. Y wer-

werden muß. Wenn dieses geschehen, so drehe man
die Kugel westwärts, bis der Anfang des Krebses oder
Steinbocks (nachdem die Breite Norden oder Süden)
zum Horizont kommt; so zeiget der Zeiger den Punkt
des Sonnen-Unterganges, und ist über alle Nachmit-
tagsstunden weggegangen. Diese Stunden doppelt genommen, geben die ganze Länge des Tages vom Aufgange bis zum Untergange der Sonne.

Sieben und zwanzigste Aufgabe.

Zu finden, in welcher Breite der längste Tag von einer gegebenen Anzahl Stunden weniger als 24, sey.

Man bringe, nachdem die Breite Norden oder
Süden ist, den Anfang des Krebses oder des Steinbocks zum Mittagsringe, und erhöhe den einen oder
den andern Pol auf $66\frac{1}{2}$ Grade. Alsdann stelle man
den Stundenzeiger auf die obere 12, und drehe die
Kugel westwärts, bis der Zeiger die Hälfte der gegebenen Stunden zeigt; wenn dieses geschehen, so halte
man die Kugel, daß sie sich nicht verrücke, und schiebe
den Mittagsring nieder, bis der obgedachte Punkt
der Ekliptik (nämlich Krebs oder Steinbock) zum Horizont kommt, so ist die Polhöhe der gesuchten Breite
gleich.

Acht

Acht und zwanzigſte Aufgabe.

Wenn die Breite eines Ortes, die nicht über
66½ Grade, gegeben iſt; alsdann zu finden,
in welchem Klimate *) der Ort liege

Man ſuche die Länge des längſten Tages, (nach der
26ſten Aufgabe), und verdoppele die Zahl der Stunden,
die über 12 ſind: ſo giebt die Summe das Klima,
worinn der Ort liegt.

Neun und zwanzigſte Aufgabe.

Wenn die Breite, und der Tag des Monats
gegeben iſt: die Stunde des Tages
zu finden.

Man ſetze den Horizont genau wagerecht, und ſtelle,
mittelſt eines guten Kompaſſes, den Mittagsring gerade

Y 2

nach)

*) Unter Klima verſtehet man eine Strecke Land auf der
Oberfläche der Erde, die, vom Aequatore zu den Polar,
zirkeln, zwiſchen zwoen ſolchen Parallelen der Breite eingeſchloſſen iſt, wo der längſte Tag der einen den längſten Tag der andern um eine halbe Stunde übertrifft.
Dagegen iſt von den Polarzirkeln bis zu den Polen,
wo die Sonne, ohne unterzugehen, lange über den Horizont verbleibet, zwiſchen jedem Klimate und dem ſo
ihm das nächſte iſt, ein ganzer Monat Unterſchied.
Vom Aequator bis zu jedem Polarzirkel rechnet man 22
Klimata: und von jedem Polarzirkel bis zu ſeinem Pole 6.

nach Norden und Süden; alsdann richte man die Kugel, und ſtecke in den Ort der Sonne in der Ekliptik
eine feine Nadel, dem Theile der Oberfläche der Kugel
perpendikulär: drehe die Kugel um ihre Are, bis die
Nadel zum Mittagsringe kömmt, und ſtelle den Zeiger
auf 12. Dann drehe man die Kugel wieder um ihre
Are, bis die Nadel gerade zur Sonne zeigt, (welches
ſie alsdann thut, wenn ſie gar keinen Schatten wirft),
ſo zeigt der Zeiger die Stunde.

Dreyßigſte Aufgabe.

Wie man auf eine angenehme Art zeigen könne;
welche Oerter auf der Erde von der Sonne beſchienen werden, und welche Stunden
es ſey.

Man nehme die Erdkugel aus dem Horizont und aus
dem Mittagsring heraus, und ſetze ſie auf ein Fußgeſtelle
in Sonnenſchein: und zwar ſo, das der Nordpol gerade
gegen den Nordpol des Himmels, und der Meridian des
Ortes, wo man iſt, gerade gegen Süden gerichtet ſey.
Alsdann beſcheinet die Sonne eben dieſelben Oerter auf
der Kugel, die ſie auf der Erde beſcheinet, und gehet den
einen auf, und den andern unter; welches man an der
Stelle der Kugel wahrnehmen kann, wo die erleuchtete
Hälfte der Kugel durch die Gränze des Lichts und Schattens
von der dunklen Hälfte getrennet wird; und aus der Urſache haben alle Oerter, die von der Sonne beſchienen
werden, zu der Zeit Tag und die übrigen haben Nacht.

Wenn

Wenn man nun einen schmalen Streifen Papier rund um den Aequator ziehet, und solchen in 24 gleiche Theile theilet: so das man bey dem Meridian seines Orts anfängt, und die Stunden auf die Art zu den Theilungen setzet; daß die eine von den beyden Sechsen gerade auf dem Meridian stehet; so wird die Sonne, wenn sie des Mittags auf diesem Meridian steht, ganz genau die beyden Zwölfen bescheinen; um Ein Uhr die beyden Einen u. s. f. Und die Stelle, wo die erleuchtete Hälfte der Kugel sich von der beschatteten in diesem Stundenzirkel trennet, wird die Stunden des Tages anzeigen.

Dieses wären die vornehmsten Aufgaben zum Gebrauche der künstlichen Erdkugel. Jetzt wollen wir noch einige allgemeine Bemerkungen hinzufügen, und alsdann zum Gebrauche der Himmelskugel übergehen.

1) Die Breite eines Ortes, ist der Höhe des Pols über dem Horizont dieses Ortes gleich: und die Höhe des Aequatoris ist dem Complement der Breite gleich; oder demjenigen, was die Breite weniger ist als 90 Grade.

2) Die Oerter, die gerade unterm Aequator liegen, haben gar keine Breite, weil die Breite allda anfängt: und die Oerter, die unter dem ersten Meridian liegen, haben gar keine Länge, weil die Länge allda anfängt. Folglich hat der Ort der Erde, wo der erste Meridian den Aequatorem durchschneidet, weder Länge noch Breite.

Y 3

3) An

3) An allen Oertern der Erde kann man die Punkte des Kompaſſes im Horizont unterſcheiden, nur nicht bey den Polen. Denn vom Nordpole iſt jeder Ort Süden: und vom Südpole jeder Ort Norden. Da nun die Sonne bey jedem Pole ein halbes Jahr wechſelsweiſe überm Horizont iſt: ſo kann man nicht ſagen, daß ſie von dem Meridiane des einen oder des andern Pols ein ganzes halbes Jahr weggegangen ſey. Folglich kann man jeden Augenblick der Zeit beym Nordpol ein halbes Jahr hindurch Mittag nennen; und der Wind mag wehen von welcher Gegend er wolle, ſo muß er immer aus Süden, und beym Südpol immer aus Norden wehen.

4) Weil eine Hälfte der Ekliptik über dem Horizont des Pols iſt, und die Sonne, der Mond, und die Planeten ſich in (oder beynahe in) der Eklip-tik bewegen, ſo gehen ſie den Polen ſämmtlich auf und unter. Wogegen die Sterne, da ſie ihre Abweichungen vom Aequatore nimmer verändern, (wenigſtens nicht merklich in einem Zeitalter), niemals unter den Horizont eines Pols gehen, wenn ſie einmal über demſelben ſind: und niemals über denſelben heraufgehen, wenn ſie einmal drun-ter ſind.

5) Alle Oerter der Erde genießen, in Anſehung der Zeit, das Licht der Sonne gleich lange: und ſind deſſen gleich lange beraubt.

6) An

6) An allen Oertern beym Aequator sind die Tage und Nächte, zu jeder Jahrszeit, gleich lang; nämlich 12 Stunden. Denn obgleich die Sonne wechselsweise gegen Norden und Süden abweicht, so muß sie dennoch während der einen Hälfte ihres täglichen Umlaufs stets über der Erde, und während der andern Hälfte stets unter derselben verbleiben, weil der Horizont des Aequatoris, alle Parallelen der Breite und der Deklination in der Mitte durchschneidet.

7) Wenn die Deklination der Sonne größer ist, als die Breite eines Orts, so kommt diesem Orte die Sonne zweymal des Vormittags, und zweymal des Nachmittags, zu einem und eben demselben Azimuth, oder Punkt des Kompasses; das ist: sie gehet, so lange ihre Deklination größer bleibt, als die Breite des Orts, jeden Tag zweymal zurück. Z. E. Man setze, die Kugel sey nach der Breite von Barbados, welches auf 13 Grade Norderbreite lieget, richtig gestellet: und die Sonne wäre in der Ekliptik, zwischen der Mitte des Stiers und des Löwen. Wenn man alsdann den Höhen-Quadranten ohngefähr 18 Grade von Norden nach Osten im Horizont leget, den Ort der Sonne mit einem Kreidepunkt bezeichnet, und die Kugel westwärts um ihre Axe drehet, so wird besagtes Zeichen ein wenig nordwärts von dem Quadranten am Horizont heraufgehen, und im Aufsteigen den Quadranten gegen

Y 4 Süden

Süden kreuzen; ehe es aber zum Mittagsringe
kommt, wird es den Quadranten noch einmal kreuzen, und nordwärts von Barbados den Meridian paßiren.   Wenn hierauf der Quadrant ohngefähr 18 Grade Norden nach Westen gelegt wird,
so wird das Zeichen, im Niedersteigen vom Mittagsringe zum Horizonte, ihn des Nachmittags
abermals zweymal kreuzen.

8) Wenn die Sonne in der Aequinoktiallinie ist,
so haben alle Oerter auf der ganzen Erde Tag und
Nacht von gleicher Länge; nämlich 12 Stunden.
Denn alsdann ist auf allen Polhöhen die eine Hälfte
des Aequatoris oder der Aequinoktiallinie überm
Horizont, und die andere Hälfte unter demselben.

9) Tag und Nacht sind zu keiner andern Zeit im Jahre
gleich lang, als nur, wenn die Sonne in die Zeichen des Widders und der Wage tritt.   In allen
andern Theilen der Ekliptik wird der Kreis der täglichen Sonnenbahn vom Horizont in zweene ungleiche Theile getheilet.

10) Je näher ein Ort dem Aequatore liegt, je kleiner
ist daselbst der Unterschied zwischen der Tags- und
Nachtslänge; und je weiter er davon liegt, je grös-
ser ist derselbe.   Denn die Kreise, die die Sonne
alle 24 Stunden am Himmel beschreibt, sind im
ersten Falle gleicher, und im letzten ungleicher durch-
schnitten.

11)

11) Alle Oerter, die auf einer und ebenderselben Parallele der Breite liegen, haben Tage und Nächte von einerley Länge oder Kürze; denn wenn die Kugel nach der Deklination der Sonne richtig gestellet worden, und alsdann rund gedrehet wird, so werden alle Oerter dieser Parallele gleich lange über, und gleich lange unter dem Horizont verbleiben.

12) Jedem Orte zwischen den Tropicis stehet die Sonne zweymal im Jahre senkrecht; unter den Tropicis einmal; sonst aber nirgends. Denn zwischen den Tropicis kann kein Ort seyn, ohne daß daselbst zwey Punkte in der Ekliptik wären, deren Deklination vom Aequatore der Breite des Ortes gleich sey. Dagegen ist nur ein Punkt in der Ekliptik, dessen Deklination der Breite der Oerter unter den Tropicis gleich ist, und die der Punkt trifft. Und da die Sonne niemalen über die Tropicos hinausgeht, so kann sie auch keinem einzigen Orte, der über die Tropicos hinaus liegt, senkrecht stehen.

13) Alle Oerter in der heissen Zone haben die kürzeste Dämmerung, weil die Sonne daselbst beynahe senkrecht gehet. In der kalten Zone hingegen ist sie am längsten, weil die Sonne daselbst mit dem Horizont beynahe parallel gehet; und weil die Dämmerung noch immer fortwähret, wenn auch die Sonne schon 18 Grade unter den Horizont gegangen. In den gemäßigten Zonen ist sie zwi-

Y 5

ſchen beyden, weil die Schräge der Sonnenbewe=
gung ebenfalls zwiſchen beyden iſt.

14) Alle Oerter, die unmittelbar unter den Polar=
zirkeln liegen, haben die Sonne, wenn ſie im näch=
ſten Tropico iſt, 24 Stunden überm Horizont;
weil kein Theil dieſes Tropici unter ihrem Hori=
zont iſt. Dagegen haben ſie die Sonne, wenn ſie
im andern Tropico iſt, 24 Stunden unterm Hori=
zont, weil kein Theil dieſes Tropici über ihren
Horizont heraufgeht. Zu allen andern Jahrszei=
ten aber gehet ſie ihnen, gleich den übrigen Oer=
tern, wechſelsweiſe auf und unter; weil alle Kreiſe,
die dem Aequatore parallel zwiſchen den Tropicis
gezogen werden können, weniger oder mehr vom
Horizont durchſchnitten werden, je nachdem ſie
dem Tropico, der ganz überm Horizont iſt, weiter
oder näher iſt: und weil die Sonne, wenn ſie nicht
gerade in einem von den beyden Tropicis iſt, einen
oder den andern dieſer Kreiſe durchlaufen muß.

15) Alle Oerter der nordlichen Hemiſphäre, vom
Aequatore bis zu den Polarzirkeln, haben den läng=
ſten Tag und die kürzeſte Nacht, wenn die Sonne
im Nordertropico iſt; und den kürzeſten Tag und
die längſte Nacht, wenn ſie im Südertropico iſt.
Weil kein Kreis des täglichen Laufes der Sonne
ſo hoch überm Horizont, und ſo wenig drunter iſt
als der Nordertropicus: und keiner ſo wenig drüber
und ſo ſehr drunter als der Südertropicus. In
der ſüdlichen Hemiſphäre iſt es umgekehrt.

16)

16) Allen Oertern zwischen den Polarzirkeln und den Polen gehet die Sonne eine gewiſſe Anzahl Tage (oder vielmehr 24 Stunden) nicht unter: und in der andern Jahrszeit nicht auf; weil ein Theil der Ekliptik im erſten Falle nicht unter, und im andern Falle nicht über den Horizont heraufgehet. Und je näher oder je weiter dieſe Oerter vom Pole liegen, deſto länger oder kürzer iſt die Zeit, wo die Sonne nicht unter und nicht aufgeht.

17) Wenn ein Schiff aus einem oder dem andern Hafen abgehet, und oſtwärts rund um die Erde ſegelt, ſo hat die Beſatzung, oder die Manſchaft des Schiffs, bey ihrer Zurückkunft (ſie geſchehe in kürzerer oder in längerer Zeit) nach demſelben Hafen, einen ganzen Tag in ihrer Zeitrechnung gewonnen; das iſt, ſie rechnet einen Tag mehr als die Einwohner des Orts, die daſelbſt zurückgeblieben ſind. Denn da ſie dem täglichen Laufe der Sonne entgegen gegangen, und jeden Abend weiter fortgerückt ſind, ſo hat ihr Horizont ſo viel gegen die untergegangene Sonne gewonnen; welches ſie nicht würden gethan haben, wenn ſie auf einer und derſelben Stellung geblieben wären. Und indem ſie auf die Art von der Länge eines jeden Tages einen Theil abgeſchnitten, der mit ihrer Fortſchreitung im Verhältniß ſtehet, ſo haben ſie dadurch bey ihrer Zurückkunft einen ganzen Tag gewonnen; ob ſie gleich in der abſoluten Zeit keinen

nen Augenblick mehr gewonnen, als denen ver=
flossen ist, die im Hafen zurückgeblieben. Wären
sie westwärts rund um die Erde gesegelt, so haben
sie bey ihrer Zurückunft einen Tag weniger, als
diejenigen so im Hafen geblieben sind; denn da
sie alsdann der täglichen Bewegung der Sonne
allmählig gefolget, so behalten sie dieselbe so viel
länger überm Horizont, so viel ihr Lauf fortrückt,
und kürzen dadurch einen ganzen Tag an ihrer
Zeitrechnung; ohne daß sie in der absoluten Zeit
einen Augenblick verloren.

Wenn also zwey Schiffe zu gleicher Zeit aus einem
Hafen abgegangen wären: und das eine segelte
ostwärts, und das andere westwärts rund um die
Erde, so würden sie bey ihrer Zurückunft allemal
zwey Tage Unterschied in ihrer Rechnung haben.
Segelten sie zweymal rund um die Erde, vier Tage
u. s. f.

Beschreibung und Gebrauch der Himmelskugel.

Zuförderst ist zu bemerken; daß da der Aequator, die Ekliptik, die Tropici, die Polarzirkel, der Horizont, und der Mittagsring, bey beyden Kugeln gleich sind, alle vorhergehende Aufgaben, insoferne sie die Sonne angehen, durch beyde Kugeln auf eine und dieselbe Art aufgelöset werden können. Es ist daher die Methode, nach welcher man die Himmelskugel richtig stellet, mit der, nach welcher man die Erdkugel stellet, völlig einerley. Man erhöhet nämlich den Pol nach der Breite des Orts; schraubet den Höhen-Quadranten im Zenith feste; bringet den Ort der Sonne in der Ekliptik unter der eingetheilten Seite des Mittagsringes, über den Südpunkt des Horizonts; und stellet den Stundenzeiger auf die obere 12.

NB. Der Ort der Sonne an jedem Tag des Jahrs, stehet am Horizont der Himmelskugel gerade über diesen Tag; auf gleiche Art wie auf der Erdkugel.

Dagegen wird die Breite und die Länge der Sterne, sowohl als der übrigen Phänomene am Himmel, auf eine ganz andere Art gerechnet, als die Breiten und Längen der Oerter auf der Erde. Denn die Breiten der Erde werden vom Aequatore gerechnet, und die Längen von dem Meridiane eines oder des andern merkwürdigen Ortes. Die Breiten des Monds, der Sterne, der Planeten und der Kometen hingegen, werden von den Astronomen aller Nationen, von der Ekliptik, und ihre Längen vom Aequinoktial-

Coluro

Coluro *) gerechnet; und zwar von dem Halbzirkel deſſelben, wo er die Ekliptik beym Anfange des Widders durch-
ſchneidet, oſtwärts herum, bis wieder zu demſelben Halbzirkel. Folglich haben die Sterne, die zwiſchen der Aequinoktiallinie und der nordlichen Hälfte der Ekliptik liegen,
Norderdeklination und Süderbreite; die ſo zwiſchen der
Aequinoktiallinie und der ſüdlichen Hälfte der Ekliptik
liegen, Süderdeklination und Norderbreite : und die,
die zwiſchen den Tropicis und den Polen liegen, ihre
Deklination und Breite nach eben derſelben Benennung.

Man findet auf der Himmelskugel ſechs große Zirkel,
welche die Ekliptik ſenkrecht durchſchneiden, und in zweenen einander gegenüber liegenden Punkten, in den Polarzirkeln zuſammentreffen; wovon jeder 90 Grade von
der Ekliptik abſteht, und ihre Pole genennet werden.
Dieſe Polarpunkte theilen obige Zirkel in 12 Halbzirkel,
welche die Ekliptik beym Anfang der 12 Himmelszei-
chen durchſchneiden. Sie gleichen eben ſo vielen Meridianen auf der Erdkugel; und ſo wie alle Oerter, die
unter einerley Meridian-Halbzirkel auf der Erdkugel
liegen, gleiche Länge haben; ſo haben alle die Punkte
des Himmels, durch welche einer der obgedachten Halbzirkel gezogen iſt, ebenfalls gleiche Länge. — Und ſo wie
auf

*) Dieſes iſt der große Kreis, der durch die Aequinoktial-
punkte beym Anfange des Widders und der Wage, und
durch die Weltpole gehet. Der große Kreis hingegen,
der durch den Anfang des Krebſes und Steinbocks, und
folglich durch die Pole der Ekliptik und die Weltpole
gehet, wird der Solſtitial-Colurus genennet.

auf der Erde die größten Norder- und Süderbreiten in dem Nord- und Südpol der Erde liegen; so sind die größten Norder- und Süderbreiten am Himmel in dem Nord- und Südpol der Ekliptik.

Damit sie die Sterne, nach ihrer Lage und Stellung unterscheiden könnten, theilten die Alten das ganze sichtbare Firmament der Sterne in besondere Abtheilungen, welche sie Sternbilder nenneten, und welche sie in Figuren solcher Thiere und Geschöpfe zusammengezogen, als auf der Himmelskugel gezeichnet sind. Diejenigen Sterne hingegen, die zwischen ihren Figuren lagen, und nicht in ein oder anderes von diesen Bildern hineingezogen werden konnten, nenneten sie, ungebildete Sterne.

Da sie ferner beobachteten; daß der Mond und die Planeten sich in Kreisen bewegen, die die Ekliptik (oder den Kreis der Sonnenbahn) in kleinen Winkeln durchschneiden, und daß sie in der einen Hälfte ihres Laufes durch den gestirnten Himmel, an der Norderseite, und in der andern Hälfte an der Süderseite der Ekliptik sich befinden: niemals aber volle 8 Grade an jeder Seite drüber hinausgehen; so unterschieden die Alten diesen Raum durch zwey kleinere Zirkel, die der Ekliptik, in einer Weite von 8 Graden, an beyden Seiten parallel laufen: und diesen Raum nannten sie den Thierkreis; weil die meisten von ihren darin gesetzten 12 Sternbildern einer oder andern lebendigen Kreatur ähnlich seyn sollte.

Die Namen dieser Bilder; oder wie wir sie jetzt gewöhnlich nennen, der Zeichen, haben wir bereits oben bey der Erdkugel angeführt.

Hier-

Hierbey ist anzumerken, daß in den ersten Zeiten der Aſtronomie, wo ſie gewiſſermaßen noch in der Kindheit war, dieſe 12 Sternenbilder an oder nahe bey den Stellen der Ekliptik ſtunden, wo die Zeichen auf der Kugel angedeutet ſind; allein jetzt iſt jedes Bild, wegen der Zurücktretung der Aequinoktialpunkte, ein ganzes Zeichen weiter fortgerückt. So daß das Sternenbild des Widders nun in dem ehemaligen Platz des Stiers: das Bild des Stiers nun in dem Platz der Zwillinge u. ſ. f. ſtehet.

Die Sterne ſcheinen von unterſchiedner Größe zu ſeyn, und es iſt wahrſcheinlich, daß ſolches von ihrer mehreren oder minderen Entfernung herrühret. Die helleſten und größeſten nennet man Sterne der erſten Größe. Die, ſo ihnen an Glanz und Anſehen zunächſt folgen, Sterne der zwoten Größe; und ſo weiter bis zur ſechſten Größe: als welches die kleinſten ſind, die man mit bloſſen Augen ſehen kann.

Einigen der merkwürdigſten hat man Namen gegeben: als Caſtor und Pollux, in den Häuptern der Zwillinge; Sirius, in der Schnauze des großen Hundes; Procyon, in der Seite des kleinen Hundes; Rigel, im linken Fuß des Orion; Arcturus, bey der rechten Lende des Bootes ꝛc.

Dieſes wird genug ſeyn, zur vorläufigen Erklärung deſſen, was man wiſſen muß, wenn man die Aufgaben mittelſt der Himmelskugel beweiſen will. Jetzt wollen wir die nützlichſten dieſer Aufgaben anführen, und die, ſo von geringer, oder gar keiner Bedeutung ſind, übergehen.

Erſte

Erste Aufgabe.

Die gerade Aufsteigung *) und Abweichung **) der Sonne oder eines Firsterns zu finden.

Man bringe den Ort der Sonne in der Ekliptik zum Mittagsringe: alsdann ist der Grad der Aequinok-tiallinie, den der Mittagsring durchschneidet, der Sonne gerade Aufsteigung; und der Grad des Ringes, der über dem Ort der Sonne stehet, ihre Abweichung.

Bringet man einen Stern zum Mittagsringe, so ist seine gerade Aufsteigung der Grad, den der Ring in der Aequinoktiallinie durchschneidet; und der Grad des Ringes, der über ihm stehet, seine Abweichung.

So daß gerade Aufsteigung und Abweichung, oder Rektascension und Deklination, auf der Himmelskugel das nämliche ist, was Breite und Länge auf der Erd-kugel ist.

Zweyte

*) Der Grad der Aequinoktiallinie, der, vom Anfange des Widders gerechnet, mit der Sonne oder dem Sterne zum Mittagsringe kommt, ist ihre gerade Aufsteigung.

**) Der Abstand der Sonne oder des Sterns von der Aequinoktiallinie, gegen einen der beyden Pole, ist ihre Abweichung nach Graden gerechnet; und also entweder nordlich oder südlich.

Zweyte Aufgabe.

Eines Sterns Breite und Länge (Latitudo und longitudo) zu finden.

Ist der Stern an der Norderseite der Ekliptik, so schraube man den Höhen-Quadranten an den Nordpol der Ekliptik, da wo die 12 Halbzirkel zusammen laufen, welche die Ekliptik in die 12 Zeichen theilen. Ist er an der Süderseite, so schraube man ihn an den Südpol. Hierauf drehe man den Quadranten, bis sein einge-theilter Rand den Stern schneidet, alsdann ist die Zahl der Grade, die zwischen der Ekliptik und dem Stern ein-geschlossen sind, seine Breite; und der Grad der Eklip-tik, den der Quadrant schneidet, seine Länge; nach dem Zeichen gerechnet, worinn der Quadrant liegt.

Dritte Aufgabe.

Den Anblick des gestirnten Himmels, in jeder Stunde der Nacht so vorzustellen, als er von einem gegebenen Orte der Erde gesehen wird.

Man stelle die Himmelskugel auf die gegebene Breite, berichtige das Zenith und den Ort der Sonne, auf eben die Art als in der 17ten Aufgabe bey der Erdkugel gezeiget worden, und drehe sie herum, bis der Zeiger auf die gegebene Stunde zeiget; so wird die

obere

obere Hälfte der Kugel die sichtbare Hälfte des Himmels zu der Zeit vorstellen, weil alle Sterne der Kugel
mit den Sternen am Himmel in gleicher Lage sind.
Hat man die Vorsicht gebraucht, die Kugel ganz genau
nach Norden und Süden zu stellen, so zeigt jeder
Stern der Kugel gegen den nämlichen Stern am Himmel: und man kann dadurch die merkwürdigsten Sterne
und Sternenbilder auf eine leichte Art kennen lernen.
Alsdann gehen alle Sterne, die über dem Horizont
der Kugel in Osten herauf kommen, am Himmel
ebenfalls in Osten auf: und die so unter den Horizont
in Westen hinunter gehen, gehen am Himmel in Westen
unter. Ist die Breite nördlich, so stehen alle Sterne,
die unter dem obern Theil des Mittagsringes zwischen
dem Südpunkt des Horizonts und dem Nordpol sind,
auf ihrer größten Höhe; ist sie aber südlich, so stehen
die auf ihrer größten Höhe, die zwischen dem Nordpunkt des Horizonts und dem Südpol sind.

Vierte Aufgabe.

Wenn die Breite eines Ortes und der Tag
des Monats gegeben ist: alsdann die Zeit zu
finden, wenn ein bekannter Stern aufgeht,
untergehet, und im Meridian ist.

Wenn man zuvor die Kugel richtig gestellet, so
drehe man sie herum, bis der gegebene Stern in Osten
übern Horizont kommt, alsdann zeigt der Zeiger die

Zeit

Zeit ſeines Aufganges. Hierauf drehe man ſie aber=
mal bis der Stern in Weſten an den Horizont kommt, ſo
zeigt der Zeiger die Zeit ſeines Unterganges. Endlich
ſtelle man den Stern zum Mittagsringe, ſo hat man
die Zeit, wenn er im Meridian iſt, oder culminirt.

NB. In den Norderbreiten gehen diejenigen Sterne
niemal unter, die dem Pole näher liegen, als
ſeine Erhöhung über den Nordpunkt des Hori=
zonts beträgt; und diejenigen, die dem Südpole
näher liegen, als die Zahl der Grade beträgt,
die er unterm Horizont iſt, gehen niemal auf.
In den Süderbreiten geſchiehet das Gegentheil.

Fünfte Aufgabe.

Die Zeit des Jahres zu finden, wenn ein ge= gebener Stern, zu einer gegebenen Stunde der Nacht, im Meridian iſt.

Man bringe den gegebenen Stern zum obern Halb=
zirkel des Mittagsringes, und ſtelle den Zeiger auf
die gegebene Stunde: dann drehe man die Kugel bis
der Zeiger auf der oberen 12 ſtehet, und der obere
Halbzirkel des Mittagsringes wird den Ort der Sonne
ſchneiden, der mit dem geſuchten Tag zutrifft, welchen
Tag man über dem Ort der Sonne im Horizont der
Kugel findet.

Sechs

Sechste Aufgabe.

Wenn die Breite, der Tag des Monats, und das Azimuth *) eines bekannten Sterns gege= ben ist; alsdann zu finden, welche Stunde es sey.

Wenn man die Kugel, in Absicht der Breite, des Zeniths, und des Orts der Sonne zuvor richtig gestel= let hat; so lege man den Höhen=Quadranten auf den gegebenen Grad des Azimuth im Horizont: drehe als= dann die Kugel, bis der Stern unter den Rand des Quadranten kommt: so zeiget der Zeiger die Stunde der Nacht.

Siebente Aufgabe.

Wenn die Breite des Orts, der Tag des Monats, und die Höhe **) eines bekannten Sterns gegeben ist; alsdann zu finden, welche Stunde es sey.

Man berichtige die Kugel, wie bey der vorigen Auf= gabe, schätze, welche Stunde es ohngefehr sey, und drehe

Z 3

die

---

* Die Zahl der Grade, die die Sonne, der Mond oder ein Stern vom Meridiane ist, es sey nach Osten oder Westen, wird ihr Azimuth genennet.

**) Die Zahl der Grade, die ein Stern, wenn man ihn mit einem Quadranten gemessen, überm Horizont stehet, nennet man seine Höhe.

die Kugel, bis der Zeiger auf die Stunde zeiget: dann
lege man den Höhen-Quadranten über den bekannten
Stern: und wenn der Grad des Quadranten mit der
gefundenen Höhe des Sterns am Himmel zutrifft, so
hat man recht geschätzet. Ist der Stern hingegen auf
der Kugel höher oder niedriger, als die beobachtete Höhe
am Himmel, so drehe man die Kugel vor- oder rückwärts, und halte den Quadranten auf den Stern, bis
sein Mittelpunkt zu der beobachteten Höhe kommt, alsdann wird der Zeiger auf die wahre Stunde zeigen.

Achte Aufgabe.

Wie man die Stunde der Nacht, mittelst
zweener bekannten Sterne, auf eine leichte Art
finden könne, ohne daß man weder ihre Höhe
noch ihr Azimuth weiß; und wie man aldann
daraus, sowohl ihre Höhe als ihr Azimuth bestimmen, und zugleich den wahren Meridian
finden könne.

Man stelle zuvor die Himmelskugel richtig; alsdann hänge man ein kleines Bleygewicht an einen Faden, und führe den Faden so lange zwischen das Auge
und den gestirnten Himmel langsam herum, bis derselbe zweene bekannte Sterne zu gleicher Zeit schneidet.
Nun schätzt man, welche Stunde es ohngefähr sey, und
drehe die Kugel, bis der Zeiger auf die gemuthmaßete
Stunde zeiget; hierauf lege man den Höhen-Quadran-

ten

ten über einen der beyden Sterne, die der Faden durch
schnitten; schneidet der Quadrant den zweyten Stern zu
gleicher Zeit, so hat man die Stunde recht gemuthmaßet: thut er dieses nicht, so drehe man die Kugel
rück- oder vorwärts, bis er beyde Mittelpunkte der
Sterne schneidet, und alsdann zeiget der Zeiger die wahre Stunde. Der Quadrant wird nun, da wo er liegt,
den Grad des Horizonts bezeichnen, der das Azimuth
beyder Sterne von Süden ist, und ihre Höhe zeigen
die Grade des Quadranten, unter welchen sie sich befinden. Wofern man nun in diesem Augenblick einen
gewöhnlichen Azimuthal-Kompaß wagerecht auf den
Fußboden setzet; so daß die beyden Sterne am Himmel eben dieselbe Richtung auf dem Kompaß haben
(die Abweichung der Nadel abgerechnet) die der Quadrant im Horizont der Kugel hat, so wird eine
Schnur, die man über den Nord- und Südpunkt
des Kompasses ausspannet, gerade im Meridian liegen, und wenn man nach dieser Richtung eine Linie
auf dem Fußboden ziehet, und im südlichen Ende
derselben einen geraden Stift einschlägt, so wird der
Schatten des Stifts genau auf diese Linie fallen, sobald die Sonne im Meridian ist.

Z 4

Neun-

Neunte Aufgabe.

Den Ort des Monds oder eines Planeten
zu finden; und zugleich die Zeit, wenn
er aufgeht, untergeht, und im Me=
ridian ist.

Man suche in den Tabellen oder Ephemeriden den
geocentrischen *) Ort des Monds oder des Plane=
ten in der Ekliptik für den gegebenen Tag, und be=
zeichne ihn, nach der in den Ephemeriden berechneten
Länge und Breite, mit einem Kreidepunkt auf der
Kugel. Alsdann stelle man die Kugel richtig, und
drehe sie westwärts um ihre Axe; so wird, wenn der
Punkt in Osten und Westen zum Horizont, und in
den Mittagsring kommt, der Zeiger die Zeit zeigen,
wenn der Planet aufgeht, untergeht, und im Meri=
dian ist. Auf gleiche Art als bey einem Firsterne.

Zehnte Aufgabe.

Die Phänomene des Herbst = Monds zu er=
klären.

Hierbey müssen wir folgende Punkte voraussetzen.

1) Daß da die Sonne die Ekliptik in einem Jahre
durchläuft, sie nur einmal im Jahre in einem
beson=

*) Der Ort des Monds oder des Planeten, wie er von der
Erde gesehen wird, wird sein geocentrischer Ort genennet.

besondern Punkt derselben seyn kann; und daß ihre Bewegung alle 24 Stunden ohngefähr einen Grad ausmachet.

2) Daß da der Mond die Ekliptik in 27 Tagen 8 Stunden durchläuft, er täglich ohngefähr 13½ Grad darinn fortrückt.

3) Daß, da die Sonne nur durch einen Theil der Ekliptik geht, in der Zeit der Mond sie ganz durchläuft, der Mond niemals in dem Theil der Ekliptik wiederum mit der Sonne in Opposition oder Conjunktion seyn kann, wo er es das nächst vorhergehendemal war; sondern daß er so viel weiter gehen muß, als die Sonne in der Zeit fortgerückt ist; welches, weil es 29½ Tage sind, beynahe ein ganzes Zeichen ausmacht.

Daher kann

4) Der Mond nur einmal im Jahre, in einem bestimmten Theile der Ekliptik mit der Sonne in Opposition seyn.

5) Daß der Mond nur alsdann voll seyn kann, wenn er in Opposition mit der Sonne; oder ihr gerade gegenüber stehet; weil wir zu keiner andern Zeit seine ganze von der Sonne erleuchtete Hälfte sehen können.

6) Daß wenn ein Punkt der Ekliptik aufgeht, der gegenüberliegende Punkt untergeht. Und also

Z 5

der

der Mond, wenn er der Sonne gegenüber ist, aufgehen muß, wenn die Sonne untergeht *).

7) Daß die Zeichen der Ekliptik unter sehr verschie= benen Winkeln, oder Graden der Schräge mit dem Horizont, aufgehen, besonders auf hohen Breiten. Und daß je kleiner der Winkel, desto größer der Theil der Ekliptik sey, der in einem kurzen Zeitraume aufgeht. Und umgekehrt:

8) Daß in nördlichen Breiten kein Theil der Eklip= tik unter einem so kleinen Winkel mit dem Hori= zont aufgehe als der Widder und die Fische; folg= lich bey diesen Zeichen ein größerer Theil der Ekliptik in einer Stunde aufgeht, als bey einem von den übrigen.

9) Daß in den Zeichen der Fische und des Widders der Mond nur in unsern Herbstmonaten voll seyn kann; weil die Sonne zu keiner andern Jahrs= zeit in den gegenüberstehenden Zeichen der Jung= frau und der Wage ist.

Nunmehro messe man, auf der Himmelskugel, mit einem Zirkel 13½ Grade der Ekliptik; fange bey dem Zeichen der Fische an, und theile mit dieser

Weite

---

*) Dieses trifft nicht immer ganz genau zu: weil der Mond nicht stets in der Ekliptik bleibt, sondern sie jeden Mo= nat zweymal kreuzet. Indessen ist der Unterschied zu klein, als daß bey dieser allgemeinen Erklärung Rücksicht dar= auf zu nehmen sey.

Weile die ganze Ekliptik durch, und zeichne jeden
Punkt des Zirkels mit ein wenig Kreide; so hat
man die tägliche Bewegung des Monds, wäh'
rend daß er einmal seine Bahn durchläuft, in der
Ekliptik angedeutet. Hierauf stelle man die Kugel
richtig, und erhöhe sie zu einer starken Norderbreite (z. E. 54 Grade) und bemerke, indem man
die Kugel rund drehet, über wie viel Zeit der
Stundenzeiger beym Aufsteigen eines jeden Kreis
depunkts gegangen ist, so wird man finden, daß
wenn er über 2 Stunden gegangen, 7 dieser
Punkte in dem Zeichen der Fische und des Widders
nach einander heraufgekommen sind; welches ein
größeres Stück der Ekliptik ist, als der Mond in
einer Woche durchläuft. Folglich ist der Aufgang des Monds, wenn er in den Zeichen der Fische
und des Widders ist, während einer ganzen Woche
überhaupt nur 2 Stunden von einander unterschieden. Nun bemerke man die Punkte der
gegenüberliegenden Zeichen, der Jungfrau und
der Wage; so wird man finden, daß 7 derselben,
9 Stunden zubringen, ehe sie herauf kommen;
und folglich ist der Aufgang des Monds in diesem Zeichen, während einer ganzen Woche, 9
Stunden von einander unterschieden. So viel
später demnach jeder Punkt als der zunächst vorhergehende über den Horizont der Kugel heraufgeht, so viel später gehet der Mond jeden Tag
an dem damit übereinstimmenden Ort des Him-

mels

mels auf. Die Punkte im Krebs und Steinbock
gehen in der mittleren Zeit, zwiſchen denen im
Widder und der Wage auf. Ob nun gleich der
Mond jeden Monat in den Zeichen der Fiſche und
des Widders iſt, und alſo in einer Woche 2 Stunden, oder täglich 17 Minuten, ſpäter aufgeht;
ſo iſt er doch in dieſen Zeichen niemals voll, als nur
in unſern Herbſtmonaten Auguſt und September,
wenn die Sonne in der Jungfrau und Wage iſt.
Folglich kann der Vollmond zu keiner andern Zeit
beym Untergange der Sonne aufgehen, oder beydes ſo nahe zuſammentreffen, als in den beyden
Vollmonden zur Zeit des Herbſtes.

In den Wintermonaten iſt der Mond im erſten
Viertel, wenn er in den Zeichen der Fiſche und
des Widders iſt; und weil dieſe Zeichen im Winter
des Mittags aufgehen, ſo können wir den Aufgang
des Monds nicht ſehen.

In den Frühlingsmonaten wechſelt er in dieſen Zeichen, und gehet mit der Sonne zugleich auf; folglich iſt er uns alsdann unſichtbar. In den Som-
mermonaten iſt er in dieſen Zeichen im letzten Viertel, und gehet um Mitternacht auf, daher er wenig
beobachtet wird. In den Herbſtmonaten hingegen
iſt er in dieſen Zeichen voll; und weil er der Sonne
alsdann gegenüber; ſo gehet er auf, wenn die
Sonne untergeht (oder bald nachher), und ſcheinet
die ganze Nacht.

In

In den südlichen Breiten gehen die Jungfrau und die Wage unter eben solchen kleinen Winkeln auf, als die Fische und der Widder in den nordlichen; und da unsere Frühlinge zur Zeit ihres Herbstes einfallen; so ist klar, daß ihre Herbst-Vollmonde in den Zeichen der Jungfrau und Wage seyn müssen; folglich alsdann mit einem eben so kleinen Unterschiede der Zeit aufgehen, als die unsrigen in den Zeichen der Fische und des Widders. Eine ausführlichere Abhandlung von dieser Materie würde hier zu weitläuftig seyn.

Eilfte Aufgabe.

Die Vergleichung, oder den Unterschied der Zeit zwischen einer Uhr und einem richtigen Sonnenzeiger zu erklären.

Da die Bewegung der Erde um ihre Are jederzeit gleichförmig ist, und folglich eine scheinbare gleichförmige Bewegung des gestirnten Himmels, um diese, bis zu den Polen des Himmels fortgeführte Are, verursachet; so ist klar, daß in gleichen Theilen der Zeit, gleiche Theile der Aequinoktiallinie durch den Meridian gehen, weil die Weltare der Aequinoktiallinie senkrecht stehet. Wenn also die Sonne ihren jährlichen Lauf in der Aequinoktiallinie vollführte; so würde sie immer in 24 Stunden ganz genau vom Meridiane zum Meridian wieder kommen, und mit einer Uhr akkurat zutreffen. Allein da sie sich in der Ekliptik bewegt,

die

die ſowohl gegen die Aequinoktiallinie, als gegen die Pole ſchief liegt, ſo kann ſie nicht immer in 24 gleichen Stunden vom Meridiane zum Meridian wieder herum kommen, ſondern ſie muß oft ein wenig früher und oft ein wenig ſpäter kommen: weil gleiche Theile der Ekliptik in ungleichen Theilen der Zeit, wegen ihren ſchiefen Lage, durch den Meridian gehen. Und dieſer Unterſchied iſt auf allen Breiten gleich.

Dieſes auf der Himmelskugel zu zeigen, mache man Kreidepunkte im Aequatore und der Ekliptik: und zwar rund herum in gleichen Weiten (z. B. von 10 zu 10 Graden) und fange beym erſten Punkte des Widders oder der Wage an: wo ſich die beyden Kreiſe ſchneiden. Alsdann drehe man die Kugel um ihre Axe, ſo wird man finden, daß alle Punkte im erſten Viertel der Ekliptik, vom Anfang des Widders bis zum Anfange des Krebſes, früher zum Mittagsringe kommen, als die ſo im Aequatore gezeichnet ſind. Daß die im zweyten Viertel, vom Anfange des Krebſes bis zum Anfange der Wage, ſpäter kommen. Die im dritten Viertel, von der Wage zum Steinbock, wiederum früher, und die im letzten Viertel, vom Steinbock zum Widder, abermal ſpäter kommen. Die hingegen, die beym Anfange eines jeden Viertels gezeichnet ſind, mit denen am Aequatore zugleich zum Mittagsringe kommen.

Hieraus folget, daß die Sonne, wenn ſie im erſten und dritten Viertel der Ekliptik iſt, jeden Tag
früher

früher zum Meridiane kommt, als sie thun würde, wenn sie im Aequatore bliebe: und also geschwinder gehet als eine Uhr; welche stets die Aequatorealzeit zeigt. Daß sie im zweyten und vierten Viertel jeden Tag später zum Meridiane kommt; folglich langsamer gehet als eine Uhr. Und daß endlich beym Anfang eines jeden Viertels, Sonne und Uhr gleich sind.

Die Sonne würde also, wenn sie sich in der Ekliptik immer gleichförmig bewegte, 4 Tage im Jahre mit der Uhr zusammentreffen, und zwischen diesen Tagen würde immer ein gleicher Zeitraum verflossen seyn. Allein da sie einmal langsamer, und einmal geschwinder läuft (indem sie 8 Tage länger in der nördlichen Hälfte der Ekliptik verweilet als in der südlichen); so entstehet daraus eine zwote Ungleichheit, welche mit der vorhergehenden, die von der Schräge der Ekliptik gegen den Aequator herrühret, zusammengenommen, den Unterschied ausmacht, der in den gewöhnlichen Vergleichungstabellen zwischen einer guten Uhr und einem richtigen Sonnenzeiger bemerket wird.

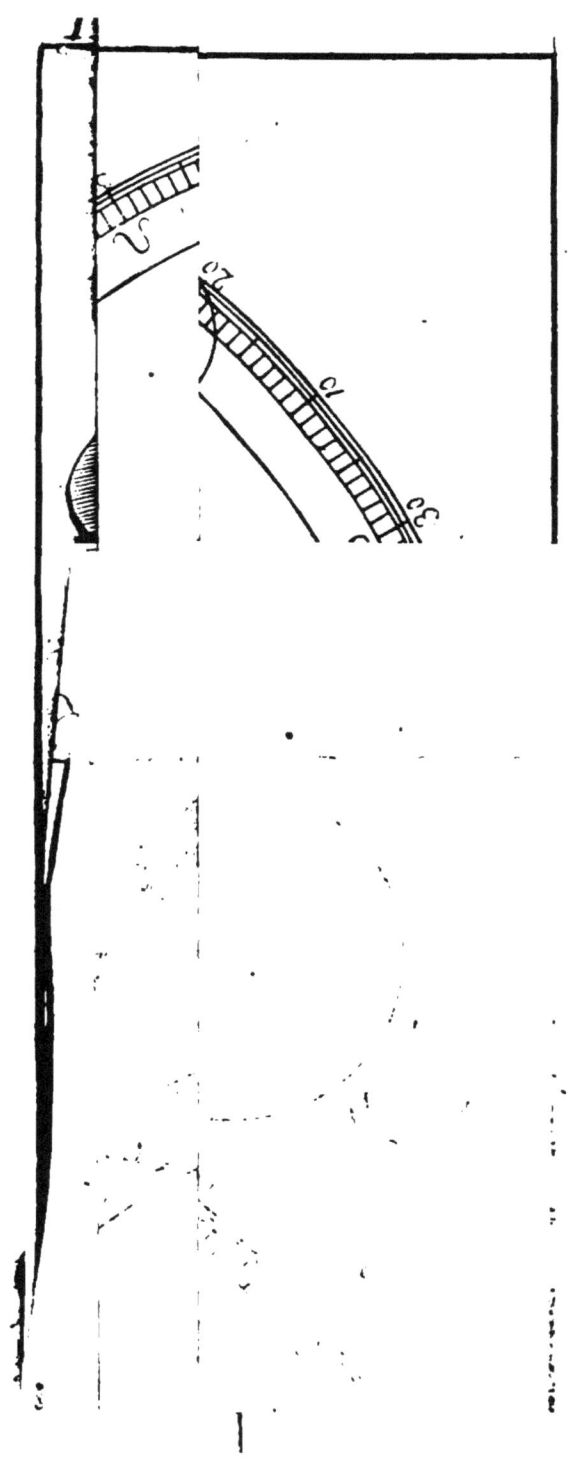

TAB. II

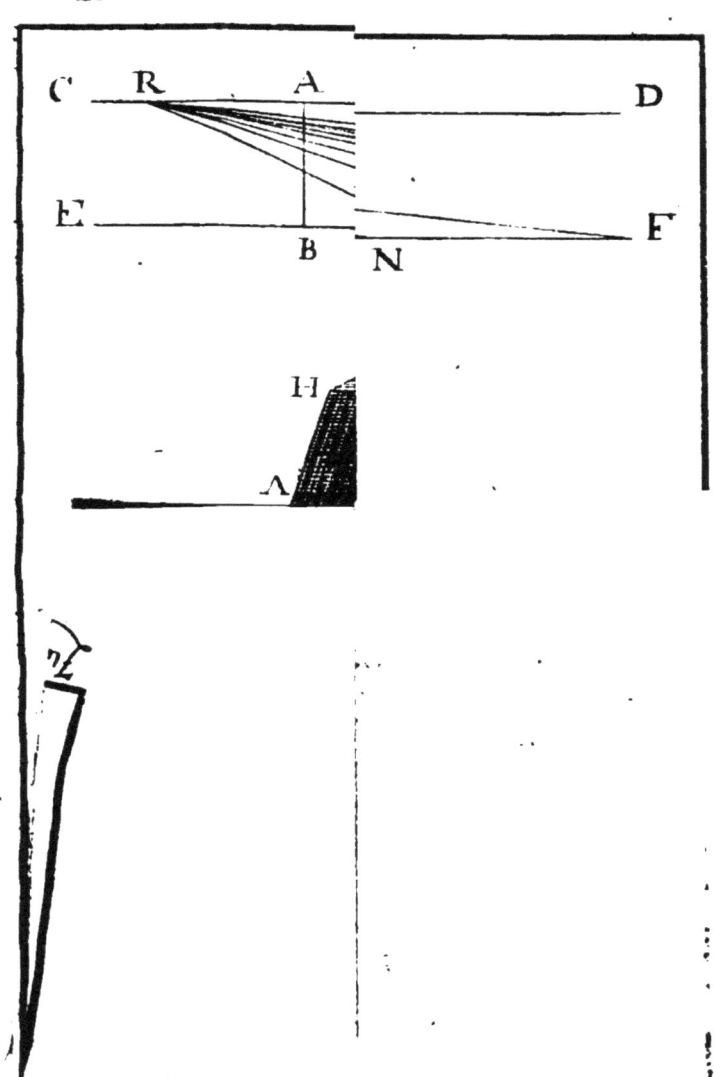

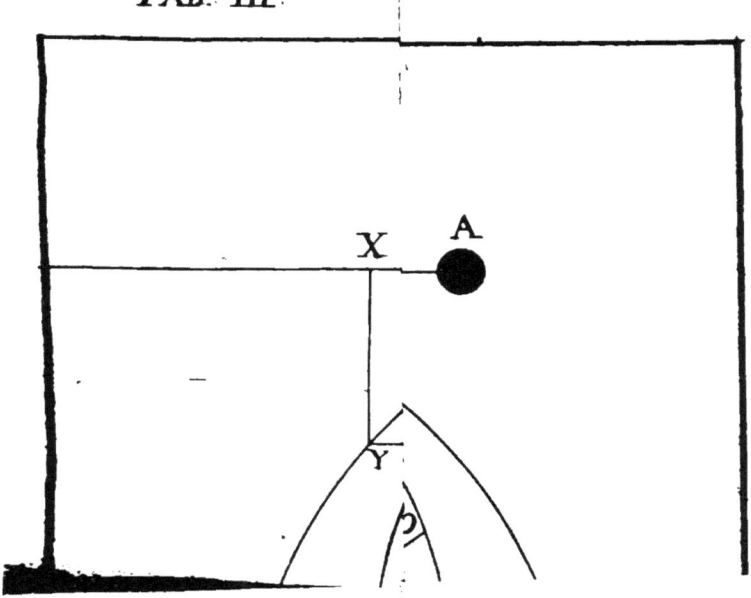

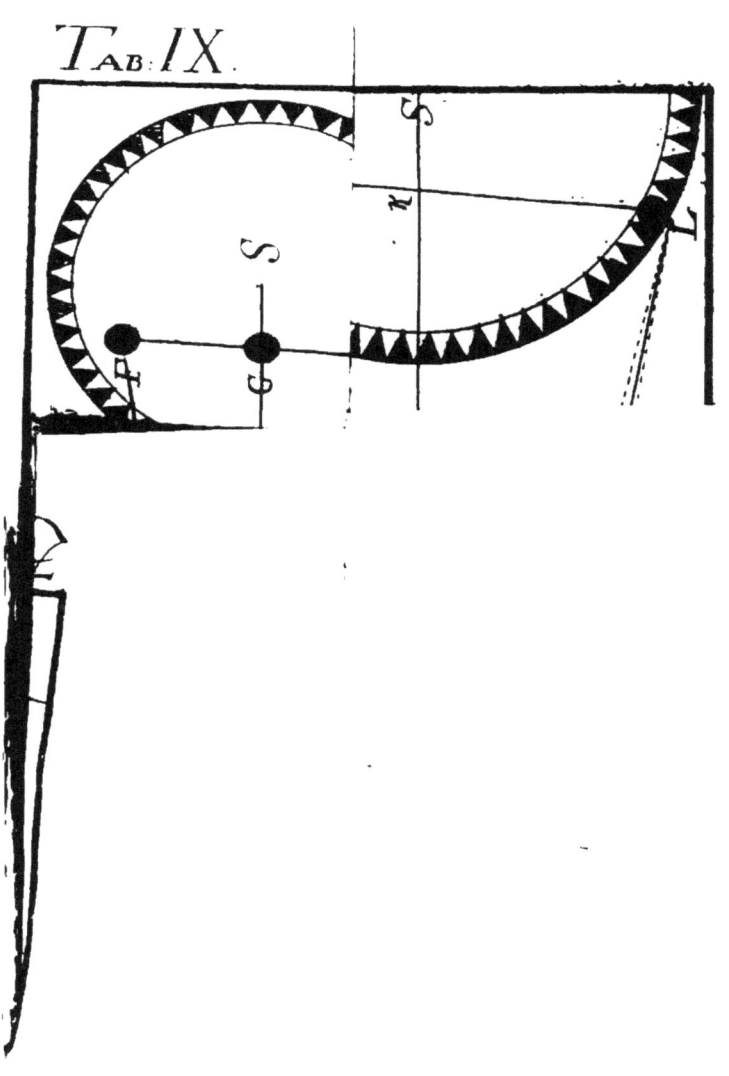

Tab: X.